हृदयेश

हृदयेश का जन्म 2 जुलाई, 1930 को शाहजहाँपुर, उत्तर प्रदेश में हुआ था।

उनकी प्रकाशित कृतियाँ हैं—*गाँठ, हत्या, एक कहानी अन्तहीन, सफेद घोड़ा काला सवार, साँड, पुनर्जन्म, दण्डनायक, पगली घण्टी* (उपन्यास); *छोटे शहर के लोग, अँधेरी गली का रास्ता, इतिहास, उत्तराधिकारी, अमरकथा, प्रतिनिधि कहानियाँ, नागरिक, रामलीला तथा अन्य कहानियाँ, सम्मान, जीवनराग, सन उन्नीस सौ बीस* (कहानी-संग्रह); *जोखिम* (आत्मकथा)।

उनके उपन्यास *सफेद घोड़ा काला सवार* तथा *साँड* उत्तर प्रदेश हिन्दी संस्थान द्वारा पुरस्कृत हुए। प्रतिबद्ध सृजन-यात्रा के लिए उन्हें 1993 के 'पहल सम्मान' से सम्मानित किया गया।

31 अक्टूबर, 2016 को शाहजहाँपुर में उनका निधन हुआ।

सफेद घोड़ा काला सवार

हृदयेश

राजकमल पेपरबैक्स

पहला संस्करण 1976 में प्रकाशित

राजकमल पेपरबैक्स में
पहला संस्करण : 2001
दूसरा संस्करण : 2025

राजकमल पेपरबैक्स : उत्कृष्ट साहित्य के जनसुलभ संस्करण

1-बी, नेताजी सुभाष मार्ग, दरियागंज
नई दिल्ली-110 002
द्वारा प्रकाशित

शाखाएँ : अशोक राजपथ, साइंस कॉलेज के सामने, पटना-800 006
पहली मंजिल, दरबारी बिल्डिंग, महात्मा गांधी मार्ग, प्रयागराज-211 001
1, अनमोल सोराबजी सन्तुक लेन, धोबी तलाव, मरीन लाइंस, मुम्बई-400 002
वेबसाइट : www.rajkamalprakashan.com
ई-मेल : info@rajkamalprakashan.com

विकास कंप्यूटर एंड प्रिंटर्स
ट्रॉनिका सिटी-201 102
द्वारा मुद्रित

मूल्य : ₹299

SAFED GHODA KALA SAWAR
Novel by Hridayesh

ISBN : 978-81-267-0286-2

इस समय परमात्मा नारायण सामने खाली बैठे हमसाथी श्यामकिशोर अग्रवाल से कह रहे थे, "लोकतंत्र में न्यायपालिका की स्थिति एक प्रमुख आधार स्तम्भ जैसी है। किसी भी इमारत में यदि कोई प्रमुख स्तम्भ दोषपूर्ण होता है तो उस इमारत के अस्तित्व के लिए खतरा पैदा हो जाता है। इस देश में यह आधार स्तम्भ बाबू श्यामकिशोर, आप भी मानेंगे, काफी दोषपूर्ण है। यहाँ न्याय बहुत महँगा ही नहीं है, काफी देर से भी मिलता है, और कभी-कभी तो वह सिर्फ कागजों पर ही मिलकर रह जाता है। न्याय देने और दिलवाने से जुड़े व्यक्ति इतने चरित्रहीन, कर्तव्यविमुख और गैर-जिम्मेदार हैं कि न्याय का प्रार्थी डरने लगता है।—आज के इस मामले को ही लें।..."

भारतेन्दु हरिश्चन्द्र कृत
'अन्धेर नगरी' को सविनय

1

छोटे कद का अधेड़ नाजिर, जो अपने बाल खिजाब से चटक स्याह किये रहता था, अपनी सूअर जैसी चुँधी हुई आँखें एक-एक चीज पर गड़ाता हुआ जायजा ले रहा था। कुर्सियाँ, मेज, कठघरा, रैक, डेस्क, बेंच—सब पर फर्राश की झाड़न चल चुकी थी और उनकी वार्निशदार जिल्द चमक रही थी। उसने जाँच करनेवाले भाव से मेज की किनारी पर अँगुली फिराई। नहीं, धूल की किसकिसाहट नहीं है। वह ऊपर डायस पर चढ़ गया। रैक्सीन मढ़ी मेज पर कलमदान, पेपरवेट, पिनकुशन, घंटी, स्पंज, स्याही-सोख्ता, आधा दर्जन लाल, नीली व काली पेंसिलें, डायरी और तीन साइजों में कटी हुई कागज की स्लिपें—सब अपने-अपने निश्चित स्थानों पर निश्चित मुद्राओं में थीं। उसने झुककर नीचे की ओर झाँका। नहीं, कालीन पर कागज का कोई भी टुकड़ा नहीं है, कोई सिकुड़न या खम भी नहीं। उसने दीवार पर लगा तारीखवाला कार्ड जाँचा। वह बदल दिया गया था। फिर उसने उसके ऊपर टिक-टिक करती बड़ी घड़ी की सूइयाँ देखीं। घड़ी स्टॉक रजिस्टर के इन्दराज के अनुसार करीब सौ साल पहले खरीदी गई थी। फिर अपनी कलाई पर बँधी घड़ी की सूइयाँ देखीं। मिनट ही नहीं, सेकेंड तक सही थे।

अभी कुछ पहले वह बगल में खुलनेवाले आराम कमरे में घुसकर पुलिसवाली निगाह से वहाँ की चीजों को भी परख चुका था और फिर उसके भी बगल में खुलनेवाले बाथरूम के सामान को, मसलन, साबुनदानी, कंघा, शीशा, जग, तौलिया, पाट वगैरह-वगैरह। वे सब भी सही ठिकानों पर सही हालात में थे।

दरअसल, सब कुछ ठीक रहता था। मेहतर, फर्राश और दफ्तरी, जहाँ तक अदालत के कमरों का ताल्लुक था, सब अपने-अपने कर्तव्यों के प्रति बेहद चौकस व चौकन्ने थे। लेकिन अतिरिक्त सावधानी के बतौर नाजिर फिर भी आकर मुआइना कर लेता था। यह उसकी जिम्मेदारी है, ऐसा उसने मान लिया था। और जब ऐसा मान लिया था तो यह उसकी आदत में शामिल हो गया था, तमाम दूसरी हरकतों की तरह, जैसे—वह कपड़े सोमवार के दिन ही बदलेगा, साइकिल कहीं खड़ी करेगा तो उसमें ताला जरूर लगा देगा, भले ही एक मिनट के लिए क्यों न रुकना हो, चिट्ठी में पता अंग्रेजी में ही लिखेगा, सफर में काफी छोटी रेजगारी साथ में रखेगा, और किसी औरत को ताकने की अगर सुविधा मिली तो ऊपर से नीचे तक पूरे जिस्म पर निगाह बारीकी से घुमाएगा। वह एक किलोमीटर दूर अपने मकान से ऐसे वक्त से चलता था कि नौ बजते-बजते कचहरी की इमारत में दाखिल हो जाए। दाखिल होकर वह अपना नजारतवाला दफ्तर खोले जाने के लिए चपरासी को चाबी का वजनी गुच्छा पकड़ा देता था और खुद इस कमरे में आ जाता था। यह कमरा बड़े साहब का था, यानी जिला एवं सत्र न्यायाधीश का, यानी डिस्ट्रिक्ट एंड सेशंस जज का, जो जिले-भर के दीवानी व फौजदारी मामलों का सबसे बड़ा न्यायाधिकारी तो होता ही था, अपने विभाग के कर्मचारियों का भाग्य-नियन्ता भी। वही उनको नौकरी में रखता था, तरक्की देता था, अनुशासन-सम्बन्धी कार्यवाही अमल में लाता था और ज्यादा नाराज कर दिये जाने पर उनको बरखास्त भी कर सकता था। इसलिए नाजिर की यह अतिरिक्त सावधानी अस्वाभाविक नहीं थी। अन्य जजों के कमरे या उनकी अदालतें नियम से वह रोज नहीं देखता था। आठवें-दसवें दिन बस एक चक्कर लगा आता था, कुछ-कुछ हवाई किस्म का, और अगर कोई बहुत बड़ी कमी या खामी नजर आई तो उसे दूर करा देता था, नहीं तो 'सब चलता है' वाला ठंडा रुख। नाजिर इस भेदभाव को गलत नहीं मानता था, क्योंकि इसके लिए उसके पास जवाब था, "बड़ा साब मेरा खसम है जबकि दूसरे अफसर मेरे देवर। मुझे खसम से ज्यादा जुड़ा होना चाहिए या देवरों से?"

नाजिर जब अपनी समझ में कोई ऊँची, पते वाली बात कहता था तो देर तक अपनी पलकें तेज-तेज गिराता-उठाता रहता था। उसका चेहरा तब उस क्रीड़ारत फूले हुए चिरौटे की तरह लगता था जो सुख की उत्तेजनावश पंख फड़फड़ा रहा हो।

सामने ऊँचाई पर, जज की कुर्सी के पीछे, गांधी जी की एक बड़ी तसवीर लगी हुई थी और नाजिर ने अब उस पर आँख टिका दी। तसवीर जिस तरह से होनी चाहिए, ठीक वैसे ही टँगी थी। पर तभी नाजिर के मस्तिष्क में तिनके जैसा कुछ सरसराया। कल शाम इस तसवीर को लेकर कोई बात थी। उसने अपनी चुँधी आँखों पर कुछ ज्यादा जोर डालते हुए देखा। तसवीर करीब बारह-चौदह फुट ऊपर लगी थी। गांधी जी की वही चिर-परिचित मुद्रा थी—कमर तक सहजता की तरह नंगे, चश्मे के पीछे से आत्मबल से भरी मुसकराती हुई आँखें और अभय सन्देशसूचक उठा हुआ हाथ। तसवीर तिरछी नहीं, सीधी लगी हुई थी। कहीं कुछ गलत नहीं था। पर शाम इसको लेकर कोई बात थी। शायद थी...।

शाम को नाजिर ने नशा कर लिया था। अहाते में मिठाई और चाय की दूकान का ठेका लेनेवाला नया पंजाबी ठेकेदार नाजिर से काफी घुला-मिला रहना चाहता था। एक पक्का कारोबारी होने के नाते वह यह समझता था कि नाजिर की निगाह अगर उस पर सीधी रही तो वह उस सीधी निगाह को हुंडी की तरह जब चाहे भुना सकता है। निगाह को सीधी रखने के लिए वह मौके बराबर तलाशता रहता था। उसने जमीन के एक टुकड़े का बैनामा कराया था और नाजिर को उसकी खुशखबरी देते हुए कहा, "नाजिर साब, कुछ हो जाना चाहिए।"

"सतिन्दर सिंह, जरूर होना चाहिए। खुशी जब है तो वह कसे तबले जैसी ठनकती हुई बजे।"

और ठेकेदार ने खुशी को बजाने के लिए एक रंगीन बोतल मँगवा ली थी।

नायब नाजिर को सुनगुन मिली और वह भी 'मैं भी तेरा मेहमान हूँ' वाले अन्दाज से उस जश्न में शामिल हो गया।

ठेकेदार की दूकान से दोनों नाजिर झूमते हुए निकले। नशा अन्दर गेंद की तरह उछालें ले रहा था। चेहरे पर खून दौड़ आया था और कान की लवें तमक रही थीं। वे दोनों आकर अपनी कुर्सियों पर बैठ गए और सामने फैले कागजों व फाइलों से निपटने की कोशिश करने लगे। फिर नाजिर बड़े साहब की अदालत के कमरे में दाखिल हो गया, देखें, पर्दे गन्दे तो नहीं हो गए हैं, हो गए हों तो बदलवा दे।

सात का वक्त हो रहा था और शाम अच्छी तरह झुक आई थी। कमरे में अँधेरा भर चला था। देर तक बैठा रहनेवाला पेशकार बगैर बटन गिराए हुए चला गया था और उसकी सीट के ऊपर लटकनेवाली हांडी जल रही

थी, जिससे निकले हुए प्रकाश ने अँधेरे की सलेटी जिल्द को मछली जैसा चिलकदार बना दिया था। डायस तक आते-आते नाजिर की आँखें ऊपर उठ गई थीं और जब निगाह तसवीर पर पहुँची तो वह चौंक गया, "एं? यहाँ तो सिर्फ चौखटा और शीशा है। गांधी बुड्ढा कहाँ गया? तसवीर में से निकल गया क्या? एं?"

नाजिर मेढक जैसा उछाला लेता हुआ तसवीर के नीचे पहुँच गया। प्रकाश के दबाव से यहाँ अँधेरा अपेक्षाकृत कुछ ज्यादा झीना था और रोशनी की दो-चार धारें तसवीर के शीशे को चमका रही थीं।

"यह गांधी बुड्ढा सचमुच में निकल गया। सिर्फ चौखटा और शीशा बचा है यहाँ। गायब होने की सफाई इसे कहते हैं। लो, मेरे लिए बुड्ढे ने टंटा खड़ा कर दिया। कोई सरकारी चीज गायब हो जाए तो मुसीबत गले लग जाती है।"

नाजिर के चेहरे पर परेशानी झलक आई थी। वहाँ की खाल में जैसे एकाएक सैकड़ों फुटकियाँ उभर पड़ी हों।

"जज साहब कहेंगे, नाजिर यह तुम्हारी सरासर बदइन्तजामी है। तुम्हारी जगह है किसलिए? सरकार तुम्हें तनख्वाह देती है किस बात की? फौरन जवाब दो।—लो, मैं तो गया काम से।"

रजिस्टर के एक इन्दराज को लेकर नायब नाजिर को नाजिर से पूछना था और वह भी वहाँ आ गया।

"नायब साब, गांधी बुड्ढा भाग गया।"

"भाग गया? गांधी तो तीस जनवरी सन उन्नीस सौ अड़तालीस को नाथूराम गोडसे की गोलियों से मर गया था।" बढ़ी हुई बादी की वजह से सूजे हुए जिस्म का दीखनेवाला नायब नाजिर भौंचक्का हो गया। वह तीस साल की उम्र का था और उसकी मुलाजमत अभी इतनी ज्यादा नहीं हुई थी कि किताबों में पढ़ा हुआ सब कुछ भूल जाता।

"अरे, वह नहीं भाई। यहाँ अदालतों में तसवीर रहती थी कि नहीं, कमर तक धोती पहने हुए, पैरों में चप्पल, एक हाथ में डंडा और दूसरे की पाँचों अँगुलियाँ फैलाए हुए?"—नाजिर को लगा, वह अपने मातहत को, उसकी मोटी अक्ल की वजह से बात समझा नहीं पाया है। तब अपने चेहरे पर झुँझलाहट समेटते हुए उसने उसे अपने करीब आने के लिए कहा। नायब नाजिर उसके करीब चला गया।

"ऊपर वहाँ देखो—वहाँ, जहाँ तसवीर लगी है।"

नायब नाजिर अपनी सूजी हुई गर्दन उठाकर उधर देखने लगा।

"वहाँ सिर्फ चौखटा और शीशा रह गया है, गांधी की तसवीर नहीं है...।"

नायब नाजिर ने बिना ज्यादा छान-बीन किये हुए अपनी निगाह हटा ली, "हाँ, है तो ऐसा ही।"

"शाम तक बुड्ढा इसमें था और अब निकल गया है।"

"हाँ, गांधी भाग गया है।"

"मामला संगीन है।"

"हाँ, मामला संगीन है। गांधी कोई मामूली आदमी नहीं है, सरकार के लिए बहुत कीमती है।"

"तो अब क्या करना चाहिए?"

"बड़े साब को बँगले चलकर खबर कर दें। कहने को फिर यह तो नहीं होगा, इतने बड़े वाकए की तुमने मुझे फौरन इत्तला क्यों नहीं की? साहब कहें तो पुलिस में फिर रपट भी दर्ज करा दी जाए।"

"मैं साहब के कान में यह बात अभी लाना नहीं चाहता। शायद..." पास ही एक खाली कुर्सी पड़ी थी और नाजिर उस पर बैठ गया। उसके चेहरे पर उभर आई फुटकियाँ अब गीली हो चली थीं।

"यह गांधी बड़ा मनमौजी और जाँबाज आदमी है। मन में जो आया, करता जरूर है।" नायब नाजिर कुर्सी पर बैठा नहीं था और अब भी खड़ा था। उसे किताबों में पढ़ा फिर याद आ गया था—इस गांधी ने बर्तानिया सरकार को नाकों चने चबवा दिये थे। अंग्रेज वाइसराय लॉर्ड लिनलिथगो इससे बहुत घबड़ाता था। जिस जेल में यह बन्द किया जाता था, वहाँ रात-दिन सख्त कड़ा पहरा रहता था। अंग्रेज डरता था, यह जेल से बाहर निकला नहीं कि उनके सिरदर्द के लिए कोई बड़ा हंगामा खड़ा कर देगा।

"नायब साब, यह बुड्ढा आखिर भाग क्यों गया? मेरी समझ में आ नहीं रहा है। इतने दिनों से यह यहाँ था और आज रफूचक्कर हो गया।" नाजिर ऊपर लगे चौखटे को फिर देखने लगा। उसकी चुँधी आँखों के गिर्द सिलवटों का घना जाला खिंच आया था।

"इसने कुछ ऐसा देखा होगा जो इसके उसूलों के खिलाफ होगा। यहाँ बहुत सारा गलत-सलत होता तो रहता है। इसकी आत्मा को कचोट हुई होगी और

इसने सोचा होगा, यहाँ से निकलकर सत्याग्रह करना चाहिए। अपनी सरकार ने शायद इसको इसीलिए तसवीर में बन्द कर दिया था कि यह सत्याग्रह करने न पाए। पर मैंने कहा नहीं, यह गांधी बड़ा मनमौजी और जाँबाज है। मन में जो आता, करता जरूर है। इसे फिर कोई रोक नहीं सकता।"

"मेरी नौकरी पर भी आ सकती है?" नाजिर की आवाज भरभरा गई, जैसे स्वर-घटकों को परस्पर जोड़नेवाला जो एक अदृश्य तार था, वह ढीला हो गया हो। "साहब, इस गलती के लिए शायद माफ नहीं करेगा।"

"मामला संगीन तो है।" लेकिन ऐसा कहकर नायब नाजिर ने जब निगाह डालने पर पाया कि बड़ा नाजिर बहुत डरा हुआ है और उसकी टाँगें तेजी से लरजिश कर रही हैं, तो उसने बात को फौरन एक नरम घुमाव दे दिया, "नाजिर साब, लेकिन आपको इतना दिल छोटा करने की जरूरत नहीं। जिम्मेदारी सारी आपकी क्यों है? चीजों की चौकसी करना चौकीदार का काम है, न कि हम बाबू लोगों का। आखिर यह चौकीदार किस मर्ज की दवा है? यह स्साला कर क्या रहा था? देखिए, अभी बुलाता हूँ।"

नायब नाजिर पीछे बरामदे में निकलकर चौकीदार को दनादन आवाज देने लगा।

चौकीदार ने भी आज नशा कर रखा था। उसने गाँव से आए हुए एक मिलनेवाले का कार्ड रोजगार के दफ्तर में बनवा दिया था और फिर पान की एक ऐसी दूकान पर, जहाँ कच्ची शराब भी सुलभ रहती थी, मिलनेवाले की ज़ेब पर नजर रखते हुए, उसके साथ बैठकर छकी थी।

मूस की पूँछ जैसी मूँछवाला चौकीदार इस वक्त अपने क्वार्टर में था और इस पुकार पर चिड़चिड़ाता व अपनी जाँघ खजुआता हुआ वहाँ आ गया, "क्या बात?"

"बात छोटी नहीं, बहुत बड़ी है।" नायब नाजिर ने ही बोलना जारी रखा, "यहाँ तसवीर में जो गांधी बाबा था, अब नहीं है। निकलकर कहीं चला गया।"

"हुजूर, अभी कुछ पहले एक बूढ़ा आदमी इधर पीछे से गुजरा तो था।" चौकीदार बिना तसवीर की तरफ देखे हुए बोलने लगा, "मैंने सोचा, वह किसी मुकदमे में फँसा होगा और पेशकार साब से मिलकर जा रहा है। इसीलिए कोई ध्यान नहीं दिया। मुझे जरा भी शक होता, यह गांधी बाबा है तो..."

"कोई चीज चली जाए तो जिम्मेदारी किसकी है?" अब बड़ा नाजिर एकदम से बिफर उठा।

"जिम्मेदारी हुजूर मेरी है। पर आदमी से गलती तो हो ही जाती है।—हुजूर इतनी बड़ी बिल्डिंग है और मैं अकेली जान।"

"चौकीदार, यह गलती मामूली नहीं है। गांधी बाबा का चला जाना एक बहुत बड़ी बात है।" नायब नाजिर बोल उठा। वह एक महत्त्वपूर्ण भूमिका अदा कर रहा है, इसका उसे एहसास था जो अच्छा लग रहा था। "चौकीदार, इसके लिए तुम्हारी नौकरी की गर्दन भी नप सकती है।"

चौकीदार, जो अब तक डरा हुआ नहीं लग रहा था, नौकरी जाने की बात सुनकर डर गया। उसकी गर्दन का तनाव ढीला पड़ गया और आँखों के सुर्ख डेले बुझने लगे।

"यह अफसर कौम जब कोई गम्भीर मामला आ जाता है तो अपना दामन बचाने के लिए एकदम सख्त रुख अख्तियार कर लेती है। साहब इस मामले में दस-पाँच रुपये जुर्माना की छोटी-मोटी सजा से नहीं मानेगा, वह झट बरखास्तगी का ऑर्डर दे देगा।"

चौकीदार एकदम लुचलुचा पड़कर गिड़गिड़ाता हुआ बोला, "हुजूर, अभी साब के कान में बात न डालिएगा। मैं अभी इधर-उधर देखता हूँ। गांधी बुड्ढा मिल गया तो अभी पकड़े लाता हूँ। आसानी से नहीं मानेगा तो खुशामद कर लूँगा। वह तो महात्मा आदमी है। उसके जन्म-दिन पर हम सब उसके गले में फूलमाला पहनाकर कीर्तन करते हैं। नौकरी जाने पर बीवी-बच्चों के भूखे मरने की बात सुनकर वह पसीज उठेगा और वापस आने को राजी हो जाएगा।"

"तुम समझते हो, वह यहाँ रुका होगा? वह अब तक सत्याग्रह करने सेवाग्राम निकल गया होगा या फिर दिल्ली की हरिजन बस्ती की तरफ...।" नायब नाजिर को किताबों में पढ़ा फिर याद आ रहा था।

"चला गया होगा तो फिर कोई दूसरी तरकीब सोचनी होगी। मेरी यह विनती है, आप लोग अभी साब को इत्तला न करें।" चौकीदार अब उतना डरा हुआ नहीं लग रहा था और उसका लुचलुचापन कड़ेपन में लौटता जा रहा था। उसे अपनी चतुराई पर यकीन हो आया था। पिछली बार जब एक नई बाल्टी उठ गई थी, उसकी जगह पुरानी लाकर उसने पच्ची कर दी थी। इसी गर्मियों में नुक्कड़वाले बरामदे की राड चोरी चली गई थी और उसने

एक फ्यूज हुई राड लाकर फिट कर दी थी। अब की गांधी बुड्ढा अगर नहीं मिला तो उससे मिलता-जुलता वह कोई आदमी पकड़ लाएगा। स्टॉक का पेट यों ही भरा जाता है। स्टेशन की चौकी पर उसके साढ़ू का सगा भाई सिपाही है और इस काम में वह उसकी जरूर मदद करेगा।

"हुजूर, आप थोड़ा वक्त दीजिए। जो गलत हो गया है, मैं उसे सही कर दूँगा।"

चौकीदार सुबह तक साहब को इत्तला न करने के लिए उनसे दुबारा गिड़गिड़ाकर वहाँ से चला गया।

चार-पाँच मिनट तक तसवीर के नीचे खड़े-खड़े उसे बारीकी से परखने के बाद भी नाजिर को तसवीर में कहीं कुछ गलत नजर नहीं आया, यों उसके मस्तिष्क में तिनके की तरह बराबर यह चुभ रहा था कि शाम इसको लेकर कोई बात थी। फिर यह मानकर कि उसका वहम हो सकता है और वहम की दवा हकीम लुकमान के पास भी नहीं थी, वह पीछे बाग की ओर यह देखने के लिए निकल गया कि नीबू और अमरूद आज उतारने लायक हो गए हैं या नहीं। जिस दिन फसल उतरती थी, उस दिन फसल का एक हिस्सा माली उसके घर भी पहुँचा जाता था।

वक्त साढ़े नौ के आगे रेंगने लगा था और अब अदालतों और उनसे जुड़े दफ्तरों में दूसरे चेहरे भी नजर आने लगे थे—साइकिलों, रिक्शों या खुदा की दी अपनी सवारी दो टाँगों पर लदकर आए चेहरे—अश्लीलता, विश्वासहीनता, स्वार्थपरता, लोलुपता, धूर्तता, मक्कारी के बीसियों खास स्थायी चिह्न लिये हुए। इन चेहरों ने सामने मिल गए दूसरे हमचेहरों को सबसे पहले नरम और हजम कर ली जानेवाली गालियाँ दी थीं, फिर मजाक की कुछ सख्त जमीन पर उतरकर दो-दो हाथ किये थे और फिर हाजिरी के रजिस्टरों में अपनी-अपनी पेटेंट चिड़ियाँ बैठा दी थीं। फिर इन चेहरों में जो चपरासी वर्ग के थे, वे बन्द दरवाजों, खिड़कियों और रोशनदानों की ओर सिटकनियाँ व लोहे की छड़ें हटाने के लिए बढ़ गए थे और जो बाबू वर्ग के थे, वे अपनी-अपनी अलमारियों के ताले खोलने लगे थे।

फिर यही सब करते कुछ और चेहरे आ गए थे। फिर कुछ और चेहरे।

यों काम पर आने का वक्त दस का था, पर अफसर अगर ग्यारह बजे आता है तो उसके आने तक आ जाना देर से नहीं माना जाएगा, यह एक अलिखित विधान था।

और फिर पूरे तौर पर दरवाजे, खिड़कियाँ, रोशनदान और अलमारियाँ खुल गई थीं। मेजों पर कलमदान, स्याही-सोख्ते, ब्लेड, रजिस्टर, छपे हुए भूरे व सफेद फार्म और फाइलें सज गई थीं।

बाहर कई कोनों के लम्बे-चौड़े अहाते में धूप, रोशनी, हवा और गर्द के साथ काफी लोग इकट्ठे हो गए थे—झुंडों में बैठे हुए लोग, झुंडों में खड़े हुए लोग, झुंडों में चलते हुए लोग, यहाँ-वहाँ, इधर-उधर झुंड-ही-झुंड। ऐसे झुंड अहाते के बाहर सड़क पर भी थे—पिंजड़े में बन्द मैना से छपा कार्ड उठवाकर भविष्य बता देनेवाले तिलकधारी ज्योतिषी के गिर्द झुंड, गुप्त रोगों और तमाम कमजोरियों को दो दिन में शर्तिया दूर कर देनेवाले पहलवाननुमा दवाफरोश के गिर्द झुंड, लाइसेंस की दरखास्तों के लिए फौरन ही फोटो तैयार कर देनेवाले बूढ़े फोटोग्राफर के गिर्द झुंड, हनुमान चालीसा, सत्यनारायण की कथा के साथ-साथ रँगीली रातें और असली कोकशास्त्र बेचनेवाले, सुरमा व पान से आँख और ओंठ रचे हुए पुस्तक-विक्रेता के गिर्द झुंड, चाट-पकौड़ों और अमरूद-केलों के गन्दे ठेलों के गिर्द झुंड। इन झुंडों के पास लाठी, छड़ी, छाता, टार्च, पोटली, झोला, बैग सबकुछ था—अपनी-अपनी औकात, आदत, संस्कार और जरूरत के हिसाब से। अपनी बोलियों व शक्लों से कुछ लोग दूर गाँव और अंचलों से आए लगते थे और कुछ शहर से। दरअसल, अहाते में और उसके बाहर सड़क पर लोग आठ-साढ़े आठ से ही जमा होना शुरू हो जाते थे, पर ग्यारह-साढ़े ग्यारह बजे तक अहाता और सड़क जैसे भर जाती थी। ये लोग मुकदमों से जुड़े होते थे—वादी, प्रतिवादी, मुद्दई, मुलजिम, गवाह, पैरोकार, सुपुर्ददार, वली, किसी-न-किसी रूप में। तब इस भीड़ में अच्छी-खासी ता:दाद में कुत्ते, गायें, गधे, बन्दर और कौवे भी 'मानव मूलत: पशु है' इस सिद्धान्त को सही साबित करते हुए शामिल हो जाते थे।

अहाते में दक्षिण ओर बरामदेनुमा एक और बिल्डिंग थी। इस बिल्डिंग में कदम-कदम पर तख्त पड़े थे या तख्तनुमा पक्के चबूतरे बने थे, एक-दूसरे से इस तरह मिले व सटे हुए कि उनके बीच से दस कदम चलने के लिए

पन्द्रह बार मुड़ना जरूरी था। इन तख्तों और चबूतरों पर टीन व लकड़ी के बक्से रखे हुए थे, जिनमें से ज्यादातर किसी कबाड़खाने से लाए गए लगते थे। अलग-अलग खम्बों या दीवारों पर, जहाँ कहीं भी जगह निकल सकती थी, नाम लिखी तख्तियाँ ठोंक दी गई थीं, इश्तहारबाजी के अन्दाज से—सूरज प्रसाद अरोरा एडवोकेट (भूतपूर्व एम.एल.ए.), दीनदयाल बाजपेयी, एम.ए. एल-एल.बी. वकील (रेवन्यू एक्सपर्ट), त्रिलोचन प्रसाद वर्मा, बी.ए. एल एल. बी. एडवोकेट (आफिशल रिसीवर)। पीछे खाली मैदान में सैकड़ों छोटी-बड़ी टीनों व छाजनों के नीचे भी ऐसे तख्त या चबूतरे थे, जिन पर ऐसे ही बक्से रखे हुए थे और जहाँ किसी-न-किसी जगह किसी-न-किसी तरकीब से ऐसी ही नामसूचक तख्तियाँ जड़ी गई थीं। स्थान की कमी के सबब से इन तख्तों, चबूतरों और बक्सों को बरामदेवाली बिल्डिंग में जगह मिल न सकी थी और तब उन्होंने खुद अपने लिए जगह खोज ली थी।—बरामदे, टीनों और छाजनों में पहले मुंशी लोग आ गए थे और अपने-अपने बक्स सँभालकर उन्होंने डायरी के हिसाब से मिसलों को तरतीब दे दी थी। फिर वहाँ काले कोट या लबादे पहने और गले में झक सफेद पट्टियाँ बाँधे वकील लोग आ गए थे और इन तख्तों व चबूतरों के आगे अपनी-अपनी कुर्सियों पर, उस सारे माहौल में महत्त्वपूर्ण और परमावश्यक जन होने की मुद्रा में बैठ गए थे।

यहाँ-वहाँ टाइप-नवीसों ने अपनी-अपनी मशीनें खोल ली थीं और कागज व कार्बन यों लगा लिये थे कि काम आए और तुरन्त वे टाइप कर दें।

सड़क के उस पार एक पीली-सी इमारत थी। इसको भी कचहरी का एक हिस्सा माना जाता था। यहाँ सरकार की ओर से मामलों की पैरवी करनेवाले कानूनदाँ और सलाहकार व उनका अमला बैठता था। वे सब भी अपनी-अपनी सीटों पर आ गए थे और केस डायरियाँ देख रहे थे और चार्ज-शीटों का जायजा ले रहे थे।

अहाते के अन्दर वाली ठेके की होटलनुमा दूकान में से एकाएक एक मुर्गा छिटककर पंख फड़फड़ाता और कूँ-क्डें-कूँ-क्डें की तेज चीख करता फाटक की ओर भागा था। उसके पीछे-पीछे काले और भारी जिस्म का खाली चीकट जाँघिया पहने और एक हाथ में डरावनी नंगी छुरी लिये वह लड़का भागा, जिसे ठेकेदार ने कुछ ही दिन पहले दूकान में नौकर रखा था। अपनी नातजुर्बेकारी की वजह से मुर्गा उसकी गिरफ्त से छूट गया था। सफेद रंग के

उस नरम मुर्गे को उसके साथ जो होने जा रहा है, शायद इसका अन्दाजा था और इसीलिए वह जितनी तेजी से भाग सकता था भाग रहा था और जितनी डरी हुई चीख निकाल सकता था निकाल रहा था। मुर्गा बदहवासी में सड़क की ओर सीधा जाने की बजाय अहाते की ओर मुड़ गया। बाहर निकलने के लिए उसने उड़ने की कोशिश की, लेकिन तीन-चार ही फुट ऊपर उठकर वह सामने की दीवार से टकराकर पट से गिर पड़ा। तब तक वह काले जिस्म वाला लड़का भी झुँझलाहट से गालियाँ बुदबुदाता हुआ वहाँ पहुँच गया और उसने झपट्टा मारकर उसे दबोच लिया। फिर उसने एक पैर से दबाते हुए वहीं उसकी गर्दन छुरी से अलग कर दी और उसे उलटा लटकाए, टपकते सुर्ख खून से जंजीरेदार लकीर बनाता व अपनी ओर देखनेवालों को अब पलटकर विजय भाव से देखता हुआ दूकान की ओर ले आया।

तहसील से आए हुए उस लड़के को वहाँ एक घंटा ही हुआ था और भय उसे छूने लगा था। दरअसल, भय उसे उस समय से ही छूने लगा था जब एक व्यक्ति ने उससे कहा था कि वह उसे एक सस्ता और अच्छा वकील करा देगा। फिर भय की यह ठंडी छुअन वकील के कमरे में पहुँचकर कुछ और भी बढ़ गई थी और यहाँ कचहरी में आकर तो उसे लगा था, जैसे वह कम कपड़े पहने हुए है और ठंड उसे सता रही है।

वह लड़का बाईस-तेईस साल का था और उसकी मूँछ के बालों में अभी रंग की गहराई दौड़ी नहीं थी और वे नरम व लचीले थे। यह नरमपन उसके चेहरे की पतली चिकनी जिल्द में भी था और आँखों की चमक में भी। बारहवाँ दर्जा पास करने पर उसके पिता ने लड़के को एक स्थायी और छाँहदार आश्रय देने के लिए चाहा था कि उसे कहीं सरकारी मुलाजमत मिल जाए। पिता स्वयं एक जूनियर स्कूल में अध्यापक थे और वैसी उनकी मानसिकता बन चुकी थी। जब वह अपने प्रयासों में थक गए, तो उन्होंने अनिश्चितता के बीहड़ फैलाव के नीचे निश्चिन्तता की एक झीनी-सी ओट देखते हुए उसे बिसातखाने की एक छोटी-सी दूकान खुलवा दी थी। फिर पिता की मृत्यु हो गई।

पिता ने डाकखाने और बैंक में करीब चार हजार रुपये छोड़े थे। उनकी एक छोटी लड़की थी और पिता को उसकी शादी की चिन्ता थी। लड़की के

जन्म के साथ ही उन्होंने उसके लिए हर माह पाँच-पाँच, दस-दस रुपये खर्च में से यहाँ-वहाँ कतरब्योंत करते हुए जोड़ना शुरू कर दिये थे।

पिता की मृत्यु के बाद उसे बताया गया कि डाकखाने और बैंक में उनके द्वारा छोड़ा गया रुपया उसे तभी मिल सकता है जब वह अदालत से इस बात का प्रमाण-पत्र हासिल कर ले कि वह उनका उत्तराधिकारी है और रुपया पाने का उसे कानूनी हक है।

"मैं रामदास जी का लड़का हूँ और उनकी सम्पत्ति का वारिस हूँ।" उसने बैंक मैनेजर से दबे, पर समझानेवाले स्वर में कहा था।

"यह तो आपका कहना है, मगर मेरे अपने पास भी तो कोई सबूत होना चाहिए।" मैनेजर ने ठस और जल्द ही छुटकारा चाहनेवाली आवाज में उत्तर दिया, "कल मेरे सामने कोई दूसरा दावेदार आकर खड़ा हो जाए और कहे रामदास ने अपनी सारी सम्पत्ति मेरे नाम वसीयत कर दी है और असली हकदार मैं हूँ, तब? नहीं, उत्तराधिकार का सर्टिफिकेट अदालत से बिना लाए आपको एक नन्हा पैसा भी नहीं मिल सकता।"

डाकखाने के बाबू ने भी ऐसा ही दो-टूक कहा था।

फिर और लोगों ने भी बताया कि नियम के लिहाज से ऐसा करना जरूरी है और यह एक मामूली-सा मामला है, खानापूरी करने जैसा, इसलिए उसे घबड़ाना नहीं चाहिए।

और तभी एक व्यक्ति ने आकर कहा कि वह उसे एक वकील करा देगा। उस व्यक्ति से यों उसका कोई सम्बन्ध नहीं था, पर वह ऐसा भी नहीं था कि उसे निरा अपरिचित कहा जाए। वह उसी मोहल्ले में रहता था और शहर आता-जाता था।

वकील ने उसकी बात सुनकर कहा, "ठीक है, वह उसे उत्तराधिकार का प्रमाण-पत्र दिलवा देगा, मगर खर्चा चार सौ रुपये आएगा।"

"चार सौ रुपये?" वह चौंक गया। जूते के अन्दर जैसे पैर डाला हो और वहाँ उभरी कील एकाएक चुभ गई हो।

"देखिए, करीब डेढ़ सौ रुपये तो कोर्ट-फीस स्टाम्प के लिए चाहिए होंगे और ढाई सौ मेरा मेहनताना बनेगा।"

"मेरा मामला तो बहुत सीधा-सादा है," उसने डरते-डरते कहा।

"पर सीधा मामला भी गलत हाथों फँसकर टेढ़ा हो जाता है। एक फुंसी का भी ज़हरबाद बन जाना आपने जरूर सुना होगा।"

साथ आए व्यक्ति ने समझाया कि मेहनताना ज्यादा नहीं है, क्योंकि एक तजुर्बेकार और नौसिखिए वकील की फीस में थोड़ा-बहुत फर्क तो रहेगा ही। दूसरे दिन जाकर उसने वकील को चार सौ रुपये दे दिये। वकील को रुपये देने के बाद मुंशी से हुई बातचीत से उसे पता चला कि खर्चा वहीं जाकर खत्म हो नहीं गया है। मुंशी का पच्चीस रुपये मेहनताना अलग बना है और करीब पन्द्रह रुपये नोटिस वगैरह के छपे हुए फार्म हासिल करने के और प्रार्थना व शपथ-पत्र टाइप कराने के देने होंगे।

"सीधे आने पर आप कुछ फायदे में रहते।" मुंशी ने विश्वास जमाने के लिए एक चौंकानेवाले रहस्य पर से ढक्कन उठाया, "जिस आदमी के साथ आप आए थे, वह एक दलाल है और पेशे के लिए यह निहायत जरूरी है कि मेहनताने में से कुछ-न-कुछ उसे भी दिया जाए। उसका हिस्सा आपके जिम्मे और जुड़ गया।"

आज यहाँ कचहरी में वह इसलिए बुलाया गया था कि कागज तैयार हो जाने पर उसके दस्तखत होंगे और फिर वे दफ्तर में दाखिल किये जाएँगे।

यहाँ बैठे हुए उसे बराबर लग रहा था कि वह कम कपड़े पहने हुए है और सर्दी उसके जिस्म में घुसती जा रही है, यों उतनी सर्दी का मौसम अभी था नहीं।

डेढ़ घंटे के इन्तजार के बाद आखिर वे कागज तैयार हो गए। मुंशी ने उससे वकालतनामे पर दस्तखत कराए, फिर प्रार्थना-पत्र पर कराए, फिर दो-एक-दूसरे संलग्न कागजों पर कराए और फिर उन सब पर वकील के दस्तखत कराए।

"आओ, चलो इनको दफ्तर में दाखिल कर आएँ। असली काम फिर निपटा समझो।"

मुंशी ने कागज अपने हाथ में ले लिये और वह उसके पीछे-पीछे चलने लगा, यों जैसे किसी अनदेखी डगर का राहगीर एक जानकार के पीछे-पीछे चलता है। मुंशी बरामदा पार करता हुआ एक गलियारे में दाखिल हुआ और फिर उसे पार करता हुआ एक कमरे में। कमरा न बहुत छोटा था, न बहुत बड़ा। फर्श खुरदरा व ज़ख्मी था और छत के कोनों में जाला दूर-दूर तक लथड़ा था। दीवारें धूल अटी व मैली थीं। दीवारों पर नीली-लाल रोशनाई की छींटें व पान की पीकें जगह-ब-जगह लथड़ी थीं। वहाँ मोटी-मोटी पचासों काली लकीरें भी खिंची हुई थीं, क्योंकि पेंसिल की नोंक तेज करने के लिए

दीवार को इस्तेमाल किया जाता था। इन दीवारों पर यहाँ-वहाँ पाँच-सात कीलें भी ठुकी थीं, जिनके सहारे मरे जानवरों की खाल की तरह मुचड़े-तुचड़े कई नोटिस लटके थे। एक नोटिस पर लिखा था—रिश्वत लेना व देना जुर्म और पाप है। एक-दूसरे पर कागज व दस्तावेज दाखिल करने के बारे में कई हिदायतें तहरीर थीं। इन हिदायतों में यह भी बताया गया था कि वे किस समय तक लिए जाएँगे—"कृपया नोट करें : समस्त प्रकार के कागज बारह बजे तक ही प्राप्त किये जाएँगे।" ठीक ऊपर दीवार पर जो घड़ी लगी थी, वह बन्द थी और उसके बन्द होने को जगजाहिर करने के लिए डायल पर एक कागज चिपका दिया गया था।

कमरे में पाँच मेजों के सामने पाँच बाबू बैठे थे। एक ओर अलग हटकर दरवाजे के सामने एक और बाबू बैठा था, जिसकी मेज अपेक्षाकृत बड़ी थी, जिसके कलमदान के होल्डर अपेक्षाकृत मोटे व दवातें चौड़ी थीं और जिसका मेजपोश अपेक्षाकृत सही हालत में था। उसके सिर के बाल भी अपेक्षाकृत औरों की तुलना में सफेद थे और चेहरे पर तजुर्बे व पकेपन के निशानात भी अपेक्षाकृत ज्यादा और गहरे थे। इस बाबू के सामने ही मुंशी ने कागजात पेश कर दिये।

बाबू ने उन कागजात को यहाँ-वहाँ से देखा, फिर चश्मा नाक पर खिसकाते हुए मुंशी की ओर देखा, फिर उस लड़के की ओर देखा और फिर उस मुंशी की ओर फिर देखा।

"आपकी ही दरखास्त है?" इशारा उस लड़के की ओर था जिसकी तरफ उसने फिर देखा था।

"मुन्सरिम साब को दो रुपये का नोट दो।" मुंशी ने उससे कहा और उसे हीला करते देखकर दुबारा कहा, "दो, गलत नहीं दिला रहा हूँ। यह इनका दस्तूर है।"

उसने दो रुपये मुन्सरिम को दिये।

मुंशी फिर उसको सामने बैठनेवाले एक बाबू के पास ले गया और बताया कि उसकी दरखास्त की मिसल अब इनके पास ही रहेगी व यही नोटिस वगैरह निकालेंगे और वह दो रुपये इनको भी दे।

उसने दो रुपये उस बाबू को भी दे दिये। बाबू ने रुपये जेब में सहेजते हुए पूछा कि वह कहाँ का रहनेवाला है और उसकी तहसील का नाम सुनकर

हुमक उठा, "अरे, चहाँ तो खोये की बहुत अच्छी मंडी है। देखो, महीने-भर बाद तारीख पूछने आना तब खोया जरूर लाना।"

"खोया लाना तो जरा कायदे से। यह न हो कि पाव-आधा किलो डाले चले आए।" पास ही बैठा एक दूसरा बाबू पान की पीक से लथड़े अपने दाँत तरबूज के बीज जैसा चमकाता हुआ बोला।

"नहीं, सो वह समझदार है। खोया कायदे से ही लाएँगे, बाबू साहबान के लिए भी और मेरे लिए भी।" मुंशी ने एक आँख दबा दी।

वह बीच ही से मुड़ने को हुआ कि दीवार से सटकर पड़ी एक चौकी पर से पैजामा और बंडी पहने एक व्यक्ति ने सलाम दाग दिया।

"यह यहाँ के दफ्तरी हैं और तुम्हारी दरखास्त पर लगे टिकट काटेंगे।"

"क्या इनको भी देना पड़ेगा?" उसने घबड़ाकर पूछा।

"हाँ, एक रुपया इनका भी होता है। ऐसा दस्तूर है।"

एक रुपया तब उसने उस दफ्तरी को भी दे दिया।

बाहर निकलकर आने पर उसने महसूस किया कि वह बर्फ के पानी के नीचे था और उसे तेज झुरझुरी लग रही है। मुंशी ने बताया नहीं था, पर वह इतनी देर में ही समझ गया था कि जब-जब उसे कचहरी इस दरखास्त के सिलसिले में आना पड़ेगा, तब-तब उसकी अपनी जेब में दस-बीस रुपये खर्च के लिए जरूर पड़े होने चाहिए। दरखास्त में विरोधी पक्षकार उसकी बहन व माँ बनाए गए थे। वकील ने कहा था कि उनसे इस आशय का एक प्रार्थना-पत्र लगवा दिया जाएगा कि उत्तराधिकार का प्रमाण-पत्र उसके हक में दिये जाने में उनको कोई आपत्ति नहीं है। उसका सगा चाचा दूर एक-दूसरे शहर में रहता था। वकील ने उसको भी पक्षकार यह कहते हुए बनाया था कि मृतक के सारे निकट सम्बन्धियों के नाम दरखास्त में दिखलाना कानूनन जरूरी है। फिर यह भी बताया था कि दूरी के कारण अगर इन चाचा पर साधारण तरीके से नोटिस की तामील हो नहीं पाती है तो नोटिस फिर अखबार में शाया कराना पड़ेगा। इन सबमें खर्चा क्या आएगा नहीं? प्रमाण-पत्र मिल जाने पर भी बैंक का मैनेजर या डाकखाने का बाबू क्या बिना कुछ खाए-पिए रुपया उठाने देगा? उसे लगा, पिता द्वारा छोड़ी गई चार हजार रुपये की रकम को पाने के लिए उसे एक काफी बड़ा हिस्सा खर्च कर देना होगा—शायद एक हजार रुपये—शायद उससे भी ज्यादा।

उसे तेज-तेज झुरझुरी आने लगी थी। कपड़े तो कम पहने हुए था ही, अब वे भीगे भी लग रहे थे।

"अब आपकी छुट्टी है। पन्द्रहवें-बीसवें दिन मिलते रहिएगा।" मुंशी ने उसे विदा देने के लिए कहा।

"मुझे कब तक सर्टिफिकेट मिल जाएगा?"

"अब आपने दरखास्त लगा दी है तो मिल ही जाएगा।"

मुंशी अपने बिस्तर की ओर घूम गया।

वह अब अपने घर वापस जा सकता था, पर तभी उसने पाया कि पेड़ू पर बढ़ते जिस दबाव को वह अब तक ठेलता रहा था, अब ज्यादा देर ठेल नहीं सकेगा। यह घिनौना दबाव जब वह कचहरी के अहाते में घुसा था तभी शुरू हो गया था और धीरे-धीरे बढ़ता गया था। वह इसका कोई कारण नहीं बता सकता था, क्योंकि न तो उसने कल शाम, या आते समय ही, कोई गड़बड़ चीज खाई थी और न यह कि उसे शौच सुबह साफ न हुई हो। यह दबाव उस अनाम भय का भी दिया हो सकता था जिसे वह सर्दी के रूप में देर से महसूस कर रहा था।

उसने अगल-बगल से गुजरते आदमियों में से पहले एक से पूछा, फिर दूसरे से और जान लिया कि अहाते में ही इमारत के पीछे टट्टियाँ बनी हुई हैं। वह उधर चला गया।

टट्टियों में नल लगे थे और यह एक सुविधाजनक स्थिति थी।

अन्दर दाखिल हुए उसे एक मिनट ही गुजरा होगा कि बाहर कदमों की आहट हुई और फिर किवाड़ से ढेले जैसी आवाज टकराई, "कौन है?"

"मैं?"

"मैं क्या होता है? नाम बोलिए।"

उसने नाम बता दिया।

"आप टट्टी अन्दर किसी से इजाजत लेकर गए थे?"

"नहीं।"

"खैर, अच्छा टट्टी कर लीजिए।"

वह टट्टी कर बाहर आया तो चेहरे पर काँटों जैसी मूँछ-दाढ़ी उगाए एक आदमी पहरा देनेवाली मुस्तैदी से सामने खड़ा था। उस आदमी ने अपनी मोटी गठानदार अँगुलियाँ फैला दीं—"लाइए, पचास पैसे निकालिए।"

"पैसे कैसे?" बात समझ न सकने के कारण वह भौंचक्का था।

"ये टट्टियाँ कचहरी में काम करनेवाले अहलकारों के लिए हैं, न कि जनाब के लिए।" काँटों जैसी मूँछ-दाढ़ीवाला वह आदमी खुरदरी आवाज में बोला, "मुझे इनकी सफाई और देख-रेख करने के लिए सरकार से तनख्वाह मिलती है, आप लोगों से नहीं। बाहर के आदमी को टट्टी का इस्तेमाल करने के वास्ते पचास पैसे देने होते हैं, यह दस्तूर है। लाइए, जल्दी निकालिए।"

यह समझकर कि बिना पैसे दिये हुए छुटकारा सम्भव नहीं है, उसने भुनभुन करते हुए पचास पैसे वाला सिक्का सामने फेंक दिया।

एक-दूसरे तख्त पर एक फूटा हुआ आदमी बैठा था। उसके सिर पर पट्टी बँधी थी और भौंहें व ओंठ सूजे हुए थे। उसके दाहिने पैर में घुटने पर भी वर्म था और चलते हुए उसे उस पैर को यों उठाना पड़ता था जैसे हाड़-मांस न होकर वह काठ का है और असावधानी बरतने पर अलग भी हो सकता है। परसों उसके खेत में ठाकुरों ने जानवर डाल दिये थे और जब वह उनको घेरकर कांजीहौद ले जाने लगा तो ठाकुरों ने उसे लाठियों से फोड़ दिया था। जानवर उससे पहले भी कई बार पड़ चुके थे और वह आगाह कर चुका था कि अगर वे बाँधकर न रखे गए और आगे फिर नुकसान हुआ तो वह उनको कांजीहौद में हाँक देगा। वह जाति का चमार था, पर जब से वह लाल टोपी वाली सोशलिस्ट पार्टी का कार्यकर्ता बन गया था, उसमें से छोटी जातिवाला दब्बूपन निकल गया था। दब्बूपन की इस गाँठ को निकालते-निकालते उसके अन्दर जो गाँठ पड़ गई थी वह थी अतिरिक्त हेकड़ी और जिद्दीपन की। पिछले चुनाव में लाल टोपीवाला उम्मीदवार ही इस क्षेत्र से विधान सभा के लिए विजयी हुआ था और इस स्थिति ने उस गाँठ को और भी ज्यादा सख्त बना दिया था।

पीटे जाने पर वह खामोश नहीं बैठा था, बल्कि सीधे थाने जाकर रपट दर्ज करा दी थी। रपट दर्ज करा देने के बाद उसका खयाल था, पुलिस गाँव जाएगी और ठाकुरों को पकड़कर हथकड़ी जड़ देगी। मगर ऐसा नहीं हुआ। थानेदार ने बताया कि उसकी चोटें मामूली हैं और ऐसे मामलों में पुलिस हस्तक्षेप नहीं करती है। हाँ, वह चाहे तो इस्तगासा दायर कर खुद मुकदमा चला सकता है।

वह कल शहर सबसे पहले पार्टी के दफ्तर में आया। वहाँ जिला मंत्री ने उसे एक वकील के नाम चिट्ठी लिख दी। कहा, वह वकील उसी पार्टी का है और उसकी मदद करेगा।

वकील ने चिट्ठी लेकर उसकी रपट देखी। फिर डॉक्टरी रिपोर्ट माँगी। जब उसने बताया कि अभी डॉक्टरी मुआइना हुआ नहीं है तो कहा कि सबसे पहले अस्पताल जाकर वह डॉक्टरी मुआइना करा आए, क्योंकि उसका होना निहायत जरूरी है।

अस्पताल में डॉक्टर ने कहा कि चूँकि वह पुलिस द्वारा भेजा हुआ नहीं है और प्राइवेट हैसियत से मुआइना कराना चाहता है, इसलिए उसे फीस देनी पड़ेगी। बीस रुपये लेकर ही डॉक्टर ने चोटों की बाबत रिपोर्ट दी।

रिपोर्ट लेकर वह वकील के पास फिर पहुँचा। उसे पढ़कर वकील ने कहा कि रिपोर्ट ठीक है और अब उसे अपराधियों को दंड दिलाने के लिए इस्तगासा दायर करना पड़ेगा।

"जिन दो ठाकुरों ने मुझे मारा है, उनको जेल हो जाना चाहिए।"

"तो ठीक है, इस्तगासा दायर कर दो।"

वकील ने जब देखा कि वह इस्तगासा दायर करने की बात बार-बार कह रहा है और खर्चे को लेकर किसी किस्म का कोई सवाल उठा नहीं रहा है, तो उसने अपनी ओर से उस मुद्दे को खोल दिया—"मेहनताना मेरा सौ रुपये होगा। बीस-पच्चीस खर्चे में भी आ जाएँगे।"

"वकील साब, मेरी माली हालत पतली है।" चुटैल हवा रिसते गुब्बारे की तरह ढीला पड़ने लगा।

"जब मुकदमा करोगे तो खर्चा तो होगा ही।"

"वकील साब! मैं बहुत गरीब आदमी हूँ। दो साल से फसल चौपट हो रही है।" यह कहकर जब उसने पाया कि वकील का रुख नरम नहीं हुआ है तो उसने यह भी जोड़ा, "मैं आपकी पार्टी का हूँ।" दरअसल, वह यह सोचकर चला था कि जब वे दोनों एक ही पार्टी के हैं और वह मंत्री जी की चिट्ठी साथ लिये जा रहा है, तो वकील साहब कोई फीस नहीं लेंगे। आखिर फिर चिट्ठी लाने का मकसद क्या हुआ? फीस की बात सुनकर कहीं उसे आघात लगा था।

"कोई और आदमी होता तो मैं दो सौ रुपये मेहनताना लेता। सौ की रियायत तुम्हारे साथ पहले ही कर दी। जब इतना कह रहे हो तो यह रियायत

और कर सकता हूँ कि मेहनताना दो टुकड़े में ले लूँ, पचास रुपये इस्तगासा दायर करते वक्त और पचास रुपये मुलजिमान की तलबी पर।"

"मैं पच्चीस रुपये लेकर चला था। बीस डागडर ने ले लिये। मेरे पास तो वकील साब...।" अपनी मजबूरी एकदम साफ करने की नीयत से उसने जैसे हिसाब देना चाहा।

"कागज तुम्हारे मैं रख लेता हूँ। कल, परसों जब कभी पैसों का इन्तजाम कर लेना, इस्तगासा तभी दायर कर दूँगा।" वकील के चालीस साला चेहरे पर पथरीलापन आ गया था और उसने निगाह दूसरी ओर घुमा ली, जैसे इस विषय पर उसने पूर्ण विराम लगा दिया हो।

वह चुटैल आदमी गाँव लौट आया था। रास्ते-भर चोटों के दर्द के साथ ही उसे अपनी आर्थिक तंगदस्ती का दर्द भी छेनी जैसा छीलता रहा था। दो साल से फसल खराब होने की बात उसने गलत नहीं कही थी। जिन पौधों को छाती बराबर ऊँचा जाकर लहलहाना चाहिए था, पानी की कमी के कारण वे घुटनों तक ही बढ़कर झुलस गए थे। मरे हुए ढोरों से चमड़ा उतारना एक हीन काम है, नीच जातिवालों का, ऐसा मानकर उसने आय के अतिरिक्त स्रोत को भी छोड़ रखा था। गुजर-बसर के लिए बस वह अपनी चार बीघे की काश्त पर ही निर्भर था, जिसने इधर एक कमजोर साथी की तरह धोखा देना शुरू कर दिया था। जो पच्चीस रुपये वह आज लेकर गया था वह बीन-बटोरकर ही। यदि उसके अन्दर हेकड़ी और जिद्दीपन की वह गाँठ न होती तो उस सूरत में उसने अपमान का वह जहर अपनी नियति मानकर चुपचाप गुटक लिया होता। खासतौर से तब जब वकील ने उसे बैरंग चिट्ठी की तरह बिना कोई महत्त्व दिये हुए वापस कर दिया था। लेकिन अन्दर की वह गाँठ उस अपमान को अपनी नियति मानने से उसे बराबर रोकती रही थी। वह सख्त गाँठ उसे प्रतिशोध के लिए उकसा रही थी, प्रतिशोध को अपमान के जहर की जलन मारने का एकमात्र उपचार बताते हुए। ठाकुरों की बखरी जब उसकी आँखों के सामने पड़ी तो अपमान के जहर की जलन जैसे उसके अंग-अंग को छेदने लगी। वह गाँठ भी तब उभरकर और ज्यादा बड़ी व चुभीली हो गई।

पहले चिरौरी कर और न मानने पर फिर लानत-मलानत कर उसने औरत से चाँदी की हँसुली उतरवा ली थी और आज शहर पहुँचकर उसने हँसुली को

एक सर्राफ की दूकान पर गिरवी डाल दिया था और फिर वकील के सामने पहुँचकर पचास रुपये मेहनताने के व दस रुपये खर्चे के रख दिये थे।

अदालत में बैठनेवाले पुलिस-मुंशी की आँखों में यह सिफत थी कि वे एक ही वक्त में कई ओर देखती थीं—उन कागजों को, जिनको लेकर वह काम कर रहा होता था, उस हाकिम को, जो सामने कुर्सी पर बैठा किसी भी समय कोई हुक्म दे सकता था और बाहर बरामदे की हलचल को। यही वजह थी कि वारंट बनाते हुए भी चुटैल को देखने में उससे चूक नहीं हुई थी और तजुर्बे से तेज हुई बुद्धि से वह फौरन समझ गया था कि माजरा क्या हो सकता है। चुटैल अभी दरवाजे के बाहर ही खड़ा था कि उसने झट बढ़कर इस्तगासा हाथ में ले लिया। फिर उसे वहीं खड़े-खड़े पढ़ा, फिर चुटैल से जबानी भी पूछा और फिर हमदर्दी दिखाते हुए कहा, सचमुच उसके साथ ज्यादती हुई है, थाने की पुलिस ने उसकी मदद नहीं की, लेकिन वह जरूर करेगा और मुलजिमान तलब करवाकर वहाँ कठघरे में खड़ा करेगा।

वकील का मुंशी अभी तक पास में खड़ा था और उसने उसे वापस कर दिया—"जाइए, यह आते हैं। काम इनका हो जाएगा।"

अन्दर जिस जगह इस्तगासा पहुँचना चाहिए था, वहाँ जाकर वह पहुँचा आया।

"चौधरी साब! मेरा पान-पत्ता"—बरामदे में लौटकर अपना असली मंशा साफ करते हुए उसने उसके कन्धे पर हाथ रख दिया।

"मुंशीजी, मेरे पास इस बेरा कुछ नहीं है। ठाकुरों को बुलाकर जब हथकड़ियाँ डालोगे, उस दिन मैं तुम्हारा जरूर मुँह मीठा कराऊँगा।"

"चौधरी साब! इतनी बेरुखी ठीक नहीं होती।"

"मुंशीजी! सौगन्ध से, मेरे पास इस बेरा देने को कुछ नहीं है। मुसकिल से वकील की आधी फीस भरी है।"

पुलिस मुंशी ने तलाशी लेनेवाले ढंग से उसके कुर्ते की जेब में हाथ डाल दिया। फिर धोती की फेंट टटोली और गाँठ नजर आने पर उसमें अँगुलियाँ डालकर मुचड़ा हुआ पाँच का नोट निकाल लिया।

"चौधरी साब! गंगा की तरफ तुम्हारा मुँह है, झूठ नहीं बोलना चाहिए।" मुंशी हँसने लगा।

"मुंशीजी! मैं झूठ नहीं बोला। यह तो मैंने गाँव लौटने के लिए रख छोड़ा था।" उसने मुंशी की हथेली में दबे नोट को वापस पाने के लिए हाथ बढ़ा दिया।

"चौधरी साब! गंगा की तरफ तुम्हारा मुँह है, झूठ नहीं बोलना चाहिए।" मुंशी वैसे ही हँसता रहा।

उसके बात फिर पलटने पर मुंशी ने वैसा ही फिर कहा और वैसे ही हँसता रहा।

लँगड़ाकर चलते हुए अब उस चुटैल आदमी को यह सोचना पड़ रहा था कि गाँव का जो एक जाननेवाला यहाँ गन्ने के महकमे में है, राह-खर्च माँगने के लिए वह उसके घर जाए या दफ्तर में।

अहाते में दीवानी और फौजदारी की छोटी-बड़ी सब मिलाकर आठ अदालतें थीं। सबके अपने अलग-अलग दफ्तर थे और अपना अलग-अलग अमला, कार्य और उसकी प्रकृति के आधार पर। अदालतों के क्षेत्राधिकार निश्चित थे और उन्हीं क्षेत्राधिकारों के अनुसार वहाँ मुकदमे दायर होते थे तथा विचाराधीन मामलों में विभिन्न प्रकार के प्रार्थना-पत्र गुजरते थे। जिला एवं सत्र न्यायाधीश अपने आदेश से मुकदमों को एक से दूसरे न्यायालय में स्थानान्तरित भी कर सकता था। प्रशासनिक दृष्टि से, कुशल नियंत्रण के लिए, उसे बहुत सारे वैसे अधिकार प्राप्त थे।

ग्यारह बजे तक अहलकारान अपनी कुर्सियों पर पहुँच चुके होते थे। इस वक्त अपनी कुर्सियों पर मौजूद होने का मतलब होता था कि वह अहलकार हाकिम और सम्बन्धित व्यक्तियों की निगाह में दफ्तर आ गया है। यह वक्त काम का भी होता था। और जब काम का था तो उससे जुड़ी तमाम सुविधाओं और विशेषाधिकारों का भी। इस वक्त तक अदालतों व दफ्तरों में वकीलों, मुंशियों, मुवक्किलों और उनके पैरोकारों का दबाव बढ़ जाता था। वे पाँच-पाँच, सात-सात के झुंड में अन्दर दाखिल होते व निकलते थे। वकील और मुंशी जबकि सहज और बेपरवाह दिखाई देते थे, मुवक्किल और पैरोकार फँसे हुए शिकार जैसे असहज, बेचैन और छटपटाते नजर आते थे।

बड़े जज के दफ्तर में दो अपीलें दायर हुई थीं। मुन्सरिम की मेज से मोहरें ठुककर वे अपील बाबू के पास चली गई थीं और अपील बाबू ने अपीलों के साथ अपील दाखिल करनेवालों को भी सँभाल लिया था।

चार जमानत की दरखास्तें भी गुजरी थीं और मुन्सरिम की मेज से मोहरें

ठुककर वे सेशन बाबू के पास चली गई थीं और सेशन बाबू ने उन पर कोई कार्यवाही शुरू करने से पहले साथ आए पैरोकार से कार्यवाही शुरू कर दी थी।

एक दरखास्त बड़े भाई की ओर से नाबालिग भाई का संरक्षक नियुक्त किये जाने के वास्ते लगी थी और यह दरखास्त मुन्सरिम की मेज से मुतफर्रिका बाबू के पास पहुँच गई थी और उसने इस दरखास्त पर उचटती नजर डालकर संरक्षक बनने के प्रार्थी पर तुरन्त गहरी नजर डालना शुरू कर दिया था।

छह दरखास्तें पुरानी मिसलों के मुआइने के लिए लगी थीं और वे मोहाफिज दफ्तर के पास पहुँच गई थीं।

आठ दरखास्तें तजवीजों, डिग्रियों व दूसरे दस्तावेजों की नकूलात के वास्ते गुजरी थीं और वे प्रधान नकलनवीस के पास आ गई थीं।

मुन्सरिम को बवासीर की शिकायत थी और मस्से खून देते थे, अपील बाबू को पायरिया था और दाँत टीसते थे, सेशन बाबू का जब-तब जुकाम बिगड़ जाता था, मुतफर्रिका बाबू के मुँह में विटामिन-बी की कमी के कारण अक्सर छाले उभर आते थे, मोहाफिज दफ्तर की आँत उतर जाती थी, प्रधान नकलनवीस की पेशाब में शकर आती थी, दफ्तरी का दाहिना पैर फायलेरिया से मोटा था और एक चपरासी को दमा था जबकि दूसरे को मोतियाबिन्द—मगर मुवक्किलों से पेश आते वक्त उनमें से कोई भी बीमार नहीं लगता था, बल्कि तब सबके हाथ-पैर, दाँत, नाखून, आँतें, गुर्दे यानी जिस्म का हर हिस्सा कुछ ज्यादा ही सेहतमन्द और क्रियाशील हो जाता था।

सहायक लोक अभियोजक (एसिस्टेंट पब्लिक प्रॉजीक्यूटर) के पास मुद्दई पहुँचा था कि अभियुक्तों के विरुद्ध मजिस्ट्रेट के सामने अभी तक चार्ज-शीट दाखिल नहीं हुई है और वह दाखिल कर दे ताकि मामला अदालत में आ जाए।

"ठीक है, दाखिल हो जाएगी।"

इस "हो जाएगी" के आशय को मुद्दई समझ गया था। नहीं, भेजनेवाले ने, जो कचहरी की दुनिया से जुड़ा होने के कारण वहाँ की भाषा से सुपरिचित था, उसे पहले ही समझा दिया था कि कुछ खास शब्द या मुहावरे बोले जाएँगे और उनके अर्थ यह-यह होंगे। मुद्दई ने बीस रुपये के करारे नोट अभियोजक के सामने रख दिये और जब अभियोजक ने इसके बाद भी यह कहा, "अभी इसमें काफी काम करना है" तो इन शब्दों के अर्थ भी बूझकर उसने दस का

एक और करारा नोट सामने रख दिया। अभियोजक ने तब चार्जशीट की पुश्त पर एक छोटा-सा नोट लिख डाला और उसे सम्बन्धित न्यायालय में दाखिल कर आया और वहाँ नम्बर पड़कर मुकदमा दर्ज हो गया।

आठ दिन पहले एक मुकदमा सेशन सुपुर्द हुआ था और उसकी मिसल रजिस्टर पर चढ़कर सुपुर्द कुनिन्दा मजिस्ट्रेट की अदालत से सेशन जज के दफ्तर में आज आ गई। सेशन सुपुर्द होनेवाले दिन ही अभियुक्त का पैरोकार मुंशी को लेकर सेशन बाबू के पास इस आशय से पहुँच गया था कि वह इस मुकदमे को एक खास अदालत में भेज दे। मुकदमा डकैती का था और उस खास अदालत का जज ज्यादातर मुकदमे छोड़ देता था, खासतौर से डकैती के। काम करा देने के लिए सेशन बाबू ने पचास रुपये जमा करा लिये थे।

अदालत में न्यायिक कार्य कम होने के कारण सेशन जज आराम कमरे में उठ गया था और सेशन बाबू पहले से सेशन सुपुर्द हुई दो मिसलों के साथ इस नई आई मिसल को लेकर आराम कमरे में चला गया और उस खास अदालत में काम होने की बात कहकर उन मिसलों को उस अदालत में स्थानान्तरित किये जाने का आदेश लिखा लाया।

करीब आध घंटे बाद वह आदमी मुंशी के साथ काम की बाबत पता लगाने के लिए आ गया। उसे आज के दिन आने को कहा गया था।

"अभी कोई बात नहीं सुनूँगा। मेरा माथा जम गया है। गर्म चाय से पहले पिघला लूँ।" सेशन बाबू ने आँखों पर पलकें गिराकर चेहरा यों बना लिया जैसे सच में सिर के अन्दर कोई चीज कड़ी पड़कर चुभ रही हो।

"चाय चलिए मैं पिला दूँ।" काम के लिए उतावला वह आदमी बोला।

सेशन बाबू जर्सी का बटन बन्द करता हुआ अपनी कुर्सी से उठ खड़ा हुआ। उसने किसी को सम्बोधित न करके भी सबको सम्बोधित करते हुए कहा, "मैं चाय पीने जा रहा हूँ।" इसी के साथ अपील बाबू उठ खड़ा हुआ, "चाय तो मुझे भी पीना है। याद दिलाने के लिए शुक्रिया।" मुतफर्रिका बाबू ने मुँह से यों कुछ नहीं कहा, लेकिन उसने भी अपनी जगह छोड़ दी। दफ्तर में एक ही चपरासी था और वह भी पीछे लग लिया—सरकारी गश्ती चिट्ठी के साथ जुड़े रहनेवाले किसी परिशिष्ट की तरह। दूसरी अदालत के दो बाबू पेशाब करने के लिए बाहर निकले थे और महक पा जाने पर पेशाबघर जाना मुलतवी कर वे भी उस गिरोह में बराबर के साझीदार बन शामिल हो गए।

मुन्सरिम अपने पद की मर्यादा का ध्यान रखकर गया नहीं और दफ्तर में ही बना रहा। किन्तु पाँच मिनट के अन्दर ही साथ गया चपरासी उसके लिए मेज पर मलाई पड़ी चाय का एक गिलास, एक तश्तरी में मय चटनी के दो समोसे व दूसरी तश्तरी में चार काला जामुन और चार पेड़े रख गया।

चाय का जो बिल उस आदमी के नाम बना वह खासा मोटा था।

वकालतखाने में आज भी बाबू परमात्मा नारायण अपनी बूढ़ी आरामकुर्सी पर अपना पूरा जिस्म ढीला छोड़े, तीन-चौथाई आँखें मूँदे व एक-चौथाई खोले, हाथ पर हाथ रखकर बैठे थे। परमात्मा नारायण वकालतखाने की एक निश्चित इकाई थे। इसके बावजूद कि पिछले दस साल से उन्होंने एक भी मुकदमे में अपना वकालतनामा लगाया नहीं था, न ही किसी मामले में अदालत के सामने पेश हुए थे और न उनका कोई अपना मुंशी ही था, वह नियम से कचहरी आते थे। साल-दर-साल दिसम्बर के अन्तिम दिनों में वह पच्चीस रुपये के स्टाम्प लगाकर वकालत का अपना सर्टिफिकेट पलटवा लेते थे। कचहरी खुलनेवाले हर दिन, ग्यारह बजते-बजते, उनको पश्चिमी फाटक के अहाते के अन्दर दाखिल होते हुए देखा जा सकता था। समय की मार से भूरे हो गए किसी पुराने बाँस की खपच्ची जैसा लम्बा-दुबला जिस्म, पतली गर्दन, एकदम सफेद बाल, जो धूप की किरणों से गिरी हुई ताजी बर्फ जैसे चमकते, गले में बल पड़ी टाई, सादी-सपाट कमीज, ढीला कोट, टखनों तक ऊँचा झूलता पतलून, सफेद मोजे, झुर्रियों का जाल पड़े तस्मेदार काले जूते और हाथ में तम्बाकू रंग की छड़ी—यही उनकी हुलिया होती थी, बेहद जानी-पहचानी। पहनावे में कभी कोई हेर-फेर हो सकता था, पर वह इतना मामूली होता था कि स्थायित्व के गहरे रंग में अपनी शिनाख्त करा नहीं पाता था। चलते हुए वह बराबर इधर-उधर निगाह डालते जाते थे, जैसे देखी हुई चीजों को हर बार एक नई दृष्टि से देख रहे हों। वह फिर आकर अपनी निश्चित कुर्सी पर बैठ जाते थे और चलने के श्रम से सिलवटोंदार पेशानी और गर्दन पर झिलमिला आए पसीने को जेब से दस्ती निकालकर आहिस्ता-आहिस्ता पोंछते थे। फिर या तो वह घर से साथ लाया हुआ अखबार पढ़ने लगते थे, या काम के दबाव से मुक्ति पाए किसी साथी वकील से बातें शुरू कर देते थे। उन्होंने दूसरी परीक्षाओं की

तरह कानून की परीक्षा प्रथम श्रेणी में ही उत्तीर्ण की थी। उनके साथी मानते थे कि वह बहुत ही मेधावी और सूझ-बूझवाले व्यक्ति हैं। किन्तु साथ ही वे यह भी मानते थे कि इस पेशे के लिए वह बिलकुल मिसफिट हैं! दरअसल, वकालत का पेशा भी एक शुद्ध व्यवसाय होता है और व्यवसाय में सफलता के लिए अनिवार्य दाँव-पेंच, व्यवहार-कुशलता, काँटों को फूल बना देनेवाली दक्षता और सम्पर्क में आनेवाले व्यक्तियों के साथ उनकी रुचि व मानसिकता के अनुसार घुल-मिल जानेवाली कला जैसे गुण यहाँ भी परमावश्यक होते हैं। लेकिन परमात्मा नारायण इस मामले में एकदम कोरी पाटी थे। आजीविका का साधन होने के बावजूद वह इस पेशे को व्यवसाय की संज्ञा देने के लिए तैयार नहीं थे। इसलिए शुरू से ही ऐसा साफ हो गया था कि उनकी प्रैक्टिस कभी भी धूम-धड़ाके से चलेगी नहीं। पाँच-सात बड़े मुकदमों के बाद उनका आना बन्द हो गया था, क्योंकि मुवक्किल उनसे सन्तुष्ट नहीं रह पाते थे। फिर छोटे मुकदमों का आना भी कम होने लगा और स्थिति ऐसी भी आ गई कि मुंशी को उनके बिस्तर पर बैठना रेत बनी नदी में मछली मारने जैसा लगने लगा और वह वहाँ से उठकर एक-दूसरे वकील के बिस्तर पर चला गया, भले ही जो बड़ी नदी जैसा नहीं था, पर कुछ-न-कुछ पानी होने के कारण वहाँ मछली मारने की सम्भावना तो थी ही।

परमात्मा नारायण अब जो कचहरी आते थे तो काम पाने की आशा से नहीं। इस आशा को उन्होंने एक अरसे से छोड़ दिया था। वह आते बस इसलिए थे कि उनके पास करने को कुछ था नहीं और यहाँ आने से समय के दबाव का एहसास किसी कदर कम हो जाता था। पेट की भूख के लिए यहाँ कुछ न पाकर भी वह अपनी मानसिक भूख के लिए पर्याप्त पा जाते थे। मानसिक भूख उनके लिए बड़ी थी भी। पत्नी मर चुकी थी। बेटे-बेटी की शादी हो चुकी थी। बेटा बैंक में एक मामूली जगह पर मुलाजिम था और दूसरे नगर में रहता था। बेटी की ससुराल भी दूसरे नगर में थी। उनके पास निस्सन्तान विधवा बहन रहती थी, जो अध्यापिका थी। वह स्कूल चली जाती थी और परमात्मा नारायण कचहरी। राशन-पानी का खर्चा बहन के वेतन से चल जाता था या फिर एक-दूसरे मकान के किराए से।

परमात्मा नारायण यों राजनीतिक स्थितियों या अन्य ज्वलन्त सामयिक विषयों पर भी खुलकर बातचीत करते थे, किन्तु उनकी दिलचस्पी कचहरी

के गिर्द फैले माहौल और उससे जुड़े सवालों के प्रति कुछ ज्यादा गहरी थी। वह इस माहौल से सम्बद्ध प्रसंगों पर बातचीत करते हुए विषय के अनुसार व्यंग्य और कटाक्ष करते थे, या फिर गहराई में जाकर कारणों और स्थितियों के प्रभाव का यों विश्लेषण करने लगते थे कि वह प्रसंग अर्थ में विस्तार लेने लगता था। परमात्मा नारायण के लिए कहा जाता था कि उनको बोलने की बीमारी है। फिर इसका कारण भी खोज लिया जाता था कि जिनके पास काम करने को कुछ होता नहीं है, यानी जो ठल्ले-नवीस होते हैं उनको यह बीमारी होती ही है।

इस समय परमात्मा नारायण सामने खाली बैठे हमसाथी श्यामकिशोर अग्रवाल से कह रहे थे, "लोकतंत्र में न्यायपालिका की स्थिति एक प्रमुख आधार स्तम्भ जैसी है। किसी भी इमारत में यदि कोई प्रमुख स्तम्भ दोषपूर्ण होता है तो उस इमारत के अस्तित्व के लिए खतरा पैदा हो जाता है। इस देश में यह आधार-स्तम्भ बाबू श्यामकिशोर, आप भी मानेंगे, काफी दोषपूर्ण है। यहाँ न्याय बहुत महँगा ही नहीं है, काफी देर से भी मिलता है, और कभी-कभी तो वह सिर्फ कागजों पर ही मिलकर रह जाता है। न्याय देने और दिलवाने से जुड़े व्यक्ति इतने चरित्रहीन, कर्तव्यविमुख और गैर-जिम्मेदार हैं कि न्याय का प्रार्थी डरने लगता है।—आज के इस मामले को ही लें...।"

श्यामकिशोर अग्रवाल को लाइब्रेरी के कमरे में लाइब्रेरियन जाता दिख गया था और वह बात बिना पूरी सुने हुए एक रिपोर्ट निकलवाने के लिए उठकर चले गए।

परमात्मा नारायण ने कुछ दूर बैठे एक-दूसरे वकील की ओर देखा और जब पाया कि वह अपने मुंशी को एक दरखास्त लिखाने लगा है तो उन्होंने पढ़ा हुआ अखबार अपने सामने फिर फैला लिया और उसे दुबारा पढ़ने लगे।

चार बजे जज और मजिस्ट्रेट अपनी-अपनी अदालतें छोड़ देते हैं और अपनी-अपनी सवारियों में बैठकर बँगले चले जाते हैं। अहाते में बिखरी भीड़ घुलती नमक की डली जैसी धीरे-धीरे कम होने लगती है और गहराते सायों और थिरते शोर में जमीन पर इधर-उधर बिखरे मूँगफली व केले के छिलके, सिगरेट व बीड़ी के टुर्रे, खाली दियासलाई व सिगरेट की डिब्बियों के खोल, मुचड़े हुए

कागज के गोले व दोने, यहाँ-वहाँ चमकती आलपिनें व धागे के टुकड़े और छोटे-बड़े गोले लिसलिसे धब्बे नजर आने लगते हैं।

बड़े जज की अदालत में गांधी जी की तसवीर के नीचे से इस वक्त गुजरता हुआ नायब नाजिर ठिठक गया था। उसके दिमाग में भी कहीं अन्दर यह खटका था कि कल शाम इस तसवीर को लेकर कोई बात थी, पर जोर देने पर भी बात याद आती न पाकर वह बरामदे से होता हुआ पीछे क्वार्टरों की ओर बढ़ गया था। उसे एक खास विश्वसनीय चपरासी की तलाश थी। दो दिन पहले उसने बेकार हुई चार कुर्सियाँ नीलाम में फर्जी नाम से खरीदी थीं। उसने उन बेकार कुर्सियों को गोदाम में ही पड़ा रहने दिया था और उनकी एवज में चार अच्छी निर्दोष कुर्सियाँ निकाल ली थीं और चाहता था कि वह खास विश्वसनीय चपरासी उनको घर पहुँचा आए।

अँधेरा और गहरा गया था। पेड़ों व झुरमुटों के नीचे साये स्याह हो गए थे। ऊपर खिंचे बिजली व टेलीफोन के तारों के गिर्द दो-चार चमगादड़ तेज-तेज चक्कर काटने लगे थे। हवा सील उठी थी। चौकीदार एक-एक कमरे को बन्द कर ताला लगाने लगा था और उनको खींच-खींचकर देखता जाता था। बड़े जज की अदालत में पीछे की ओर दरवाजे बन्द करते हुए जब उसकी निगाह तसवीर पर गई तो उसके सिर के अन्दर भी टन-सा बजा, कल इसको लेकर कोई गड़बड़ी थी। लेकिन कुछ समझ में न आने पर फिर दरवाजे जल्द-जल्द बन्द करने लगा। अभी उसे वकालतनामे का भी चक्कर लगाना था। वहाँ अक्सर भूले हुए थैले या गठरियाँ मिल जाती थीं जिनको वह निजी सम्पत्ति बना लेता था।

अँधेरा तेजी से और गाढ़ा हो गया था। चीजें अपनी आकृतियाँ खोने लगी थीं। वकालतखाने में चौकीदार को आज कोई छूटा हुआ सामान नहीं मिला था, लेकिन ठहरने का कहीं ठिकाना न होने के कारण दूसरे दिन की पेशी के लिए रुक गए दो लोगों से उसने फी आदमी की रात एक रुपये की दर से दो रुपये वसूल लिये थे।

2

आज मुंसिफ साहब नहीं आ रहे थे। हालाँकि उनका न आना कल ही पक्के तौर से तय हो गया था और वह इस आशय का प्रार्थना-पत्र भी दे गए थे, किन्तु पेशकार ने इस सूचना को अंडा से रही मुर्गी जैसी होशियारी से दबा रखा था। वह वक्त से अदालत में आ गया था और अलमारी खोलकर उसने मिसलें, कागज, कलम-दावात वगैरह अपनी जगह पर यों फैला लिये थे, जैसे पेशी के लिए वह तैयार बैठा है और किसी भी क्षण अदालती काम शुरू हो सकता है। इस तैयारी को यथार्थ का और भी चटक रंग देने के लिए उसने मुकदमों में आवाज लगवाना भी शुरू कर दिया था और चपरासी कमरे के बाहर खड़ा होकर बुलन्द आवाज में पुकार करने लगा था, "राम परसाद बनाम इकबाल हुसेन हाजिर है—गंगासरन बनाम चमेली देवी हाजिर है?...हाजिर है?"

"हाजिर है?" की आवाज छपाके के साथ गिरकर वातावरण के पानी में दूर-दूर तक लहरियाँ फैला रही थी।

चार फरीकैन के नामों के बाद चपरासी पेशकार से कुछ और नाम पूछ गया था और उनकी भी पुकार करने लगा था, "बरकत खाँ बनाम अली अहमद हाजिर है? हाजिर है?"

डायरी में आज की तारीख में पन्द्रह मुकदमे लगे थे, एक या दूसरे काम के लिए।

हाकिम न आए और उसके न आने की बात ज्यादा-से-ज्यादा देर तक दबी रहे तो पेशकार की आम दिनों से भी अधिक बन आती है। जो फरीकैन किसी वजह से मुकदमा आगे बढ़वाने के इच्छुक होते हैं, उनकी इच्छा पूरी

करने में उसे कोई दिक्कत नहीं होती है। फरीकैन को यह मालूम हो नहीं पाता कि हाकिम आ नहीं रहा है और तारीख खुद-ब-खुद आगे बढ़ जाएगी, इसलिए वह पेशकार की शरण में 'तू स्वामी मैं सेवक' के भाव से जाता।

"तो मुकदमा मुलतवी करने की दरखास्त ले आओ।" पेशकार जबान पर रेगमाल का ताव चढ़ाकर कहता।

दरखास्त देने में तीन रुपये का टिकट लगता है, फिर मुंशी लिखाई के दो रुपये अलग झटक लेता है। इस पर यह भी आशंका रहती है कि हाकिम दूसरे पक्ष की क्षतिपूर्ति के विचार से कहीं कुछ हर्जाना भी न डाल दे। इसलिए फरीक जब तक वैसा करने के लिए मजबूर न हो जाए, दरखास्त देने से बचता है।

"मैंने आपसे दरखास्त कर दी है और यह मेरी दरखास्त है।" फरीक खुशामद की अँगुलियों से पेशकार की जबान पर चढ़े रेगमाल के ताव को अलग करने की कोशिश करता।

"तो फिर जबानी दरखास्त वाला टिकट लाइए।"

"हाँ, सो जरूर दूँगा। जरूर।"

और पेशकार फिर मुकदमे की प्रकृति और पक्षकार की क्षमता के अनुसार उससे कुछ ऐंठ लेता।

पाँच पक्षकार अपने मुकदमों का स्थगन चाहते थे और पेशकार मेवाराम ने उनके साथ यही सब किया था। छोटे-छोटे हाथ-पैर वाला बौने कद का यह मेवाराम पहले दफ्तर में इजरा बाबू था और सिर्फ तीन महीने से ही पेशी की इस कुर्सी पर आसीन था। लेकिन जिस हिकमत और चतुराई से मेवाराम पेशी करता था, उससे लगता था कि वह एक पुश्तैनी पेशकार है। उसके साथी उसे चूहे का बच्चा कहते थे, जो बिल खोदने का काम अपनी माँ के पेट से ही सीखा हुआ होता है।

दूसरे पक्षकारों से उसने कह दिया कि उसने उनकी हाजिरी लगा दी है, वे बाहर खामोशी से बैठकर इन्तजार करें और उसे ज्यादा परेशान न करें। जब हाकिम तशरीफ ले आएँगे, उनको आवाज दिलवा ली जाएगी।

एक पक्षकार बीमार था। यों उसकी उम्र खास ज्यादा नहीं थी, यही पचास के इर्द-गिर्द, लेकिन वह दमे का मरीज था। उसे रह-रहकर खाँसी उठती थी, जिससे उसका जिस्म गत्ते के पुतले जैसा हिलने लगता था और उस स्थिति में खड़ा न रह सकने पर वह बैठ जाता था। उसने जमीन का एक टुकड़ा खरीदा

था। उसके पास अपना कोई मकान था नहीं और वह किराए पर रहता था। उसने सोचा था, जब जमीन अपनी हो जाएगी तो कभी-न-कभी उस पर मकान भी उठ जाएगा, पक्का सीमेंट का नहीं तो ईंट-गारे का ही सही। वह आस्तिक था और ईश्वर की कृपा से अच्छे दिन आ सकते हैं, ऐसी आशा करता था, हालाँकि वैसी आशा करने के लिए उसके पास कोई प्रत्यक्ष ठोस आधार नहीं था। जब उसने जमीन के टुकड़े पर कब्जा लेना चाहा तो एक तीसरा दावेदार खड़ा हो गया और उसने कब्जा लेने नहीं दिया। कहा, जिस व्यक्ति ने उसके हाथ बैनामा किया है, उसे बैनामा करने का कोई हक था ही नहीं, जमीन का असली मालिक तो वह है। उसने पहले बाहर-ही-बाहर कोशिश की, क्षेत्र के भले और असरदार आदमियों के पास दौड़ा-धूपा कि अगर उसे जमीन मिलती नहीं है तो उसका रुपया ही वापिस मिल जाए। लेकिन वह कोशिश बेकार रही, क्योंकि बेचनेवाला कहता था कि उसे बेचने का हक है जबकि कब्जा लेने पर आपत्ति करनेवाला कहता था कि नहीं जमीन का असली मालिक वह है। विवश होकर तब उसने मुकदमा दायर कर दिया था और उन दोनों ही व्यक्तियों को प्रतिवादी बनाया था।

मुकदमे में जब-जब तारीख पड़ती थी, वह कचहरी आता था। जमीन की खरीददारी उसकी चैन में धँसी हुई शीशे की किरच बन गई थी, जिसको बाहर निकालने की उसमें छटपटाहट थी। वह चाहता था, मुकदमा खरगोश की चाल से चले और फैसले की मंजिल पर जल्द पहुँच जाए। या तो दिया हुआ पैसा उसे वापस मिलने का हुक्म हो, या फिर जमीन पर कब्जा मिलने का।

दो दिन पहले तक उसे बुखार था, जिसने उसे और भी कमजोर कर दिया था। पर इस हालत में भी वह उस छटपटाहट से हाँका हुआ आया था। उसकी पत्नी ने बतौर सावधानी स्कूल जानेवाले भतीजे को आज साथ में भेज दिया था।

"मेरा मुकदमा आज पेश तो होगा?" उसने बाहर निकलने से पहले पेशकार से पूछा।

"हाँ, पेश क्यों नहीं होगा?"

यों पेशकार ने यह जबान पर चढ़े रेगमाल के ताव के खुरदरेपन से ही कहा था, पर उसका उत्तर उसे इसलिए अच्छा लगा था कि उसमें कहीं आश्वासन देनेवाले शब्द थे "पेश क्यों नहीं होगा," और वह बाहर सीमेंट की खाली तिपाई पर बैठ गया।

एक अन्य पक्षकार का मुकदमा एक लम्बे अरसे से घिसट रहा था। इस पक्षकार ने अपने एक दोस्त को तीन हजार रुपये कर्ज में दिये थे, जिसकी नीयत में बाद में फर्क आ गया था। दोस्त बदनीयत के साथ-साथ अव्वल दर्जे का धूर्त व मक्कार भी था। वह चालाकियों व बहानों से मुकदमे की कार्यवाही लम्बी—खूब लम्बी खींच रहा था। वह कोई-न-कोई गौण प्रश्न उठा देता था और मिसल मूल अदालत के अलावा अपील की अदालत में भी भटकने लगती थी। मुकदमा दायर किये हुए एक युग हो गया था और मुख्य प्रश्न पर अभी तक एक भी अदालत का फैसला नहीं हो पाया था। इस पक्षकार को कभी-कभी बेहद घबड़ाहट होती थी और हिम्मत छूटती थी। वह विरोधी पक्ष की मंशा समझता था, जिसका हित मुकदमे के फैसल न होने में था, क्योंकि कर्ज़ देने का रुक्का व रसीद होने के सबब से उसकी हार निश्चित थी।

"तिलोकचन्द चाहता है, मुकदमे का फैसला होने से पहले ही स्वामी दयाल इस दुनिया से कूच कर जाए, ताकि रुपया वह डकार जाए। सो स्वामी दयाल अभी नहीं कूच करने का।" घबड़ाहट कम करने के लिए वह अक्सर बड़बड़ा उठता, कुछ तेज-तेज ही, जिससे लगे कि वह स्वयं न कहकर कोई दूसरा उसका हिमायती बनकर वैसा कह रहा है। फिर यह सोचकर कि उसकी उम्र बासठ साल की हो चुकी है और अगर मुकदमा यों ही शैतान की आँत की तरह खिंचता रहा तो वह कूच भी कर सकता है, क्योंकि पका फल आखिर कब तक डाल पर अटका रहेगा, उसकी घबड़ाहट फिर बढ़ जाती और इसको दबाने के लिए वह फिर तेज-तेज बड़बड़ा उठता, "स्वामी दयाल अगर मर गया तो उसके लड़के रामदयाल और दीनदयाल और उसके बाद उसके पोते बिशनू दयाल और हरदयाल अपने बाप-बाबा का कर्ज वसूलेंगे। तिलोकचन्द तू रुपया नहीं डकार पाएगा। तू छिपकली जरूर है मगर मेरा रुपया भी भुनगा नहीं है, वह साँप है, साँप!"

इस पक्षकार स्वामी दयाल को न्यायालय की कार्य-पद्धति से घृणा थी, उसके न्यायाधीशों से भी। मुकदमा दायर होने पर दस-पाँच दिन के अन्दर फैसला क्यों नहीं कर दिया जाता है? जो फरीक टाल-मटोल करना चाहता है उसकी एक भी बात न सुनी जाए। जब बाहर का औसत दिमागवाला आदमी टाल-मटोल में बदनीयती साफ समझ लेता है, तो अदालत क्यों नहीं समझ पाती है?

उसने एक बार अपने वकील से धीरज खोते हुए पूछा था कि आखिर वह कौन सी घड़ी आएगी जब उसका मामला तय होगा और जब वकील ने उत्तर में बताया कि कानून ऐसा है कि विरोधी पक्ष अगर चाहे तो मुकदमा कभी भी फैसल न हो, तो वह उम्र से मिली शालीनता को ताख पर रखकर एक मोटी गाली दे बैठा था, "ऐसी कानून की माँ का...! ये स्साला किसी को उसका हक तो दिला पाता नहीं, हक मार जरूर लेता है...।"

आज यह पक्षकार गवाह को लेकर आया था, क्योंकि मुकदमा शहादत के वास्ते लगा था। गवाह वह दसियों बार ला चुका था और गवाह अब अपने काम का नुकसान होते देखकर आने से टाल-मटोल करता था।

गवाह उसे दो बार टोक चुका था, "स्वामी दयाल! हाकिम तो आए नहीं हैं। पता लगा लो, न हो मैं तो चलूँ। मैं तो..."

"नहीं, ऐसा न करिए। आपकी परेशानी मैं समझता हूँ, पर मजबूर होकर ही मैं आपको बार-बार तकलीफ देता हूँ। पेशकार कह रहा है, साहब जरूर आएँगे।"

इस आदमी ने रुक्का-रसीद पर बतौर हाशिया गवाह दस्तखत किये थे और उसका पेश होना निहायत जरूरी था।

एक और पक्षकार पेशे से दर्जी था और उसे भी अपनी दूकान के हरजे की चिन्ता सता रही थी। वह मुकदमे में प्रतिवादी था। मालिक दूकान ने उसके खिलाफ दूकान से बेदखली का मुकदमा दायर कर दिया था और जालसाजी यह की थी कि जब वह किराया भेजता था तो नौकर से फर्जी दस्तखत करवाकर रसीद भिजवा देता था। अब कह रहा था कि तीन साल से उसे किराया मिला नहीं है, जो रसीदें हैं वह इस पक्षकार की ही जाली बनवाई हुई हैं। जब कभी दर्जी को अदालत में आना पड़ता था, उसे उस दिन दूकान बन्द रखनी होती थी। एक बार साथ काम करनेवाले कारीगर की निगरानी में दूकान छोड़ आया था तो एक ग्राहक का कपड़ा उठ गया था और उसे डाँड़ भरनी पड़ी थी। घंटे-भर में इस पक्षकार ने कम-से-कम पाँच बार अदालत के अन्दर झाँककर देखा था, हाकिम आ गया या नहीं। आ गया होता तो ध्यान मुकदमे में लगा होता। नहीं आया था तो उसे अपनी बन्द दूकान की चिन्ता सता रही थी। एक ग्राहक को वायदे के मुताबिक कपड़े सिलकर देने में वैसे ही देर हो चुकी थी, और ज्यादा देर होने पर ग्राहक दूकान सिर पर उठा लेगा। उसने बाहर खड़े

चपरासी से पूछा था, जिसने बीड़ी का कश सिगरेट की तरह सुलगाते हुए जबाव दिया, "अब पेशकार साब कह तो रहे हैं, साहब आएँगे।"

बारह बजे के करीब जब एक नये वकील ने पेशकार से साहब की बाबत पूछा तो इस बार उसने इस तरह का जवाब दिया, "आना तो चाहिए।"

हाकिम गोल हो तो दफ्तर से बाबू लोग जिस काम को टाला नहीं जा सकता, बस उसे ही निपटाकर अपनी-अपनी कुर्सियों से दो-दो, एक-एक कर उठ आते हैं और अदालत के कमरे में जमा होने लगते हैं, जहाँ आराम और सुविधा के साथ-साथ किसी सीमा तक एकान्त भी रहता है। ऐसे वक्त वे बहुत हलके मूड में होते हैं और हँसी-मजाक, चुटकुलेबाजी, शेरो-शायरी, गाली-गलौज या वैसा ही कुछ और करते हैं। संस्कार या परिवेश से मिली सम्भ्रान्तता या शालीनता के आवरण को उतारकर वे आदिम प्रवृत्तियों के साथ नंगे हो जाते हैं और उस नंगेपन का स्वाद लेते हैं। दूसरी अदालतों के कर्मचारियों को भी उस हाकिम के गोल होने का पता लग जाता है और उनमें से भी कुछ लोग उस माहौल में आगे-पीछे कुछ देर के लिए शामिल होकर अपने को पुराने से नया कर लेते हैं।

आज भी उस कमरे में चार-पाँच बाबू लोग इकट्ठा हो गए थे और बीच में पड़ी बड़ी मेज के गिर्द अपने-अपने तौर-तरीके से बैठ गए थे।

किनारेवाली कुर्सी पर जो काई जैसी जमी हुई शेव और कटे हुए ओंठवाला लमछड़े मुँह का मजहर अली बैठा था, उसे दफ्तर से स्टेशनरी उठा ले जाने की आदत थी। दफ्तर से स्टेशनरी यों और लोग भी ले जाते थे, पर मजहर अली की आदत शौक बन गई थी। कागज, पेंसिल, होल्डर और निबों का उपयोग तो खैर फिर भी उसके पढ़नेवाले दो लड़के और तीन अदद लड़कियाँ कर लेती थीं लेकिन वह टैग, आलपिनें, पंच और पेपरवेट जैसी चीजें भी ले जाता था, घर में जिनके रखने की कोई सार्थकता हो ही नहीं सकती थी। उसके पास पन्द्रह हजार टैग इकट्ठा हो गए थे, पाँच सौ ग्राम आलपिनें, चालीस रबड़ें, अठारह पेपरवेट, आठ पंच, बारह टाइपराइटर के रिबन, कुछ रबर स्टैम्प पैड—उसके राजदाँ सक्सेना ने उसे सुझाव दिया था कि रिटायर होने पर वह स्टेशनरी की दुकान खोल ले।

"सो सबसे पहले मैं हज करने जाऊँगा और वहाँ से लौटकर मतब खोलूँगा। मेरे पास खूनी पेचिस, बवासीर, सूजाक वगैरह मर्जों के कई बेजोड़ नुस्खे हैं।"

यह कहकर हालाँकि उसने उसकी वैसी कोई बदनीयती नहीं है, ऐसा साफ कर दिया था, लेकिन उसी शाम साथ लाए गए झोले में वह दो-सौ टैग, एक सूजा और दो लाल-नीली पेंसिलें रखकर घर ले गया था।

उसके दाहिनी तरफ दुबला-पतला, लेकिन चिकना-चुपड़ा, और डोरे जैसी मूँछवाला जो बाबू बैठा था, उसका नाम नरेश चन्द्र सक्सेना था। नरेश चन्द्र सक्सेना को 'आनन्दवाणी' की रचना करने का शौक था। वह उनको पेशाब और पाखानेघर की दीवारों पर पेंसिल से लिख आता था और फिर किसी निष्ठावान पत्रकार की तरह इधर-उधर कमरों में घूम-घूमकर प्रतिक्रियाओं का जायजा लेता था और यह पाकर कि उसकी योग्यता के प्रति लोगों के हृदय में सराह का भाव है, वह साधना के सागर में और भी गहरे पैठकर कोई अन्य मोती चुन लाता था, पहले से भी ज्यादा बड़ा और चमकदार।

"बन्दे, तेरी किस्मत तेरे हाथ में है।"

"हे प्राणी, जिस प्रकार तिल में तेल रहता है और चकमक में आग, उसी प्रकार तेरा साईं तुझमें है। तू अन्दर का इजारबन्द खोल और तुझे साईं के दर्शन होंगे।"

पिछले हफ्ते उसने ये दो नई आनन्दवाणियाँ पेशाबघर की दीवार पर लिखी थीं।

बाईं ओर कुर्सी पर लौकी जैसे फूले गले वाला जो बाबू बैठा था, वह गोपीकिशन शुक्ला था। उसे जासूसी उपन्यास पढ़ने का बड़ा शौक था या फिर मार-धाड़ किस्म की फिल्में देखने का। वह बसअड्डे वाले "सिन्ध किताब हाउस" से पाँच पैसे प्रतिदिन की दर से किताब ले आता था और खाने-पीने से निपटकर बिस्तर पर, दीवार का सहारा लेते हुए, तकिया लगाकर बैठ जाता था और एक सिटिंग में किताब खत्म कर देता था, भले ही रात के कितने ही क्यों न बज जाएँ!

कुर्सी एक ओर कुछ पीछे खिसकाकर चौड़ी ठोड़ी और झबरीली मूँछ वाला जो बाबू बैठा था, उसका नाम यों था बलवीर सिंह, पर वह ठाकुर कहकर ही जाना जाता था। ठाकुर को दूध पीने का शौक था और उसका दावा था कि जितना लोग पानी पीते हैं, उतना वह दूध पी सकता है। पी सकने से उसका मतलब होता था, हजम कर सकता है। वह यह भी बताता था कि एक हजार मिलीलीटर दूध से जिस्म में पचास मिलीलीटर खून बनता है। दूध पीने के इस

शौक को पूरा करने के लिए उसने एक भैंस पाल रखी थी। अच्छी नस्ल के जानवरों की क्या पहचान है, बात छिड़ने पर वह टाँगें, सींग, ऐन, पूँछ यानी एक-एक अंग का सविस्तार वर्णन करता था। दूसरा शौक उसे दंड-बैठक लगाने का था, जिनकी संख्या वह चौंकानेवाली बताता था। छेड़ने के लिए उसके साथी कहते थे, "तुम पहलवानी करते हो, तुम्हारा दिमाग कड़ा पड़कर काठ हो गया है। कसरत छोड़कर यार, चाय पिया करो, तो खोपड़ी इनसानी हो जाए।"

वह दिमाग का ठस है, यह एक निखालिस सच्चाई थी। वह बारीक बातों को समझ नहीं पाता था। ढर्रे से होनेवाले रोज के काम के अलावा अगर जरा-सा भी भिन्न प्रकृति का कोई दूसरा काम आ जाता था तो उसे दिक्कत होती थी। अपील और रिवीजन में क्या अन्तर होता है, या खेत जब अचल सम्पत्ति है तो फसल चल सम्पत्ति क्यों हो जाती है, ये उसके लिए द्वैत-अद्वैत जैसी गूढ़ गुत्थियाँ थीं। दिमाग से ठस होने के साथ-साथ वह उजड्ड भी था। उसे नौकरी में आए हुए छह महीने भी नहीं बीते थे कि मुआयना होने पर उसका काम पिछड़ा हुआ पाया गया और उससे स्पष्टीकरण देने के लिए कहा गया। उसने जवाब में लिख दिया कि उसका अफसर लगभग रोज ही उसे बैंक अपना रुपया निकालने या जमा करने भेजता है, इसलिए समय पूरा न मिल सकने के कारण उसका काम बकाया में पड़ गया। साथियों ने उस जवाब को देखने पर कहा कि यह तो बदतमीजी मानी जाएगी। "बदतमीजी क्यों? सच जो है, वह मैंने लिख दिया।" उसने तने हुए स्वर में उत्तर दिया। जब साथियों ने बहुत समझाया कि नौकरी में थोड़ी-बहुत बेगार तो चलती ही है और अगर वह यह बात लिखा-पढ़ी में ले आया तो अफसर इसे अपनी शिकायत मानकर उसे किसी मौके पर रगड़ देगा, तब वह उस जवाब को फाड़कर फिर यह लिखने पर राजी हो गया, "मैं नया आदमी हूँ। इस बार गलती के लिए मुझे क्षमा किया जाए। भविष्य में मेहनत से काम करने का मैं आश्वासन देता हूँ।" कुछ ही समय बाद उसकी जगह का पंखा खराब हो गया। तब सड़ी गर्मी पड़ रही थी। एक दिन बीता, दूसरा दिन बीता और जब तीसरे दिन भी पंखा ठीक होने के आसार नजर नहीं आए, तो उसने काम छोड़ दिया—"अब ठाकुर की कलम तभी उठेगी जब पंखा दुरुस्त हो जाएगा। इजलास का पंखा होता तो फौरन आदमी सिर पर जूते रखकर भागता और मिस्त्री बुला लाता। अफसर साले को ही क्या गर्मी सताती है,

बाबू को नहीं?" पहले तो साथी लोगों ने उसके इस सत्याग्रह का मजा लिया, लेकिन जब जरूरी आई डाक को भी उसने लेने से इनकार कर दिया और दूसरे विभाग से आए हुए बाबू से चखचख करने लगा, तो साथियों ने ठंडा करने की नीयत से उस पर फिर समझाने के छींटे मारे कि पंखा कल-परसों ठीक हो ही जाएगा, कि सरकारी दफ्तर में आग लग जाने पर भी पहले आग बुझाने का टेंडर माँगा जाता है और यह कि उसकी यह हरकत एक नाजायज हड़ताल मानी जाएगी, जिसे एक गम्भीर अपराध ठहराकर उसे नौकरी से भी अलग किया जा सकता है। "अब मुझे हौवा न दिखाओ। नौकरी चली गई तो स्साला खेत जोत लूँगा।" ठंडे पड़ते हुए भी उसने ताव नहीं खोया था, "लेकिन जब तुम लोग इतना कह रहे हो तो लाओ डाक लिये लेता हूँ। ठाकुर का जिस्म मोम का बना नहीं, जो जरा-सी गर्मी से पिघल जाए। वह तो बात की बात थी।" वह फिर पसीना टपकाता हुआ काम करने लगा था। कुछ ही दिनों बाद वह फिर एक डॉक्टर से उलझ गया जो गवाही देने आया था। ठाकुर हफ्ता-डेढ़ हफ्ता पहले बच्चे के इलाज के सिलसिले में अस्पताल गया था जहाँ डॉक्टर उससे बेरुखी से पेश आया और दो घंटे बैठाए रहने के बाद भी बच्चे को कायदे से देखा नहीं। वह डॉक्टर अपनी अभद्रता के लिए बदनाम था। गवाही देने के बाद डॉक्टर को उपस्थिति का प्रमाण-पत्र चाहिए था और उसने उसे रूखा-सा जवाब दे दिया, "अभी खाली नहीं हूँ।" डॉक्टर उसके इस स्वर से चौंका और उसे अपने डॉक्टर होने का परिचय दिया। "मेरे लिए डॉक्टर और कम्पाउंडर में फर्क नहीं है। जब खाली हूँगा सर्टिफिकेट बन जाएगा।" उसने अपने रुख को बिना नरम किये हुए कहा। बात बिगड़ गई थी और डॉक्टर अपने सम्मान पर हुए वार से तिलमिलाकर मजिस्ट्रेट के पास शिकायत के लिए जाने को था कि मुन्सरिम ने आकर स्थिति सँभाल ली और डॉक्टर को हुई तकलीफ के लिए माफी माँगते हुए रजिस्टर खींचकर खुद ही सर्टिफिकेट बना दिया।

"ठाकुर किस आदमी से किस तरह पेश आना चाहिए, यह कब समझोगे?" डॉक्टर के चले जाने पर मुन्सरिम बिगड़ा।

"मुझे समझने की जरूरत नहीं। जब यह स्साला अस्पताल की कुर्सी पर बैठकर अपने को गवर्नर का दामाद समझ सकता है तो यहाँ इस कुर्सी पर बैठकर मैं अपने को उस दामाद का भी दामाद मान सकता हूँ।"

ऐसी ही कितनी घटनाएँ इस ठाकुर से जुड़ी हुई थीं। समय, माहौल, अनुभव, सीख और बढ़ती जिम्मेदारी ने रुक्षता की बहुत कुछ छिपलियाँ उस पर से उतार दी थीं और यद्यपि वह लकड़ी की तरह ठस और कड़ा वैसा ही था, लेकिन अब उतना फाँसदार नहीं रहा था। पिछले दिनों अफसर ने ठाकुर को तारीख पर मिसल पेश न करने के लिए डाँट दिया था तो यों तो इसने उस वक्त तमककर उत्तर दे दिया, "डाँटें आप अपने पेशकार को, मैं तो उस दिन छुट्टी पर था," मगर कुछ देर बाद खुद ही उसे अपनी गुस्ताखी मानकर माफी माँग आया था कि "हाँ, छुट्टी से लौटने पर अगले दिन उसे मिसल पेश करनी चाहिए थी।"

पेशकार के दूसरी ओर जो टाई बाँधे एक अन्य बाबू बैठा था, वह टंडन था। उसे अफसरों जैसा सजा-सँवरा रहने का शौक था। उसका पिता बिक्री-कर विभाग में यों बतौर क्लर्क ही भर्ती हुआ था, लेकिन मरने से पहले तरक्की पाते-पाते वह क्लास टू अफसर की सीढ़ी चढ़ गया था। टंडन क्लर्क के पद से ही अभी तक चिपका हुआ था। आगे भी उसी से चिपका रहेगा, ऐसा वह जानता था, क्योंकि क्लर्क के लिए न्याय विभाग में अफसर बनने की गुंजाइश नहीं होती है। क्लर्क होने की इस हीन-भावना को वह अपनी मेज पर चाकू, पेपरवेट, पिनकुशन, घंटी जैसी सामग्री सँजोकर और अपने व्यक्तित्व को शेव, पॉलिश व टाई से निखारकर दबाता था।

शहर में नया-नया सर्कस आया था और बात उसमें काम कर रहीं कसे जिस्म की लड़कियों और तीन फिट नाटे जोकरों को लेकर चल निकली थी।

"लड़कियाँ क्या सान पर चढ़ी हुई दरातियाँ हैं, जिधर निगाह करें कलेजा उधर चाक होता जाए।" अफसरनुमा टंडन अपनी बात कहकर दबी-दबी हँसी हँसने लगा।

"उर्दू जबान में औरत के लिए बहुत सही लफ्ज है, मस्तूरात, यानी जो रात को मस्त बना दे।" स्टेशनरी घर उठा ले जानेवाला मजहर अली बोला।

"जवान लड़कियों की छातियाँ पिन चढ़ी बम होती हैं। छुआ और धमाका हुआ।" आनन्दवाणी की रचना करनेवाले नरेश चन्द्र सक्सेना ने कहा।

"यार, जोकर भी कमाल के हैं। एक तो दौड़ते घोड़े पर एक टाँग से खड़ा हो जाता है!" ठाकुर बोला।

"जोकर और घोड़ा दोनों दूध पीते हैं।" टंडन ने उसे छेड़ा और वही अफसरों जैसी दबी-दबी हँसी फिर हँसने लगा।

सिर्फ बाबू वर्ग ही नहीं, किसी अदालत के गोल होने पर चपरासी तबका भी उसके गोल होने का स्वाद चटखारा लगाता हुआ लेता है। इस स्वाद लेने में उस अदालत का दफ्तरी और चपरासी तो होते ही हैं, दूसरी अदालतों व दफ्तरों के चपरासी भी शरीक हो जाते हैं। उनकी बैठकबाजी साहब के आराम कमरे में लगती, जो सुविधा और एकान्त की दृष्टि से अदालत के कमरे से भी बेहतर व मौजू जगह मानी जाती है। अदालत वाला चपरासी बरामदे या गलियारे में खुलनेवाला दरवाजा खोलकर चिक गिरा देता और उधर से उसके साथी सुविधानुसार दो-दो, एक-एक कर आगे-पीछे आने लगते। आकर वे फर्श पर बिछी दरी या कालीन पर टाँगें फैलाकर बैठ जाते और बीड़ियाँ पीते या तम्बाकू फाँकते हुए नंगे किस्म की हँसी-मजाक करते, या फिर साहब की बीवियों, बहनों व लड़कियों के गुप्त रहस्यों का रस लेते हुए पर्दाफाश।

आज भी उस अदालत के आराम कमरे में यही सब चल रहा था। वहाँ अगल-बगल की दोनों ट्यूब लाइटें जल रही थीं, ऊपर पूरी रफ्तार से पंखा घूम रहा था और नीचे दरी पर पाँच-छह चपरासी बैठे हुए इस बात पर गौर कर रहे थे कि सिविल जज का जो बड़ा बच्चा है वह उन्हीं से पैदा है या किसी दूसरे से, और वह दूसरा कौन हो सकता है। साहब की मेज पर रखी राखदानी उठाकर उन्होंने बीच में जमा ली थी और उसमें बीड़ी के टुर्रे ठूँसते जा रहे थे।

जिस चपरासी की आँख में फुल्ली थी, वह गर्भ गिराने व गर्भ रोकने, दोनों की कौड़ी मोल दवाएँ जानता था। उसकी तीन बीवियाँ मर चुकी थीं और चार साल पहले उसने चौथी शादी की थी और इन चारों से कुल मिलाकर उसके नौ बच्चे थे। अगर उसने गर्भ गिराए न होते तो बच्चों की संख्या सोलह होती।

चपटी नाकवाला चपरासी बहुत गहरा था। उसकी तैनाती दफ्तर की बजाय हरदम हाकिम के साथ रहती थी। हाकिम का अर्दली बना रहने के लिए वह हाकिम को बराबर खुश रखता था। खुश रखने के लिए वह करता यह था कि मँगाए गए सौदे-सुलफ में पाँच-दस पैसे अपने पास से डाल देता था और इस प्रकार जब हाकिम को डबलरोटी एक रुपये साठ पैसे की बजाय एक पचास की मिलती थी व अंडा पचास पैसे की बजाय पैंतालीस का, तो वह काम का आदमी माना जाने लगता था। इस चपटी नाकवाले चपरासी का कहना था कि हाकिम अगर खुश है तो मातहत फिर हाथी भी निगल जाए। उसका कोई बाल-भर भी नहीं बिगाड़ सकता। अभी चार महीने पहले उसने एक नई साइकिल

खिंचाई थी। उससे चार महीने पहले उसने एक नई घड़ी ली थी। उससे पहले उसने बैटरीवाला ट्रांजिस्टर खरीदा था और उससे भी पहले एक नई मसहरी।

गाल पर उभरी गुल्थीवाले चपरासी को अपने कान में सलाई डलवाने में परमानन्द मिलता था। बहुत जरूरी डाक पास में होने पर भी अगर कोई कनखुद्दा सामने नजर आ जाता था, तो वह डाक की अहमियत की ऐसी-तैसी करता हुआ उस कनखुद्दे से, इत्मीनान के साथ, देर तक कान साफ कराता रहता था। उसने अपने बारे में यह मशहूर कर रखा था कि उसे ऊँचा सुनाई देता है। इसकी आड़ लेकर दफ्तर में काम के लिए बाबू लोग आवाज दागते रहते थे और वह उनको अनसुना करता हुआ आराम से बैठा तम्बाकू के रस को चूसता रहता था। लेकिन अगर कोई मतलब की बात होती थी तो वह कुत्ते जैसा एकदम पूँछ फटकारता हुआ उठ खड़ा होता था, "अच्छा सरकार, अभी उस वकील से लेकर आता हूँ।"

जो चपरासी टेरीलीन की कमीज पहने था और जिसकी जेब में दफ्तर के कागज से बनी एक मोटी नोटबुक पैवस्ता थी व तेल से जिसका चेहरा घी की लटुरी जैसा चमक रहा था, वह 'चतुर्थ श्रेणी कर्मचारी संघ' का सेक्रेटरी था। वह नवें दरजे तक पढ़ा हुआ था और उसे भाषण देने की कला आती थी। भाषण देते हुए वह अपनी श्रेणी के लोगों को बराबर 'दोस्तो' या 'साथियो' कहकर सम्बोधित करता था। चूँकि हर मीटिंग में चतुर्थ श्रेणी कर्मचारियों के साथ हो रहे अन्याय और अत्याचार को लेकर कोई-न-कोई मुद्दा जरूर होता था, इसलिए भाषण के दौरान वह नियम से इस ग़ज़ल को अवश्य सुनाता था—

सरफरोशी की तमन्ना अब हमारे दिल में है,
देखना है जोर कितना बाजुए कातिल में है।
आज फिर मतकल में कातिल कह रहा है बार-बार,
क्या तमन्नाये शहादत भी किसी के दिल में है।

अभी दो महीने पहले जब 'संघ' की मीटिंग हुई थी, उसमें सेक्रेटरी ने यह मसला उठाया था कि बाबू और पेशकार लोग उनको रुपये में अब तक जो पच्चीस पैसे का हिस्सा देते थे, उसे चालीस पैसे बराबर कर दिया जाना चाहिए, क्योंकि महँगाई बहुत बढ़ चुकी है और किसी भी जिन्स की वह दर वहाँ पर नहीं है, जहाँ दो-चार साल पहले थी। इस मसले के दौरान भी उसने इस ग़ज़ल को पढ़ा था।

बाहर अदालत के कमरे में कुछ देर बाद ओंठ गोल कर सीटी बजाता सिविल जज न्यायालय का रामनरेश दाखिल हुआ। उसने गोपीकिशन शुक्ला को बताया कि वह यहाँ है जबकि उसको हरसेवक पाल वकील का मुंशी तलाश रहा है, मुंशी के साथ एक और आदमी है और वह जानना चाह रहा है कि प्रतिवादियों पर सम्मन की तामील हो गई या नहीं।

"अजी, मारो गोली।" गोपीकिशन शुक्ला पेशकार की डिब्बी में से सिगरेट निकालकर पीने लगा।

"गोली क्यों पूरी तोप मारो। मैं मना कब कर रहा हूँ?" रामनरेश कहकर सीटी फिर बजाने लगा।

दो मिनट भी नहीं बीते कि मुंशी और वही आदमी आकर दरवाजे पर रुक गए। लेकिन इससे पहले कि वे अन्दर घुसें, गोपीकिशन शुक्ला बोल उठा, "हाँ, आपके सम्मन तामील होकर आ गए।" उनके पीठ फेरते ही वह बड़बड़ाया, "अब किस स्साले को याद, आ गए या नहीं। अगर अभी ऐसा कह देता तो दुम की तरह पीछे लग जाते, बाइ साब, जरा मिसल चलकर देख लीजिए।"

बाहर बरामदे और अहाते में हाकिम के आने के इन्तजार में सूख रहे पक्षकार भी वहाँ कई चक्कर लगा चुके थे। बाबुओं को हँसी-मजाक में व्यस्त देखकर वे पहले उनके बीच जाने से डरते-घबड़ाते और जहाँ तक सम्भव होता उस जाने को टालते रहते। फिर अपनी परेशानी की कचोट से विवश होकर वे सहमते-सकपकाते हुए वहाँ पहुँच जाते और हाकिम आ रहे हैं, या नहीं, इस बारे में पूछते।

"आ भी सकते हैं और नहीं भी।" पेशकार अब इस तरह का उत्तर देने लगा था।

"तो मेरे लिए क्या हुक्म? मैं जाऊँ या बैठूँ?" जिस पक्षकार ने जमीन का टुकड़ा खरीदा था और जिसे न तो कब्जा मिल रहा था, न वापस पैसा ही, उसने बहुत मुलायम स्वर में पूछा।

"अब जैसा आप ठीक समझें।" पेशकार ने शब्दों को नाप-तोलकर कहा।

हाकिम के आ जाने पर कहीं उसकी अनुपस्थिति के कारण मुकदमा खारिज न हो जाए, इस भय से उस पक्षकार ने फिर वहाँ रुके रहना ही उचित समझा था।

दोस्त को रुपया उधार देनेवाले जिस पक्षकार का मुकदमा एक युग से टँगा हुआ था, वह बाहर निकलकर बड़बड़ाया, "पेशकार सोचता होगा, मुझे

जाने की जल्दी है। अरे, मैं तो भगवान से प्रार्थना कर रहा हूँ, हाकिम आएँ और मुकदमा सुनें।"

फिर वह अपने गवाह के पास चला गया और उससे उस स्वर में कहने लगा जिसमें ढारस बँधाने और चिरौरी करनेवाले दोनों ही भाव थे, "पेशकार साब कहते हैं, हाकिम जरूर आएँगे। लालाजी, आपका नुकसान तो होता ही है, पर आप रुकिये। तुलसीदास जी ने कहा है—मानुस वही रतन समान है जो दूसरों के काम आता है।"

अन्दर बातचीत अब भी सर्कस के गिर्द बनी हुई थी। वहाँ नये शामिल हुए रामनरेश ने भी सर्कस देखा था, बल्कि चार बार, और वह कई दिलचस्प व रोमांचकारी खेलों के बारे में "आँखों देखा हाल" जैसी बयानबाजी करने लगा था। श्रीवास्तव ने, जिसे घर में आवश्यक जिन्सों का स्टॉक बनाए रखने की आदत थी, अभी सर्कस देखा नहीं था। उसने बेसब्री से पूछा कि शो के लिए पास भी तो मिल जाते होंगे।

"पास तो गुरु कहो मैं तुम्हें चम्पाबाई के कोठे पर जाने का भी दिला दूँ।" लौकी जैसी फूली हुई गर्दनवाला गोपीकिशन शुक्ला यह कहकर जोर से हँसने लगा और फिर दूसरे भी उसमें शामिल शरीक हो गए।

उस दर्जी पक्षकार को पान की दूकान पर हो रही दो वकीलों की बातचीत से वास्तविकता का पता लग गया कि उसकी अदालत का हाकिम आ नहीं रहा है और उसके छुट्टी पर रहने की बात कल ही तय हो चुकी थी। चार-पाँच घंटे के इन्तजार और कचहरी में रहने से दूकान के हुए नुकसान ने उसे पहले ही धूप में रखे बर्तन की तरह काफी गर्म कर दिया था, वास्तविकता की इस जानकारी ने तो जैसे उसे उठाकर जलते चूल्हे पर चढ़ा दिया। वह तीर की तरह अदालत के कमरे में घुसता चला गया और बोलने लगा, "पेशकार साब, हाकिम के छुट्टी पर रहने की बात आपको मालूम थी। आप झूठ बताते रहे, हाकिम अभी आएँगे, अभी आएँगे। आप वक्त के बादशाह हैं। दूसरों की तकलीफ का आपको जरा भी एहसास नहीं। आप लोगों के मुँह खून लगा है...।"

"स्साला नशे में है।" ठाकुर ने उठकर तड़ाक से एक झापड़ उसके मुँह पर जड़ दिया। "तेरी खोपड़ी का हाउस फुल है तो ले उसे अभी खाली करता हूँ," उसने दूसरा झापड़ उतनी ही तेजी से दूसरी ओर जड़ दिया। "जिस दो कौड़ी का आदमी है, उसी औकात से बात कर...।"

जासूसी उपन्यास और मार-धाड़ की फिल्मों के शौकीन गोपीकिशन शुक्ला ने उसे धक्का देकर लात जड़ दी, "कौन है बे तू रंडी की...त कीड़ा।"

उस दर्जी पक्षकार ने यह नहीं सोचा था कि उसकी प्रतिक्रिया का अन्त इस प्रकार होगा। सच तो यह है, जो कुछ कहा गया था वह उसकी परेशानी और हो रहे नुकसान से पैदा चिड़चिड़ाहट के द्वारा, वह स्वयं वहाँ नहीं था। लेकिन इतने क्रुद्ध आक्रामक लोगों के बीच घिर जाने तथा मार पड़ने से उसका वह स्वयं उसमें वापस आ गया था। उसे स्वयं को लगने लगा कि जो कुछ कहा गया, वह गलत था...शायद बहुत ही गलत।

"बोल मादर...द, तू पूछनेवाला कौन होता है? बोल...!" साथियों के रोकने पर भी ठाकुर ने उसकी पसलियों पर एक लात हुमककर और जड़ दी।

आराम कमरे में जमा वे चपरासी भी वहाँ निकलकर आ गए थे और आते ही वे भी आक्रामक हो गए।

आँखें बन्द रखकर मालिक दूकान से किराए की जाली रसीदें कटवाकर अपने खिलाफ मुकदमा दायर करवा लेने की बेवकूफी उससे पहले ही हो चुकी थी। अब दूसरी बेवकूफी यह हो गई कि मुकदमा चौपट करने के लिए सारे अमले को नाराज कर दिया।

"हुजूर माफ करें, मुझसे गलती हो गई है।" आत्मसम्मान के निम्नतम स्तर पर आते हुए इस बेवकूफी को अघातक बनाने के लिए उसने हाथ जोड़ दिये और रोने लगा।

"बोल मादर...द तू कौन है?"

"हुजूर गलती हो गई है, माफी दें।" अपना नाम और पता खुल जाने के भय से फिर वह शिकारी कुत्ते के मुँह से छूटे खरगोश जैसा कमरे से निकलकर भाग खड़ा हुआ।

अहाते की होटलनुमा दूकान पर ठेकेदार के काले और भारी जिस्मवाले नौकर लड़के ने इस वक्त एक और मुर्गा काटा था। हाथ अभी पूरी तरह सधा हुआ नहीं था, इसलिए मुर्गा काफी देर तक चीखता रहा था।

वकालतखाने में परमात्मा नारायण सामने आकर बैठ गए एक वकील को बता रहे थे—"मुवक्किल यहाँ कचहरी में दूसरी पार्टी द्वारा किये गए अन्याय के विरुद्ध न्याय पाने की आशा से आता है। पर गहराई से देखा जाए तो कुछ पाने की बजाय उसके पास जो कुछ भी होता है, यानी सुख-चैन, मान-सम्मान, जर-जमीन वह सब गँवा देता है। मुकदमा करने से पहले सिर्फ एक ही पार्टी ने उसके साथ अन्याय किया होता है, लेकिन बाद में तो न जाने कितने सारे लोग अन्याय करने लगते हैं, जिनके खिलाफ़ वह कोई चाराजोई कर ही नहीं सकता। आपको एक चुटकुला सुनाऊँ...।"

सामनेवाले वकील ने, जो अब तक ऊबकर जम्हाई भरने लगा था, चुटकुले की बात सुनकर पीठ सीधी कर ली।

"एक नामी वकील के दफ्तर में एक तसवीर लगी हुई थी, जिसमें निहायत दीन-हीन दो आदमी चित्रित थे। एक बिलकुल नंग-धड़ंग और दूसरा सिर्फ एक लँगोटी लपेटे हुए। इस वकील से मिलने उसका एक पुराना दोस्त आया जो किसी दूसरे पेशे का आदमी था। वकील ने अपने दोस्त को तसवीर की जानकारी देते हुए कि वे दोनों आदमी बहुत लम्बे समय तक चलनेवाले एक मुकदमे में एक-दूसरे के प्रतिद्वन्द्वी थे, पूछा कि अच्छा वह बताए, मुकदमे में कौन सा आदमी जीता होगा। दोस्त ने जब लँगोटीवाले आदमी की ओर इशारा किया तो वकील हँसने लगा—नहीं, नंग-धड़ंग आदमी ही मुकदमा जीता था। चूँकि वह जीता था इसलिए शुकराने में उससे उसकी लँगोटी भी उतरवा ली गई थी।"

"भई वाह! आपका यह चुटकुला तो खूब है।" सुन रहे वकील ने किसी मिजाहिया शे'र पर दाद दिये जानेवाले लहजे में कहा।

हाकिम के न आने की बात अगर यों न खुली होती तब भी कुछ-न-कुछ देर बाद पेशकार उसको जरूर खोलता, क्योंकि उसे उस दिन के मुकदमों में नई तारीखें लगानी थीं। वह अब पक्षकारों को उनकी सुविधा की तारीखें देने के लिए उनसे अपना हक वसूलने लगा था।

3

वह लड़की कचहरी में तीन बजे ही आ गई थी। साथ में उसका बाप था व दो-तीन गवाह और। साथ में तलवार मार्का मूँछवाला थाने का वह सिपाही भी था, जिसकी बाबत रोजनामचे में इन्दराज किया गया था—बसिलसिले पैरवी मुकदमा इलजाम नम्बर 87 धारा 376 ताजीरात हिन्द, सरकार बनाम बनवारी, कांस्टेबिल नम्बर सी.पी. 414 अंगद सिंह बतारीख...9 बजकर 30 मिनट पर थाने से रवाना हुआ। सिपाही अंगद सिंह की ग्यारह साल की मुलाजमत थी और पचासों बार वह पैरवी में कचहरी आ चुका था, इसलिए किन स्थितियों में चीजों को कहाँ से पकड़ना चाहिए, इसका उसे काफी तजुर्बा था। उसने आते ही सरकारी वकील के मुंशी को खोजा और उसे यह पता चलते देर न लगी कि सरकार की ओर से इस मुकदमे का संचालन कौशल किशोर अस्थाना करेंगे और केस डायरी व मिसल उनके पास ही है। तब वह कौशल किशोर की खोज करने लगा।

मुकदमे की सुनवाई यों कल से होनी थी, पर पैरवी का मतलब है कि सरकार की ओर वाला वकील अपने गवाहों को पहले से जाँच-परख ले और गवाही में उनको क्या-क्या कहना है और क्या-क्या नहीं, ये सब अच्छी तरह सिखा-पढ़ा दे। मुकदमा सजायाब हो जाने पर चालान कुनिन्दा दरोगा की सूझ-बूझ और कार्य-दक्षता पर मोहर ठुक जाती है और सरकारी वकील की भी अपनी योग्यता और निपुणता पर सही का निशान लग जाता है।

मामला लड़कीबाजी का था। सुक्खागंज गाँव के पीतम भुर्जी की लड़की रोहनी की उम्र यों अभी पन्द्रह साल की ही थी, पर उसकी देह उम्र से कहीं

आगे निकल चुकी थी। वह उस कोरे बर्तन की तरह थी, पकने के बाद जिसमें गन्ध, सुघड़ता, आभा, रंग सब कुछ आ जाता है और टकोरने पर जो आवाज करता है—"मैं पूर्ण हूँ!" पीतम भुर्जी की आर्थिक स्थिति इस प्रकार की नहीं थी कि लड़की के विवाह के लिए उसे भूख-प्यास खो देनेवाली चिन्ता जैसी करनी चाहिए वैसी वह करता। वह वर के लिए टोह कर रहा था, पर अपने सुभीते से। और तभी वह दुर्घटना घट गई। रोहनी सुबह के समय दिशा-मैदान को गई हुई थी। गोकुल चमार के लड़के बनवारी की आँख उस पर बहुत दिनों से लगी थी। वह उसकी बखरी की ओर से गुजरते हुए गीत गाया करता था, 'गोरी तेरे नयना बड़े मतवारे' और डगर या कुएँ पर अकेली देखकर उसके कंकड़ी मारता था और फिर हँस देता था। बनवारी ने उसे पकड़ लिया और पास की उखाड़ी में ले गया। वहाँ उसने वही सब किया जो एक युवा आदमी एक युवा औरत के साथ करता है। रोहनी ने जब पाया कि उसकी धोती पर खून के दाग-ही-दाग हैं तो वह घबड़ा गई।

दिशा-मैदान के लिए किशन पंडित भी उधर ही आया था। उखाड़ी में जब उसने ईख के टूटने व चरमराने की आवाज सुनी तो उसकी निगाह उधर ही गड़ गई और रोहनी व बनवारी के बाहर निकलते ही उसकी पचास साला आँखों ने समझने में देर नहीं की कि किस्सा क्या है? किशन पंडित ने शोर किया। खेतों से दस-पाँच लोग लपक आए। बनवारी तो भाग निकला, लेकिन रोहनी जो पहले से ही घबड़ाई हुई थी, खड़ी-खड़ी फुक्का मारकर रोने लगी। यों पूछने की कोई खास जरूरत नहीं थी, फिर भी पूछा गया और उसने राई-रत्ती सब बता दिया।

किशन पंडित ने पीतम को बुलवा भेजा, सब कुछ जानने पर जिसे साँप सूँघ गया।

"पीतम, तू सीधे थाने जा और बनवारी के खिलाफ रपट दर्ज कर आ। घबड़ाहट लगे तो साथ में चौकीदार को ले ले।" किशन पंडित ने उससे कहा। वह उस किस्म का ब्राह्मण था जो ऊँची जाति के आधार पर अपने को बुद्धि में भी ऊँचा मान लेता है और हर स्थिति में दूसरे के लिए निर्णायक बन जाता है, एक हक के रूप में। बनवारी या उसके पिता गोकुल से उसकी किसी प्रकार की टकराहट नहीं थी, पर इसके बावजूद उनके प्रति उसमें कोई नरम झुकाव इसलिए नहीं हो सकता था, क्योंकि वे शूद्र थे और शूद्रों

का इतराकर या उलटा-टेढ़ा चलना शास्त्र की दृष्टि से दंडनीय था। फिर कहीं उसके अन्दर यह भावना भी थी कि जो दंड देता या दिलवाता है, वही बड़ा और उच्च है।

"मेरी नाक तो कट चुकी है महाराज। अब पुलिस-थाना कर जिन्होंने कटी नाक नहीं देखी है, वे भी देख लेंगे।" पीतम रुआँसा-सा बोला।

"क्या कहा? रपट नहीं करेगा?" किशन पंडित चौंका। "चमट्टे ने तेरी इज्जत उछाली है और तू उसे यों ही छोड़ देगा?...तू पुलिस से जुर्म छिपाएगा और पता लग जाने पर उलटे पुलिस तुझे परेशान करेगी।...होश न खो और जा रपट लिखा आ।"

दूसरे सवर्ण जो वहाँ जमा हो गए थे, उन्होंने भी किशन पंडित की राय का समर्थन किया। उनका कहना था कि बनवारी को जेल भिजवाने से तो भले ही पीतम की बदनामी दब जाए, मसोट साध लेने से तो वह निश्चय ही नहीं दबेगी, बल्कि सोचा यह जाएगा कि सारे मामले में पीतम की लड़की का भी कहीं अपना दोष था।

पीतम में अपनी कोई समझ थी नहीं। वह परमुखी था। अलमोनियम की एक कटोरी या गज-दो गज मारकीन के टुकड़े तक की खरीददारी में वह दूसरे के चुनाव का मोहताज रहता था। थाने न जाने के लिए उसने जो हीला-हवाला किया था तो वहाँ औचित्य-अनौचित्य से अधिक पुलिस के हौए का डर व तद्जनित घबड़ाहट थी। पर जब उसे इतने सबल और समर्थ लोग उधर ही हाँकने लगे, तब उसने उधर जाना स्वीकार कर लिया, क्योंकि उस हाँक की अवज्ञा करने में कहीं उससे भी बड़ा डर व घबड़ाहट थी।

थाने में मुंशी ने लड़की, उसके पिता व साथ आए अन्य लोगों से पूरी सूचना बटोरकर अपराध का रूप देनेवाली इबारत में घटना की रपट लिख ली और अन्त में नीचे रोहनी का अँगूठा लगवा लिया कि रपट उसने पढ़कर सुन ली है, जो कुछ उसने बोला लफ्ज-ब-लफ्ज वही अंकित है और उसके अलावा कुछ नहीं लिखा गया है।

जो मुकदमा दो साल पहले कायम हुआ था, प्रारम्भिक कार्यवाही के बाद उसकी सुनवाई कल से शुरू होने जा रही थी।

सिपाही अंगद सिंह ने कौशल किशोर अस्थाना को तलाश कर लिया था। वह एक अन्य मुकदमे में एक अदालत में व्यस्त थे और जब वहाँ से फारिग

होकर बाहर निकले, अंगद सिंह ने बाकायदा सलाम मारते हुए अपने आने का उद्देश्य जाहिर कर दिया।

"गवाह सब आ गए?"

"हाँ हुजूर, कल जिनकी पेशी है उनको साथ ले आया हूँ और परसों की पेशीवाले कल आ जाएँगे।"

वह लड़की व दूसरे गवाह नीम के पेड़ के नीचे बने चबूतरेनुमा पक्के घेरे पर बैठे थे। उस लड़की को कई लोग घूर चुके थे। उधर से आवाजाही कुछ ज्यादा ही बढ़ गई थी, जैसे वही रास्ता आम व सुविधाजनक हो। एक मुंशी के हाथ से एक टिकटचस्पाँ दरखास्त गिर गई और उसे उठाते-उठाते उसने कसाईवाली नजर से लड़की का जिस्म ऊपर से नीचे तक कूत डाला। दो बाबू आगे-पीछे उधर से गुजरे और उन्होंने अपनी निगाह उसके कपड़ों के अन्दर तक डाल दी। कौशल किशोर अस्थाना ने अपने गवाहों को देखते हुए उस लड़की को भरपूर नजर से देखा। घर से बाहर चलते हुए लड़की ने चटक पीले रंग की धोती व फूलदार जम्फर पहन लिया था और वह भूख को भड़का देनेवाले ढंग से परोसी गई किसी थाली सरीखी दिख रही थी।

"हुजूर, गवाहों को दौलतखाने पर शाम को हाजिर करूँ या सुबह?" अंगद सिंह ने पूछा।

"सब्र करो, बताऊँगा। दस मिनट रुको। दम ले लूँ।"

अधपकी उम्र के भारी डील-डौलवाले कौशल किशोर चबूतरे से हट आकर अपने बिस्तर पर बैठ गए। वह अपने पेशे में एक जमे हुए वकील माने जाते थे जिनमें स्थिति के अनुरूप व्यूह-रचना करने की अद्भुत क्षमता थी। उनके पास काम की कमी न रहती थी। यह कमी इसलिए भी नहीं रहती थी क्योंकि आम लोगों के मामलों के अलावा सरकार की ओर से भी मुकदमों का संचालन करने की उनको सुविधा प्राप्त थी। यह सुविधा उन्होंने आठ साल पहले एक जिला जज को दावत देकर पा ली थी, जो स्वयं भी जाति का अस्थाना था। तब से नामिका वकीलों की सूची में उनका नाम बराबर चला आ रहा था। पैसों की तंगी न होने के कारण वह ढंग से रहते थे और उनके जूते से लेकर कोट की जेब में लगे रूमाल व कमीज के कालर तक में एक रखरखाव होता था। मगर औरतों को लेकर उनमें कमजोरी थी। कोई भी आँका-बाँका चेहरा या सुघड़, तराशी हुई देह उनको फिसलाने लगती थी।

यह फिसलाहट तब कुछ और भी ज्यादा बढ़ जाती जब उस चेहरे या देह का पाना जोखिम भरा नहीं होता था।

कौशल किशोर ने मुंशी द्वारा तैयार की हुई चार-पाँच दरखास्तों पर दस्तखत कर दिये। दरखास्तें सामने से हट गई थीं, पर वह लड़की नहीं हटी थी। वकालतखाने का प्याऊ हरचरन पानी दे गया था और उन्हें लगा, लड़की गिलास में है। गिलास वापस देकर निगाह पैड पर रखे पेपरवेट पर गई तो लगा लड़की उसमें है। फिर निगाह अँगूठी के नग पर गई तो पाया लड़की वहाँ है। फिर पाया, लड़की घड़ी के डायल में है। फिर पाया, नहीं, लड़की उनकी आँखों पर लगे चश्मे के शीशे में है...

कुछ फासले पर बैठे परमात्मा नारायण सामने वाले वकील से उस घटना को लेकर कह रहे थे जो घंटा-भर पहले घटी थी। हरचरन सिंह वकील ने वकालतनामे द्वारा दिये गए अधिकार के तहत एक मुवक्किल की ओर से उसके नाम जमा तीन सौ रुपये अदालत से उठा लिये थे। मुवक्किल आज उन रुपयों को लेने आया था और हरचरन सिंह ने कह दिया कि वह उसको दे चुके हैं। मुवक्किल ने जब बात को लौटाना चाहा तो उन्होंने मिसल में से एक कागज निकालकर उसके दस्तखत दिखा दिये—तुम लोगों की भूल-भुलक्कड़पन का कोई ठिकाना नहीं। इसी वजह से तो मैं लिखा-पढ़ी रखता हूँ। मुवक्किल हक्का-बक्का रह गया। दस्तखत उसी के थे, पर उसे यह भी समझते देर न लगी कि वे किसी दूसरे काम के लिए कराए गए थे। उसने गुस्से में भरकर रसीद का गलत व झूठा होना कहना चाहा, पर फिर यह सोचकर कि जिस स्थिति में वह है, उसमें टंटा-बखेड़ा कर भी वकील को बेईमान या धोखेबाज साबित नहीं कर पाएगा, बल्कि अपने लिए और भी मुसीबत खड़ी कर लेगा, वह गुस्से को बस कमजोर बुदबुदाहट में निकालकर अपनी खोटी किस्मत को कोसता हुआ वहाँ से चला गया था।...

परमात्मा नारायण कह रहे थे, "बाबू गिरिजा दयाल, बहुत से काम गलत किये जाते हैं और कानून के विरुद्ध होने के कारण वे जुर्म होते हैं। पर जो प्रकाश में नहीं आ पाते, वे जुर्म नहीं रहते हैं। प्रकाश में आने पर भी जो साबित हो नहीं पाते, वे भी जुर्म नहीं रहते हैं। उनका साबित होना ही बस जुर्म होता है। लेकिन साबित होना और न होना भी बहुत सी बातों और स्थितियों पर निर्भर करता है। मसलन, हरचरन सिंह का ही मामला लिया जाए।"

कौशल किशोर को झुँझलाहट छूटी—यह बुड्ढा हरदम बकबक करता रहता है। जब इसे वकालत रास नहीं आती तो यह यहाँ आता क्यों है?

वह अपनी कुर्सी से उठकर बरामदे के बाहर निकल आए। अंगद सिंह उनको आता देखकर अपनी जगह से लपक आया।

"मैं काफी थका हुआ हूँ। तुम मुद्दैया को शाम को लेते आना और बाकी गवाहों को कल सुबह।"

"जैसा हुक्म हुजूर!"

"इधर भी आठ बजे और उधर भी आठ बजे।"

"बहुत अच्छा हुजूर!"

कौशल किशोर ने अपनी नजर नीम के पेड़ के नीचे डाली और जगह पर वापस आते हुए उन्हें लगा कि लड़की उनके साथ चल रही है। वह फिर मुकदमे में विजय पानेवाली जैसी व्यूह-रचना लड़की को पाने के लिए करने लगे।

"मुंशीजी, शाम को आने की जरूरत नहीं।" उन्होंने व्यूह-रचना बहुत कुछ पूरी करते हुए अपने क्लर्क से कहा, "मैं काम अब सुबह ही करूँगा।"

घर पर उनकी पत्नी थी व दस और आठ साल की दो लड़कियाँ। उन्होंने आते ही तीन पास पत्नी के हाथ पर रख दिये, जो वह एक परिचित मैनेजर से रास्ते में लेते आए थे। वह जानते थे कि टिकट लेकर सिनेमा देखने में पत्नी सोच-विचार करती है जबकि पास आ जाने पर वह देखी हुई पिक्चर भी दुबारा-तिबारा देखने को तैयार हो जाती है।

"मेरा मन भी था।" पत्नी पास आकर लहकी, "पर आप नहीं चलिएगा?"

"नहीं, मुझे आज एक मुकदमे की जरूरी फाइल तैयार करनी है।"

पत्नी काफी का प्याला रख गई और वहचुस्कियाँ लेते हुए घड़ी की सूई देखने लगे व आँगन से सिमटती उजास की चिलक को।

पत्नी ने जाने के लिए साड़ी बदल डाली। चेहरे पर पाउडर पुता होने पर भी वहाँ गहरी लकीरें चमक रही थीं और नाक महज बदगोश्त का एक चिपका हुआ टुकड़ा नजर आ रही थी।

पत्नी और बच्चे चले गए और घर में सन्नाटा घिर आया, जो उन्हें अच्छा लगा। यह सन्नाटा अब रात के दस बजे तक बना रहेगा। उन्होंने बाहर गली में झाँका। गली में अँधेरा भर रहा था। वह अँधेरा भी उन्हें अच्छा लगा। कुछ देर बाद जब आसमान पर बादल भी घिर आए तो बढ़ी हुई प्रसन्नता में उनको

अंग्रेजी की यह कहावत याद आ गई कि एक ईमानदार कोशिश में ईश्वर भी सहायक बन जाता है।

आठ बजे अंगद सिंह आ गया। लड़की के साथ आया हुआ उसका बाप भी था। अन्य स्थितियाँ जबकि अनुकूल थीं, यह एक प्रतिकूल हो गई। उन्हें अंगद सिंह पर गुस्सा आया। पुलिस के महकमे में होकर भी यह बेवकूफ है। क्या वह उनकी मंशा समझा नहीं या यह उसकी शरारत है?

उन्होंने अंगद सिंह की हथेली में दस का एक नोट दबा दिया, "जाओ, पान-पत्ता कर आओ। लड़की को उसकी शहादत समझाते-समझाते घंटा-भर तो लग ही जाएगा।"

अंगद सिंह ने एक उचटती नजर वकील साहब के तमक रहे चेहरे पर डाली और लड़की के बाप से बोला, "आओ पीतमलाल, चलो बाजार घूम आएँ। जिस तरह की गवाही है, उसमें तुम्हारी बेटी तुम्हारे सामने शरमाएगी।"

नहीं, अंगद सिंह बेवकूफ नहीं है।

अब कोई भी स्थिति प्रतिकूल नहीं थी। वह थे, लड़की थी और एकदम अकेला घर। अपना इरादा प्रकट करते हुए बस उन्हें लड़की पर काबू पाना था।

"मुझे बताओ, तुम्हारे साथ क्या-क्या हुआ था?"

सवाल के बार-बार दोहराए जाने पर लड़की ने धीमी आवाज में बताया, "बनवारी ने मेरे साथ बुरा काम किया।"

"बुरा काम क्या होता है? खुलकर बताओ।" कौशल किशोर अपनी जगह से उठकर लड़की के पास सटकर बैठ गए।

लड़की ने जब फिर चुप्पी साध ली, कौशल किशोर ने नरमी से उसका हाथ पकड़ लिया, "बनवारी ने पहले तेरा हाथ पकड़ा होगा।" आधा मिनट बाद उन्होंने उसकी कमर में हाथ डाल दिया, "बनवारी ने फिर तेरी कमर में हाथ दिया होगा।" आधा मिनट बाद उन्होंने उसके ओंठ छुए, "बनवारी ने फिर तेरे ओंठ छुए होंगे।" आधा मिनट बाद उन्होंने उसकी छातियाँ दबाईं, "बनवारी ने फिर तेरी छातियाँ दबाई होंगी।"

कौशल किशोर ने जब पाया कि लड़की ने अपने वर्जित अंगों को बिना किसी आपत्ति के आसानी से छू लेने दिया है तो उत्तेजना में उफनते हुए उन्होंने उसे सोफे पर गिरा दिया, "बनवारी ने फिर तुझे उखाड़ी में ऐसे गिरा दिया होगा।"

कौशल किशोर ने लड़की के कपड़े उतार फेंके, फिर अपने। पीछे दीवार पर एक छह फुटे घड़ियाल की खपटेदार खाल जड़ी हुई थी और अपने नंगे रोम भरे काले बदन में कौशल किशोर घड़ियाल जैसे ही दीख रहे थे। पिछले दिनों एक सुप्रसिद्ध चित्रकार ने गाय का नरम बच्चा तेज जबड़े में दबाए एक गहरे भूरे घड़ियाल को चित्रित कर उसे शीर्षक दिया था—तंत्र।

"लो, तुम मुझसे भी जुर्म कराए ले रही हो।"

कौशल किशोर ने अपने बुलडोजर जैसे जिस्म से लड़की का पगडंडी जैसा तन रौंद डाला।

लड़की ने कोई चीख-गुहार नहीं की, यों बतौर सावधानी कौशल किशोर ने मुँह में ठूँसने के लिए पास में रूमाल रख छोड़ा था। दरअसल, लड़की इसकी आदी हो गई थी। थाने का दरोगा उसके साथ यही सब कई बार कर चुका था। जिस्म में गर्म चिलक देनेवाला तनाव जब कभी दरोगा को परेशान करता था, वह उससे छुटकारा पाने के लिए मुकदमे में बाकी रह गई तफतीश को पूरा करने का बहाना कर लड़की को थाने पर बुला लेता था।

कौशल किशोर वकील बन कुर्सी पर वापस बैठ गए, "मैं बनवारी को लम्बी सजा कराऊँगा।"

"सजा न कराइएगा, बरी करा दीजिएगा। मैं बनवारी के पास राजी से गई थी।" लड़की ने झिझक तोड़ते हुए कहा।

कौशल किशोर हँसने लगे।

नौ बजे सिपाही अंगद सिंह आकर लड़की को ले गया। उसका अपना जिस्म भी तना हुआ था और साथ चलते हुए वह उन तरकीबों को सोच रहा था जिनके द्वारा वह बाप व दूसरे गवाहों को दूर रखकर लड़की पर काबू पा सकता था।

4

वहाँ वकीलों की तादाद दो सौ से ऊपर थी। इनमें ऐडवोकेट भी शामिल थे। चूँकि वकील नाम बहुत ही प्रचलित है और कानून की दुनिया में एक मुद्दत से जाना जाता है और चूँकि व्यावहारिक रूप से जिला न्यायालयों में एक ऐडवोकेट को बिलकुल वही अधिकार प्राप्त हैं जो एक वकील को, इसलिए जनसाधारण और मुवक्किल ऐडवोकेट को भी अपना वकील ही कहते हैं। यों बात उठने पर ऐडवोकेट अपने को वकील से बड़ा बताता है।

वकीलों की इतनी बड़ी जमात में वकालत की दृष्टि से गंगानाथ बैजल का स्थान नम्बर एक पर था। कहा जाता था कि उनकी प्रैक्टिस पाँच हजार रुपये माहवार की है। कोई इसे सात हजार बताता था और कोई-कोई दस हजार भी। उनकी आमदनी इस बात से समझी जा सकती थी कि उनके पास सब कुछ था—कोठीनुमा बँगला, बड़ी कार, फ्रिज, एअरकंडीशनर, रेडियोग्राम, टेपरिकार्डर वगैरह-वगैरह। कचहरी के अहाते में सरकार से इजाजत लेकर उन्होंने अपने बैठने के लिए अलग पक्का कमरा बनवाया था, जहाँ एक साथ पच्चीस-तीस मुवक्किल बैठ सकते थे। उनके पास दो मुंशी थे। गंगानाथ बैजल केवल फौजदारी की प्रैक्टिस करते थे। दरअसल, फौजदारी का काम ही अदालतों में ज्यादा रहता है, क्योंकि दीवानी के मुकदमे तो पक्षकार की इच्छा-अनिच्छा पर आते हैं। वे उनको न्यायालय के सामने लाने, न लाने के लिए पूर्णतया स्वतंत्र होते हैं, जबकि फौजदारी के मुकदमों में सरकार ही अधिकतर मुद्दई होती है और कोई अपराध घट जाने पर अपराधी के विरुद्ध मुकदमा चलाना उसके लिए एक नियम जैसा होता है। कानून और व्यवस्था के हित

में फौजदारी के मामले को महत्त्व दिया भी जाता है और इसीलिए एक बड़ी संख्या में अदालतें फौजदारी के ही मुकदमे निपटाती हैं। फौजदारी का काम पैसा दिलाऊ भी होता है।

गंगानाथ बैजल की उम्र खास नहीं थी, यही पचास के आसपास, और वकालत में आए हुए भी उन्हें खास अरसा नहीं हुआ था, यही अठारह-बीस साल का। बुद्धि और कानूनी समझ-बूझ में भी वह खास नहीं थे, यही मोटी-मोटी दरारें व बड़े सूराख देख लेते थे और नियम व धाराओं की सपाट व्याख्या लोचदार जबान में कर सकते थे। उनसे कहीं अधिक ज्येष्ठ, अनुभवी, प्रतिभासम्पन्न और कानूनदाँ लोग वहाँ मौजूद थे, किन्तु गंगानाथ ने उन सबको जिच दे रखी थी। जो खास बात उनमें थी और दूसरों में नहीं, या थी तो उतने कारगर रूप में नहीं, वह यह कि अपना काम कैसे निकाला जाता है और उसका अचूक तरीका क्या हो सकता है, इसकी समझ उन्हें अद्भुत थी। मसलन, एक न्यायालय का मजिस्ट्रेट चापलूस किस्म का है। वहाँ जाकर वह कहेंगे, "हुजूर पर बहुत मेहनत पड़ती है, दो मजिस्ट्रेटों लायक फाइलें हैं, लेकिन हुजूर अकेले ही निपटा रहे हैं।" इसके बाद फिर वह अपनी विचाराधीन दरखास्त की पैरवी करने लगेंगे।

एक अन्य न्यायालय के न्यायाधिकारी की उम्र में खतरे के निशान से ऊपर निकल गई लड़की की शादी नहीं हुई है और वह उस ओर विशेष चिन्तित रहता है। उस न्यायालय में पहुँचकर पहले वह कहेंगे, "हुजूर, सुधा को लेकर कहीं कोई बात तय हुई? हुजूर, न हो मैट्रीमोनियल्स देखा करिए। 'हिन्दुस्तान टाइम्स' इस मायने में नम्बर एक का पेपर है। मैं मँगवाता हूँ। हुजूर इजाजत दें तो भिजवा दिया करूँ। हुजूर, अपने देश में लड़की पिता के लिए एक गम्भीर समस्या होती है।" और इसके बाद वह पेशकार से अपनी जमानत की दरखास्त निकलवाकर बहस करने लगेंगे।

न्यायिक सेवा में एक ताजे आए अधिकारी को कपड़ों का खास शौक है और वह उसके न्यायालय में अपने मुकदमे में कुछ कहने से पहले कपड़ों के बारे में कहेंगे, "कल रात मैं मॉडर्न क्लाथ हाउस गया था। वहाँ फ्रेश माल आया हुआ है। शर्टिंग में कुछ पीसेज अनडाउटेडली ए वन हैं। मैंने चार-पाँच पीसेज अलग रखवा दिये हैं। हुजूर, दो-एक दिन में जब उधर तशरीफ ले जाएँ, देख लें।"

एक जज को गैस की शिकायत रहती है और उसके न्यायालय में पहुँचकर वह कहेंगे, "हुजूर, कल मेरे एक मुवक्किल ने बताया कि गैस के मरीज को निहार मुँह लहसुन के दो जवे ताजे पानी के साथ लेना चाहिए। पन्द्रह दिन में ही इसके सेवन से लाभ होगा। हुजूर, देशी दवाएँ भी कभी-कभी जादू की तरह असर करती हैं।"

एक वरिष्ठ जज गम्भीर, खामोश तबीयत का और अनुशासनप्रिय है। उसके न्यायालय में जाने से पहले वह मुँह में पान दबा लेंगे, एक कदम कमरे के अन्दर रख वापस बाहर आ जाएँगे, मुँह में दबा पान रेत की रखी पेटी में थूक देंगे और ओंठों को रूमाल से पोंछते हुए पुनः इस प्रकार दाखिल होंगे कि जैसे उनको न्यायालय की मर्यादा का ध्यान है और पान खाकर वहाँ उपस्थित रहने का अनौचित्य अच्छी तरह समझते हैं। वह फिर नीचे पड़ी कुर्सी पर खामोश बैठ जाएँगे और पेशकार द्वारा संकेत किये जाने पर उठकर पूछेंगे, "मेरी ही दरखास्त का नम्बर है?" और पेशकार के हाँ कहने पर फिर जज की ओर गर्दन झुकाकर बहुत शाइस्तगी से पूछेंगे, "हुजूर, मुझे इजाजत है?"

एक अन्य वरिष्ठ जज हँसोड़ तबीयत का है और उसे लच्छेदार बातों में रस मिलता है। उसके न्यायालय में वह अपने कथन को चुटकुलेवाले अन्दाज में कहेंगे, "हुजूर, एक पंडित थे। उनको पंचायत करने का मर्ज था। वह एक बार अपनी स्त्री को विदा कराने जा रहे थे कि रास्ते में दो ठाकुर लड़ते हुए मिल गए। पंडित जी रुक गए और उन दोनों का फैसला कराने लगे। हुजूर, कभी एक ठाकुर बात मान जाता तो दूसरा किसी बात पर अड़ जाता था और कभी दूसरा मान जाता था तो पहला अड़ जाता था और इस भम्भेड़ में हुजूर, दोपहर बीत गई, शाम बीत गई, फिर रात भी बीत गई। हुजूर, इधर पंडित जी अपनी आन पर चढ़े थे कि वह फैसला कराकर ही मानेंगे। दूसरे दिन बमुश्किल तमाम वह फैसला करा सके। इसके बाद पंडित जी ससुराल पहुँचे। पर ससुरालवालों ने स्त्री को विदा नहीं किया। कहा, साइत निकल गई है। हुजूर, तो यही बात मेरे मुवक्किल के साथ भी हुई। गाँव में मारपीट हो रही थी और वह बीच-बचाव के मासूम इरादे से जा पहुँचा, लेकिन जो पार्टी ज्यादा पिट गई उसने मेरे मुवक्किल का नाम भी मुलजिम के खाने में लिखा दिया।"

इसी तरह आठ अदालतों में एक ही दिन गंगानाथ बैजल आठ तरह से अपने को पेश करते थे और जिस जगह जिस रूप में स्वयं को पेश करते थे,

वही रूप सच लगता था। एक जज संगीतज्ञ किस्म का आया था और उन्होंने संगीत पर दो-तीन किताबें पढ़ डाली थीं। उससे भी पहले एक जज को दर्शन में रुचि थी और उन्होंने दर्शन में जाने-माने विद्वानों के नाम व उनके मोटे-मोटे सिद्धान्त जान लिये थे। अपनी इसी विशेषता के सहारे वह दोनों हाथों से सफलता बटोरते थे। गंगानाथ बैजल को यदि किसी मामले में सफलता नहीं मिल पाती तो माना जाता था कि ऐसा उस मुवक्किल की खोटी किस्मत के कारण हुआ है।

परमात्मा नारायण ने एक बार उनके लिए कहा था, "गंगानाथ बैजल फिल्म के पेशे में होते तो वहाँ भी निहायत कामयाब रहते और विलेन का रोल करने में यकीनन वह दूसरों को मात दे जाते।"

आय के लिहाज से दूसरे स्थान पर पं. मुकुटधर पांडेय आते थे। इनका रंग एकदम गोरा भभूका था और जिस्म ऊँचा कद्दावर, भरा-भरा व चिकना और मुलायम। साठ की उम्र में भी वह किसी गटेपारचे के बबुए जैसे दीखते थे। इनके पास भी कोठी और कार थी। यह हर तरह की प्रैक्टिस करते थे—दीवानी, फौजदारी, माल, चकबन्दी, किराया कानून वगैरह-वगैरह की। कोई भी मुवक्किल किसी भी किस्म का मामला लेकर आए, यह उसे वापस नहीं करते थे। परमात्मा नारायण ने इनको लेकर मजाक में कहा था कि कोई आदमी अगर यह आकर कहे कि वकील साब, मैं एक मुकदमा दफा चार सौ बीस का पं. मुकुटधर पांडेय के खिलाफ करना चाहता हूँ तो यह उससे भी हामी-भर देंगे, ठीक है, मैं तुम्हारी ओर से वकालतनामा लगाऊँगा।

मुकुटधर पांडेय की पहले काफी जमींदारी थी। इनकी ससुराल इसी जिले में थी और वह भी एक प्रभावशाली घराना था। परिचय, असर व दबाव से इनके पास बराबर काम आता रहता था। जब कोई नया मुवक्किल इनकी कोठी में आता था, कुछ देर बाद मुंशी दूसरे कमरे से निकलकर कहता था, "हाकिम परगना का फोन आया है। कहा है पंडित जी को याद दिला दीजिएगा, नौ बजे रात आना है।"

मुकुटधर पांडेय अपनी गंगा-जमुनी भौंहों पर बल डाल लेते, "उहूँ, अफसरों को यह तो ध्यान रहता नहीं, मेरे पास कितना काम है। अब वहाँ जाओ तो घंटे-दो घंटे बैठा लेंगे। और यहाँ हालत यह है कि एक मिनट की भी फुरसत दम मारने को नहीं है।"

सामने बैठा मुवक्किल बोल उठता, "पंडितजी, मेरा लड़का बिलकुल निर्दोष है। पुलिस ने परधान के कहने से उसके पास देशी तमंचा और कारतूस लगा दिया था। आप..."

बात पूरी होने से पहले पांडेय जी झुँझलाए जैसे स्वर में कहते, "सो नहीं होगा। मुकदमे में मैं किसी की सिफारिश-इफारिश नहीं करता। मेरे अफसरों से घर के सम्बन्ध अलग हैं और अदालतों के अलग। अदालतों में मैं अपनी योग्यता पर विश्वास करता हूँ। अब अफसर मेरा खयाल करे तो दूसरी बात।"

आधा मिनट वह खामोश रहते, अँगुलियों में पड़ी बेशकीमती नगोंवाली अँगूठियों को छूते व घुमाते, फिर आवाज के वॉल्यूम को गिराते हुए कहते, "अभी पिछले महीने की बात है। शर्मा जी जज एक मामले में एक कानूनी मुद्दे को लेकर उलझ गए। कानून की पेचीदगी कुछ ऐसी है कि अक्सर अच्छे-अच्छे तीसमार खाँ भी चकरा जाते हैं। रात के दस बजे मेरे पास फोन आया, पंडित जी बहुत जरूरी काम है, चले जाइए। मैं कार निकालकर गया। जज साहब ने मिसल मेरे सामने रख दी और कहा कि उनका दिमाग फेल हो गया है और उस मुद्दे पर मैं उनकी मदद करूँ। मैंने बस पाँच मिनट सोचा और बात मेरी समझ में आ गई। मेरी राय सुनकर शर्मा जी मान गए, हाँ पंडितजी, आप एकदम तह पर पहुँचे हैं। देखो, यह किसी से कहने की बात नहीं है, मेरे मुँह से इस वक्त बस निकल गई। मैं छिछोरे किस्म का वकील नहीं हूँ जो अपनी शान बघारने के लिए इस-उस के आगे गाता घूमूँ। सो, किसी से कहने की जरूरत नहीं।"

पांडेय जी के पास आकर मुवक्किल को लगता कि उनकी फीस बहुत कम है। लेकिन बाद में हर पेशी पर फिर उसकी जेब से कुछ-न-कुछ निकलता रहता और अन्त में यह रकम काफ़ी बड़ी हो जाती जबकि उसके बड़ी होने का एहसास मुवक्किल को हो नहीं पाता।

किसी सगोत्रीय ब्राह्मण मुवक्किल से वह कहते, "अब तुम तो अपने ही आदमी हो। कहीं घरौआ से फीस ली जाती है। बस, टिकट वगैरह में आनेवाला खर्चा मुंशी जी के पास जमा कर दो।"

एक-दो पेशियों के बाद मुंशी उस मुवक्किल को राजदाराना ढंग से समझाता, "यह तो खैर पंडित जी की भलमनसाहत और बड़प्पन है जो उन्होंने फीस में तुमसे कुछ नहीं माँगा। पर तजुर्बे की बात यह है, वकील उसी मुकदमे

में दिलचस्पी लेता है जिससे उसे कुछ प्राप्ति होती है। मैं किसी एक की बात नहीं, दुनिया का यह कायदा बता रहा हूँ। सो मेरी मानो, तुम अपनी ओर से पंडित जी को कुछ-न-कुछ दे जरूर दो।"

और फिर वह मुवक्किल पांडेय जी को कुछ की बजाय अच्छी-खासी रकम दे बैठता, जिसे वह ना-नुच के बाद स्वीकार कर लेते, "अच्छा, यह जब तुम मानोगे ही नहीं कि मैं तुम्हारा मुकदमा वैसे ही लड़ाऊँगा जैसा फीस वाला लड़ाता हूँ, तो लाओ रख लेता हूँ; पर है यह बेजा बात।"

पांडेय जी आरामतलब थे और देह पर चर्बी चढ़ी होने के कारण उनसे अपेक्षित श्रम हो नहीं पाता था। मुवक्किलों को प्रभावित करने के लिए किये गए अभिनय से ही वह थक जाते थे। वह ऐन वक्त पर मुकदमे की मिसल उठाते थे और दिमाग से ठस होने के सबब महत्त्वपूर्ण मुद्दों को पूरी तरह पकड़ नहीं पाते थे। उनकी अपनी कमजोरी कभी-कभी मुकदमों के लिए बड़ी घातक सिद्ध होती थी।

हारे हुए मुवक्किल से यह कहते, "लगता, यह हाकिम मेरी बात पूरी तरह समझ नहीं सका। अब मैं उसके सामने अपनी बात रख ही सकता था, उसकी अक्ल में जाकर बैठ तो जाता नहीं। खैर, घबड़ाओ नहीं, भगवान का नाम लेकर अपील दायर कर दो। मिसल में मैंने इतना मसाला छोड़ा है कि अपील में शर्तिया कामयाबी मिलेगी।"

तम्बाकू जैसे रंगवाले नाटे कद के सैयद मुख्तार अली की वकालत भी काफी अच्छी चलती थी। सफेदी मायल खसखसी दाढ़ी, अलीगढ़ काट पैजामा और अचकन की वजह से वह पक्के मुसलमान लगते थे। हर जुमे को लंच के वक्त जब वह काम छोड़कर कचहरी के अहाते से दो फर्लांग दूर बनी मस्जिद में नमाज पढ़ने जाते थे तब और भी पक्के मुसलमान लगते थे। उनकी वकालत का आधार उनका यह पक्का मुसलमान लगना ही था, क्योंकि उनके पास आनेवाले मुवक्किल, एक्का-दुक्का छोड़कर, मुसलमान ही होते थे और जब वे आ जाते थे तो वह उनमें कुछ ऐसे कौमी जज्बात भड़का देते थे कि फीस-खर्चे के मुतअल्लिक उनकी बेरुखाई व पेशेवर बड़ी कमजोरियों के बावजूद वे उनके ही पास टिके रहना पसन्द करते। वह कहते थे—एक मुसलमान होने के नाते जितनी उनके साथ हमदर्दी उनको हो सकती है या उनकी मसलहत को जितना वह समझ सकते हैं, उतना काफिर वकील

नहीं। बल्कि वह यहाँ तक मानते थे कि आलू-गोभी खानेवाले काफिरों के पास इतना आला दर्जे का दिमाग हो ही नहीं सकता, जितना गोश्त-अंडा खाने वाले एक मुसलमान के पास, और बतौर मिसाल वह मोहम्मद अली जिन्ना व मोहम्मद करीम छागला का नाम ले लेते और उनको लेकर दो-चार वे किस्से सुना देते जिनमें अंग्रेज जज भी उनकी काबलियत का लोहा मान गए थे। वह दरखास्त अंग्रेजी में लिखकर मुवक्किल से कहते, "मैं इसको हिन्दी में भी लिख सकता था, लेकिन नहीं लिखी। उस जबान में मुझे काम करने से नफरत होती है जो अपनी जबान पर तेग चलाए।" आठ-दस और भी मुसलमान वकील थे, लेकिन नई उम्र के होने की वजह से वे सूट-बूट पहनते थे। उनकी बात उठने पर वह कहते, "अगर वे मुसलमान हैं तो एक मुसलमान की तरह रहने और अपने को वैसा पेश करने में आखिर उनको शर्म क्यों आती है।" फिर वह गमगीन अन्दाज में कहते, "अरे, इनका क्या ठीक! कुछ पा जाने की लालच में ये अटल बिहारी वाजपेयी की भी पैरवी कर सकते हैं।"

सैयद मुख्तार अली भी पं. मुकुटधर पांडेय की तरह किसी भी किस्म का काम लेने से गुरेज नहीं करते थे, भले ही उनके पास उस काम से सम्बन्धित कानून की एक भी किताब न हो। खिलाफ हुक्म होने पर वह मुवक्किल को बताते, "तुम्हारा कुसूर बस यह है कि तुम मुसलमान हो और हाकिम हिन्दू।" जिस मुकदमे में हाकिम भी मुसलमान होता, वह बात यों घुमा देते, "काफिर हाकिमों के साथ उठते-बैठते लगता है इसका दिमाग भी कुन्द हो गया है।"

साँप जैसी चुम्बकीय आँखवाले भगवत शरण अवस्थी की वकालत चलने के दो राज थे। पहला यह कि प्रारम्भ में उन्होंने कई मुकदमे अपनी प्रतिभा और लगन के बल पर जीते थे और उस साख की गूँज यहाँ-वहाँ अभी तक बनी हुई थी। दूसरा यह कि वह पक्षकार से उसके अपने स्तर पर उतरकर व्यवहार करते थे। वह लुंगी कसकर और कम्बल या चादर लपेटकर पक्षकार के साथ तख्त पर बैठ जाते थे। और उसकी बातें सुनकर बीड़ी का कश छोड़ते हुए शत्रु-पक्ष को माँ-बहन की मोटी-मोटी गालियाँ कुछ इस ढब से देने लगते थे कि पक्षकार को लगता, अरे, यह तो हमारे अपने बीच का ही आदमी है। अवस्थी जी ने पिछले कुछ सालों से पीना भी शुरू कर दिया था और उनकी यह लत इतनी बढ़ गई थी कि अक्सर बिना पूरे होश में आए हुए, अस्त-व्यस्त हालत में ही, वह कचहरी चले आते थे। किन्तु इस शदीद

कमजोरी के बावजूद उक्त दो कारणों से उनकी वकालत कोई खास गिरी नहीं थी और काम बराबर आता रहता था। "शराब नहीं, मैं तो अन्दर पैट्रोल डालता हूँ ताकि दिमाग का इंजन धड़ाधड़ चलता रहे।" सफाई अगर देनी होती तो वह चुम्बकीय आँखों में लाल डोरे झलकाते हुए ऐसा कुछ कहते। एक बार एक न्यायाधीश ने उनको बहकी हालत में पाकर खुली अदालत में उनकी भर्त्सना की थी, "अवस्थी जी, मुवक्किल का हित उसके वकील के हाथ में उसी समय तक सुरक्षित है जब तक पेशे द्वारा दिये गए दायित्वों के प्रति वह पूर्ण ईमानदार और सजग रहता है। जो अपनी ही निगरानी नहीं कर सकता, वह दूसरे की क्या करेगा? मुझे इसमें सन्देह है कि आप वकालत के लिए एक उपयुक्त व्यक्ति हैं।"

अवस्थी ने इसे अपनी तौहीन समझी थी। उन्होंने अपने संघ के मंत्री और अध्यक्ष से शिकायत करते हुए कहा कि एक न्यायाधीश ने इस तरह की बेहूदी फब्तियों द्वारा वकीलों की पूरी जमात की इज्जत पर वार किया है और जब तक इसका जबरदस्त विरोध नहीं होता, उन सबका हित खतरे में है। घटना को लेकर वकालतखाने में वकीलों के संघ की एक सभा उसी शाम बुलाई गई थी और इसके बावजूद कि कुछ समझदार सदस्य अवस्थी जी के अपने आचरण से सन्तुष्ट नहीं थे, एकमत से यह प्रस्ताव पारित किया गया कि वकीलों का वह संघ उक्त न्यायाधीश के अवांछित व्यवहार की घोर निन्दा करता है और जब तक उक्त न्यायाधीश उस लज्जाजनक घटना के लिए श्री भगवत शरण अवस्थी से क्षमा नहीं माँग लेता है, संघ के सदस्य जिले के समस्त न्यायालयों का अनिश्चित काल के लिए बहिष्कार करेंगे। प्रस्ताव की एक-एक प्रति जिला न्यायाधीश, उच्च न्यायालय तथा प्रदेश के न्यायमंत्री को भेज दी गई थी।

दो दिन तक वकीलों का बहिष्कार चलता रहा था और जब तीसरे दिन टेलीफोन द्वारा उस न्यायाधीश का तबादला दूसरे जिले को कर दिया गया तभी वह आन्दोलन समाप्त हुआ था। अवस्थी जी ने इस विजय को मनाने के लिए उस दिन कुछ और भी जमकर पी थी और लड़खड़ाती जबान से बोले थे, "मुझे अदालत में पीकर जाने की इजाजत ऑनरेबिल दि चीफ जस्टिस से मिल गई है।"

दुर्गा सहाय माथुर के पिता पुलिस में इंस्पेक्टर थे और हालाँकि उनकी तैनाती दीगर जिलों में रहती थी, पर वह अपने मातहत या साथ रह चुके

यहाँ के किसी-न-किसी थानेदार या हेडमुंशी से सम्पर्क बराबर जोड़े रहते थे और इन लोगों के दबाव व असर से दुर्गा सहाय को काम मिलता रहता था। दुर्गा सहाय मुवक्किल से मिली फीस में से एक बटा-चार हिस्सा उस थानेदार या हेडमुंशी को पहुँचा देते थे, जिसकी मार्फत वह मुकदमा उनके पास आया होता था, और इस प्रकार काम मिलने का यह सिलसिला बरकरार रहता था। दुर्गा सहाय का उसूल था, मुकदमे में गवाह तोड़ लिये जाएँ और तब मुकदमा अपने आप भरभराकर गिर पड़ेगा। इस उसूल पर चलकर उनको मुकदमा जीतने में न तो कोई खास मेहनत करनी पड़ती थी, न वैसी माथा-पच्ची ही। जब कभी ऐसा होता कि आश्वासन दे चुकने पर भी गवाह अदालत में डटकर गवाही देता और टूटता नहीं तो वह परेशानी में पड़ जाते और झुँझलाहट में अपने मुवक्किल को अदालत से बाहर निकलने पर सलाह देते, "वायदा खिलाफी की नसीहत देने के लिए इस हरामी के पिल्ले की टाँग तोड़ देना।" वैसे दिखाने को दुर्गा सहाय के पास अपनी एक निजी बड़ी लाइब्रेरी थी, पर उसमें अधिकतर वही किताबें चुनी हुई थीं, जिनको असार्थक और अनुपयोगी घोषित हो जाने पर उन्होंने जिला न्यायालय के पुस्तकालय या किसी मर गए वकील के उत्तराधिकारी से रद्दी के मोल खरीदा था।

दीनानाथ चौधरी की बीस साल की वकालत में शुरू के पन्द्रह साल सूखा रहा था, लेकिन पिछले पाँच सालों से उसमें हरियाली लहलहाने लगी थी। वजह यह थी कि इनकी सगी बुआ का लड़का हाईकोर्ट का जज हो गया था और उसके जज होने से जिला न्यायालय के हाकिमों का रुख उनके प्रति काफी नरम पड़ गया था। इस रुख नरमी का प्रचार उन्होंने मुकदमेबाजों के बीच अच्छे ढंग से कर दिया था। इस खबर में कुछ इतना आकर्षण था कि कई लोगों ने पुराने वकीलों को छोड़कर अपने मामलों में दीनानाथ चौधरी से नया वकालतनामा लगवाया था।

वीरेन्द्रसहाय सक्सेना की भी वकालत शुरू में कई वर्षों तक चली नहीं थी। उन्हें जेब-खर्च तक के पैसे निकालना मुश्किल हो जाता। तब वह केवल अपनी योग्यता, निष्ठा और अध्यवसाय का दामन पकड़े हुए थे। कुछ कर दिखाने की तड़प उनको बराबर चिकोटती रहती थी। वह ऐक्टों व विधि-संग्रहों पर आई नई-से-नई व्याख्या और विभिन्न रिपोर्ट्स में प्रकाशित उच्च न्यायालयों के निर्णय ध्यान से पढ़ा करते थे और रात के बारह-बारह, एक-एक बजे तक

जागकर रजिस्टरों में नोट वक्त-जरूरत काम आने के लिए टीपा करते थे। इन नोट्स की तैयारी में उन्होंने अपना स्वास्थ्य चौपट कर लिया था। मगर वह वक्त आ नहीं रहा था जब वे नोट जरूरी साबित होकर उनकी मदद करते। एक्का-दुक्का मिले मामलों में जब वह अपनी विद्वत्ता का प्रभामंडल बनाने के विचार से उनका उपयोग करने की कोशिश भी करते तो न्यायाधिकारी टोक देता, "मिस्टर सक्सेना, इस अदालत के पास इतनी फुरसत नहीं है जो आपको दिन-भर सुनता रहे। आपके मुकदमे की मालियत सिर्फ दो सौ रुपये है, मेहरबानी कर उसी अनुपात से वक्त लीजिए।"

वीरेन्द्रसहाय सक्सेना ने फिर गंगानाथ बैजल, पं. मुकुटधर पांडेय तथा दूसरे सफल वकीलों द्वारा इस्तेमाल किये जानेवाले हथकंडों का दामन पकड़ना शुरू कर दिया। वह दलालों के आगे ज्यादा हरा चारा डालने लगे, थानेदारों से राव-रस्म बढ़ाने लगे व हुक्कामों से अपने गहरे सम्बन्ध होने के ढेर सारे किस्से फैलाने लगे। तब उनकी भी वकालत चमक उठी। अब वह मुकदमों में खास तैयारी नहीं करते थे और न्यायाधिकारी के मूड के तराजू के हिसाब से ही अपनी दलीलों के बटखरे चढ़ाते थे। उन्होंने पिछले दिनों एक नया स्कूटर खरीदा था। उनका चौपट हुआ स्वास्थ्य भी अब खूब निखर आया था और उनके विगत व वर्तमान फोटो का उपयोग कोई दवाखाना 'इलाज से पहले और इलाज के बाद' जैसे विज्ञापनों में धूम-धड़ाके से कर सकता था।

जगमोहन रैना, ठाकुर गजेन्द्र सिंह, विमलेश चन्द्र, ब्रजकिशोर, नित्यानन्द तिवारी, मन्नीलाल गुप्ता जैसे और भी कई चर्चित नाम थे और उन सबकी वकालत का घोड़ा भी ऐसी ही किसी चाबुक की फटकार से दौड़ रहा था।

परमात्मा नारायण ने एक बार दार्शनिक लहजे में कहा था, "संसार हर प्रकार के जीवों से मिलकर बना है, किन्तु कचहरी की सृष्टि एक विशेष प्रकार के जीवों से की गई है।" फिर उन्होंने आगे कहा था, "वकीलों और कचहरी की दुनिया से जुड़े दूसरे लोगों को देखकर यह कोई सोच नहीं सकता है कि इनका भी कभी कोई सुनहला विद्यार्थी जीवन रहा होगा जिसमें इन्होंने शेक्सपियर, मिल्टन, कालिदास, जयदेव, सूर, तुलसी, गालिब, इकबाल जैसे साहित्यकारों के साथ विचरण किया होगा या सुकरात, प्लेटो, मार्क्स, गांधी जैसे दार्शनिकों के विचारों से अपना मैत्री सम्बन्ध बनाया होगा।"

5

माताप्रसाद और उसका छोटा भाई कामताप्रसाद आज कचहरी काफी पहले आ गए थे। यों वे हर पेशी पर ही वक्त से पहले पहुँच जाते थे, इसके बावजूद कि उनको दो-दो, चार-चार घंटे बैठना होता था और तब मुकदमे में पुकार लगती थी; लेकिन आज वे हर बार से भी पहले वहाँ पहुँच गए थे। अहाते में तब दस-पाँच लोग ही थे। होटल की भट्ठी ने पूरी तरह आँच पकड़ी नहीं थी। उसमें से धुआँ उठकर पाकड़ के पत्तों को काला कर रहा था और होटल पर काम करनेवाला लड़का चीकट जाँघिया पहने नल के नीचे बैठा एलमोनियम के भगोने मल रहा था। होटल में झाबे के नीचे बन्द टाँगें बँधे दो मुर्गे चीख रहे थे, जिनको वह बर्तन निपटाने के बाद काटेगा। वक़ालतखाने के आगे बक्सों से लदा ठेला खड़ा था और ठेलेवाला एक-एक बक्स निश्चित तख्तों पर पटकने जैसे अन्दाज से रखता जा रहा था। फाटक से बाहर सड़क की पटरी पर दाँत उखाड़नेवाले ने सुर्ख रंग की चादर बिछा दी थी और वह उस पर जंग आलूदा जम्बूर, चिमटी व उखाड़े गए पचासों गन्दे, पीले दाँत करीने से लगा रहा था। उससे कुछ हटकर चन्दन व तिलकधारी एक पंडित अपनी गाय को कौड़ियों, सीपियों व रंगीन मनकों की मालाओं से सजा रहा था, जो कुछ देर बाद पूछनेवालों को सही जानकारी देगी कि उनकी खो गई प्रिय चीज मिलेगी या नहीं, या मुकदमे में उनको कामयाबी होगी या नहीं और ऐसे हर प्रश्न का उत्तर देने के लिए वह दस पैसे वसूलेगा।

वे दोनों भाई आकर सीधे अदालत के कमरे की ओर गए थे, जहाँ ताला खुला होने के बावजूद अभी तक किवाड़ भिड़े हुए थे। जमादार ने शायद वहाँ

झाड़ू लगाई थी और धूल हवा में किसकिसा रही थी। पाँच-सात मिनट बरामदे में खड़े रहने के बाद वे फिर कुछ फासले पर बनी सीमेंट की बेंच पर बैठ गए थे। वे दोनों आज कुछ ज्यादा बेचैन थे। अन्दर कोई भी चीज अधिक देर तक स्थिर नहीं रहती थी। वहाँ कोई नाजुक कमानी थी जो जरा-सी भी दबाव पड़ने पर लचक जाती थी और सब कुछ हिल जाता था। दरअसल, उनकी यह बेचैनी ही उनको यहाँ इतने पहले हाँक लाई थी। वे यह सोचकर घर से निकले थे कि पहले वकील के यहाँ चलेंगे, फिर यह खयाल कर कि इस वक्त कहने-सुनने को तो उनके पास कुछ है नहीं और अपने काम में मशगूल वकील उनको खामख्वाह आया देखकर आँख-भौंह सिकोड़ेगा, वे आधे रास्ते से लौट पड़े थे और यहाँ आ गए थे, जहाँ कुछ देर बाद उनको आना ही था।

वे दोनों मारपीट के एक मुकदमे में अभियुक्त थे।

किस्सा यों था। माताप्रसाद गुड़ की रेवड़ी और गजक का खोन्चा लगाता था। उस दिन वह बाजार के मोड़ पर खोनूचा लगाए था। एक लड़का दोनों हाथ से हैंडिल छोड़े साइकिल चलाता आया और उसके खोन्चे से टकरा गया। खोन्चा उसने कुछ ही पहले लगाया था और उसमें बीस रुपये का माल था। खोनूचा धूल-गोबर में लोटकर गारत हो गया। लड़का तेरह-चौदह साल का था। उसने लड़के की साइकिल रख ली। कहा, हुए नुकसान का डाँड पहले वह भर दे, फिर अपनी साइकिल छुड़ा ले जाए। माताप्रसाद का घर आधे फर्लांग पर था, जहाँ वह खाली थाल और साइकिल उठा लाया। करीब एक घंटे बाद वह लड़का अपने बड़े भाई को लेकर वहाँ आ पहुँचा। भाई साइकिल वापस करने के लिए जिद करने लगा और सारा कुसूर उसी पर थोप दिया कि सड़क पर वह खोन्चा क्यों लगाता है, कि दूकान क्यों नहीं रखता, कि खोन्चा लगाने का उसके पास लाइसेंस नहीं है, कि गैर-कानूनी काम वह खुद करता है और नुकसान हो गया तो दूसरे की जेब हल्की करना चाहता है। जवाब में उसने साफ-साफ कह दिया कि गलती सरासर उसके भाई की है जो साइकिल को जहाज की तरह चलाता हुआ यों आया जैसे पूरी सड़क का मालिक वह है और जब तक उसका नुकसान भर दिया नहीं जाता है, वह साइकिल वापस करने का नहीं। लड़के के भाई ने इस पर उसे धमकी दे डाली, जो उसने आई-गई कर दी। थोड़ी देर बाद वह बड़ा लड़का यह साबित करने के लिए कि उसकी धमकी हवा में दी हुई नहीं थी, एक हॉकी

स्टिक लेकर आ गया और गालियाँ बकता हुआ साइकिल देने के लिए फिर जिद करने लगा। इसका असर खाली जाते देखकर फिर सच में उसने स्टिक छोड़ दी। बचाव में तब उसने भी लाठी उठा ली और चलाने लगा। उसके अपने चोट आई थी, लेकिन लड़का भी फूट गया। वह तो कहीं बीच में लोग पड़ गए, इसलिए स्थिति ज्यादा बिगड़ने से बच गई।

रात गए जब उसे पता लगा कि वह लड़का आबकारी के इंस्पेक्टर का लाड़ला है और उसने पुलिस में रपट दर्ज करा दी है, तब साइकिल साथ लेकर वह खुद भी रपट लिखाने पहुँचा। लेकिन थानेवालों ने रपट नहीं लिखी। उल्टे उसे बन्द कर दिया। वहीं उसे पता चला कि रपट उसके भाई के खिलाफ भी है, जिससे उसे और भी हैरत हुई। भाई का इस घटना से कोई भी सरोकार नहीं था। वह घर पर होता तो भले ही मारपीट में हिस्सा लेता, लेकिन वह उस वक्त मौजूद था ही नहीं। वह ड्यूटी से वापस आकर सिनेमा चला गया था और बिलकुल बेगुनाह था। वह समझ गया कि भाई को इस बखेड़े में इसलिए लपेटा गया है ताकि घर का हर वयस्क पुरुष सदस्य अभियुक्त बन जाए और मानसिक रूप से वह ज्यादा-से-ज्यादा टूटे। उसका भाई भी पकड़ लिया गया। दस दिन जेल में सड़ते रहने के बाद ही वे जमानत पर छूट सके थे।

उस लड़के के बाएँ हाथ की उँगली की हड्डी टूट गई थी और उन दोनों के विरुद्ध आरोप सामान्य आशय से गम्भीर चोट पहुँचाने का लगाया गया था।

घटना को एक बदला हुआ रूप दे दिया गया। सबूत की ओर से कहा गया कि लड़का पाँच रुपये का नोट लेकर सौदा लेने गया था और माताप्रसाद ने उसे चार रुपये वापस किये, उनमें से दो का एक नोट खराब था। नोट खराब होने की बात जब लड़के को शाम के वक्त पता लगी, वह मुलजिम के घर उसे वापस करने गया। मुलजिम ने नोट अपना दिया हुआ न बताकर वापस लेने से इनकार किया। जब लड़के ने दूसरा नोट बदल देने के लिए जिद की और उसे बेईमान कह दिया तो मुलजिम माताप्रसाद उसे बेरहमी से लाठी से मारने लगा। दूसरे मुलजिम कामताप्रसाद ने भी भाई की तरफदारी करते हुए लड़के को मारा। लड़का साइकिल छोड़कर अगर भाग न गया होता तो मुलजिमान उसे और गम्भीर चोटें पहुँचाते।

उसके वकील ने बताया कि घटना को यह परिवर्तित रूप इसलिए दिया

गया है ताकि अदालत की हमदर्दी उसके साथ बिलकुल न रहे और उसका आचरण आक्रमणकारी का दीखे।

मुकदमे में गवाही हो गई। उसका और भाई का बयान भी हो गया। दोनों ओर से बहस भी सुन ली गई। आज फैसला था।

फैसले में क्या होगा? पहल लड़के ने की थी और वही हमलावर था। उन दोनों को सिर्फ इसी बिना पर छूट जाना चाहिए। क्या यह भी हो सकता है, वे छूटें नहीं? सच को झूठ मान लिया जाए और झूठ को सच? लड़के का नौकर और उसका मिलनेवाला घटनास्थल पर नहीं थे पर सबूत ने उनको बतौर गवाह पेश किया था। उन्होंने एक पड़ोसी का बयान कराया जिसने बीच-बचाव किया था। जो गवाह मौजूद नहीं थे क्या उनकी गवाही पर यकीन कर लिया जाएगा और जो मौजूद था उसकी गवाही पर नहीं? वे बेगुनाह थे और पुलिस ने उनको गुनहगार मानते हुए उन पर मुकदमा चलाया और जमानत पर छूटने तक जेल में सड़ाया। क्या अदालत भी उनको गुनहगार ही ठहराएगी और चोरों, डकैतों व कातिलों के साथ रहने के लिए उनको जेल में फिर ठूँस देगी?

माताप्रसाद की आँखों में जेल में गुजारे गए वे दिन कंकरियों की तरह गड़ने लगे। जिस बैरक में वह रखा गया था वहाँ एक कोने में ही टट्टी बनी हुई थी, जिसे दो दर्जन से ऊपर कैदी इस्तेमाल करते थे। टट्टी की बदबू से पूरा बैरक सीरे की मंड की तरह भभकता था। वहाँ पोरे जितने मोटे-मोटे मच्छर व खटमल भी थे—बेतहाशा। तीन रात उसे एक भी झपकी न आई थी, खोपड़ी चटकने लगी थी और आशंका हुई थी कि वह पागल न हो जाए। दिन में आसपास तरह-तरह के लोग डोलते थे। फटे-मैले कपड़ोंवाले, बढ़ी दाढ़ी-मूँछवाले, गन्दे दाँत-नाखून वाले, खूँखार-बहशी आँखोंवाले, जो सिर्फ गालियों में बोलते, अश्लील हरकतें कर हँसते, फिर चीखते हुए लड़ने लगते, जिसमें वे एक-दूसरे के ऊपर तसले व कटोरियाँ फेंकते और फिर जमीन पर लोट-लोट कर रोने लगते। वे नये आनेवालों के घड़े फोड़ देते, उनकी चटाइयाँ जला देते और उन्हें मिलनेवाला खाना चुराकर खा जाते।

स्मृतियों की इन गड़ती कंकरियों ने माताप्रसाद को घबड़ा दिया था।

शायद कामताप्रसाद की आँखों में भी वैसी कंकरियाँ चुभ रही थीं और उसमें भी वैसी घबराहट थी।

घबराहट दरअसल उन दोनों को उसी दिन से थी जिस दिन मुकदमे की सारी कार्यवाही खत्म हुई थी और फैसले की तारीख लगाई गई थी। यह घबराहट फिर फैसले का दिन निकट आने के साथ बराबर बढ़ती गई थी—तेजी पकड़े बुखार की तरह। कल रात उन दोनों को पूरी तरह से नींद नहीं आई थी। झपकी टूटने पर एक पाता, दूसरा भी करवट बदल रहा है। वह पानी पीने के लिए उठा है और फिर दूसरा भी पानी पीने उठा है। कुछ देर बाद वह पेशाब करने गया है और फिर दूसरा भी गया है। आज सुबह से तो यह घबराहट और भी ज्यादा बढ़ गई थी—थर्मामीटर में ऊँचाई पर चढ़ गए पारे की तरह। छोटे भाई ने खाना नहीं खाया था। कहा, वह खाएगा तो उलटी हो जाएगी।

अदालत में चपरासी आ गया था और वे दोनों उठकर उसके पास हो आए। चपरासी ने कहा, साहब हुक्म दोपहर बाद सुनाते हैं।

पेशकार के आ जाने पर वे पेशकार के पास भी हो आए। उसने भी कहा, हुक्म दोपहर बाद ही होगा, वे अदालत के बाहर रहें और उनकी पुकार कर ली जाएगी। पेशकार ने फिर मुसकराते हुए यह भी कहा, हुक्म के बाद आज वह कम-से-कम दस रुपये लेगा। चपरासी ने भी कहा था, आज वह अपना मुँह मीठा करेगा तो कायदे से। इन दोनों की यह माँग आज उनको अच्छी लगी। इसने अन्दर के तनाव को नरम बना दिया। तो इन दोनों का अन्दाज है, वे छूट जाएँगे। अन्दाज क्यों, क्या पता फैसले के बारे में ये जानते ही हों? ये अदालत के आदमी हैं और बात को पहले से भी जान सकते हैं। लड़के की ओर से सरकारी वकील तो था ही, उसने अपने पैसों से दूसरा एक बड़ा वकील भी किया था, जो उसके वकील को बोलने ही नहीं देता था और अपने पक्ष की हर बात को मानने योग्य और स्वाभाविक बताकर सही साबित करने की कोशिश करता था, जबकि उसके पक्ष की हर बात को बनावटी और अस्वाभाविक कहकर झूठी बताता था। लेकिन मजिस्ट्रेट साहब ने फैसला लिखने से पहले मिसल को खूब अच्छी तरह देखा होगा और हर स्याह-सफेद पहलू पर बारीकी से गौर किया होगा।

मजिस्ट्रेट ने मिसल कल शाम ही ऑफिस बक्स में से निकाली थी। उसने उसे ज्यादा लौटी-पौटी भी नहीं। दोनों पक्षों की ओर से बहस में जो-जो कहा गया था, उनमें से खास बातों को उसने एक कागज पर लिख रखा था और बस उन्हीं पर एक नजर डाल ली थी। ऐसे मामलों में निष्कर्ष पर पहुँचने

के लिए उसके पास जो मोटे-मोटे कुछ सिद्धान्त थे, जैसे रपट किस ओर से पहले हुई, चोट किस पक्ष के ज्यादा आई और घटना के कारण किस पक्ष को आक्रामक होने के लिए सहजता से उत्प्रेरित कर सकते थे—उनके आधार पर उसे सबूत का अभिकथन ही अधिक युक्तिसंगत लगा और उसने तदनुसार निर्णय ले लिया। हाँ, कहीं अन्दर उसे छोटे भाई कामताप्रसाद के मारपीट में हिस्सा लेने पर अवश्य सन्देह हुआ था, क्योंकि लड़के के सिर और अँगुली पर सिर्फ दो ही चोटें थीं जबकि अगर दो आदमी हमलावर हुए होते तो चोटों की संख्या ज्यादा होनी चाहिए थी। लेकिन यह सोचकर कि कामताप्रसाद को अपराधमुक्त कर देने के मायने होंगे सबूत के गवाहों की एक बात सही मानी गई है और दूसरी गलत और इस स्थिति का निर्वाह तो कठिन होगा ही, वह ऊपर के न्यायालय द्वारा उसकी अपनी आलोचना का कारण भी बन सकती है, उसने फिर उस सन्देह की नोक को घिस दिया और सबूत पक्ष की पूरी कहानी को ही सच मानना निश्चित किया। मजिस्ट्रेट को पूर्व निश्चित कार्यक्रम के अनुसार पत्नी को साथ लेकर एक इंजीनियर दोस्त के बँगले जाना था और उसने उससे पहले ही हजार-बारह सौ शब्दों में वह फैसला घसीट डाला।

करीब ढाई बजे उसने उन दोनों भाइयों को कठघरे में बुलवाकर एक-एक वर्ष के कारावास की सजा सुना दी।

यह अफसर मुंसिफ भी था। पन्द्रह दिन जब यह दीवानी का काम करता था तो मुंसिफ हो जाता था और पन्द्रह दिन जब फौजदारी का काम तो मजिस्ट्रेट। दो दिन पहले यह मुंसिफ था और इसने दीवानी के एक मामले को निपटाया था। एक सर्राफ ने एक सुनार पर आठ सौ रुपये क़ा दावा किया था कि उसने दो तोले सोना उस सुनार को लॉकेट बनाने के लिए दिया था और उसने न तो लॉकेट बनाकर ही दी, न तकाजा-दर-तकाजा करने पर सोना ही वापस किया। इस लेन-देन का हिसाब सर्राफ की रोकड़ बही में दर्ज था, जिस पर सुनार के दस्तखत थे। सुनार का कहना था कि वह लॉकेट बनाकर सर्राफ को दे आया था जिसकी उसे मजदूरी भी मिल गई थी। दरअसल, उनकी जमीन के एक टुकड़े को सर्राफ मोल लेना चाहता था। चूँकि इस जमीन का गाहक उसके साले का सगा भाई भी था, उसने जमीन साले के भाई के हाथ बेच दी। सर्राफ ने दबाव डालने की बदनीयती से कि वह कह-सुनकर उस रिश्तेदार से जमीन का बैनामा उसके नाम पलटवा दे, उस पर यह झूठा दावा दायर कर दिया था।

मुकदमे की सुनवाई के अन्तिम दौर में सुनार अदालत में हाथ जोड़कर खड़ा हो गया और अपने वकील के कह चुकने पर खुद बोला, "सरकार, मेरा सारा काम साख पर चलता है। अगर मैं, सरकार, किसी का बनने के लिए आया हुआ माल यों मार लूँ तो साख उठ जाने के साथ मेरा धन्धा भी उठ जाएगा। सरकार, कोई भी कारीगर पेट को रोटी देनेवाले धन्धे पर इस तरह कभी भी लात नहीं मारेगा।"

जब वह यह कह रहा था, अफसर को कोई काम याद आ गया और उसने इशारा कर चपरासी को पास बुला लिया और उसे काम समझाने लगा। सुनार इस पर कहते-कहते रुक गया।

"तुमने अपनी बात कह डाली?" अफसर ने पूछा।

"सरकार, जहाँ तक रोकड़ बही की बात है, सो वह लाला जी के पास रहती है। सरकार, अगर लाला जी ने माल वापस आ जाने पर उसे खारिज नहीं किया तो सरकार, इसमें मुझ गरीब का क्या कुसूर है?"

एक बाबू कुछ कागजात ले आया था और अफसर उन पर दस्तखत बनाने लगा।

"सरकार, मुझ पर दावा बिलकुल झूठा किया गया है।"

अफसर ने इस मुकदमे की मिसल भी फैसलेवाली तारीख से एक शाम पहले ही निकाली थी। ऐसे मामलों में भी निष्कर्ष पर पहुँचने के लिए उसके पास कुछ बने-बनाए सिद्धान्त थे, मसलन, माल देने की लिखा-पढ़ी है या नहीं और माल लेनेवाले ने माल वापस करते हुए उस आशय की रसीद ली है या नहीं, और उनके आधार पर उसे इस निर्णय पर पहुँचने में कोई कठिनाई नहीं हुई कि वादी सर्राफ का दावा मय खर्चा डिग्री होने योग्य है। उस शाम रोटरी क्लब में रेडियो कलाकारों द्वारा संगीत का एक कार्यक्रम पेश किया जा रहा था जहाँ वह सपत्नीक आमंत्रित था। जाने से पहले बीस मिनट के अन्दर ही उसने उस मुकदमे का फैसला भी घसीट डाला था।

6

उसने जो किया था, उसमें नया कुछ नहीं था। अक्सर वह ऐसा करता रहता था, एक आदत के तौर पर। जब कभी भी पार्सल या मनीऑर्डर बाँटते हुए प्राप्तकर्ता की उदारता या खुलेपन के कारण उसके हाथ बख्शीश में कुछ मायने रखनेवाला लग जाता था और मुँह का जायका बदलने के लिए उसका मन बेचैन हो उठता था, वह रास्ते में पड़नेवाली भट्‌ठी में चला जाता था, एक गिलास में चौथाई बोतल दारू डलवाकर पच्चीस पैसे के मुँगौड़े, या तली हुई चने की दाल, एक दोने में ले लेता था और वहीं बेंच पर बैठकर इत्मीनान के साथ उनको भोगने लगता था। चढ़ता नशा उसके अन्दर की दीवार के बदसूरत निशान-धब्बों पर कूँची फिराने लगता था कि उसके एक पत्नी है जो बेहद चिड़चिड़ी है—मिर्ची की झाड़ी जैसी, कि जवान बहन है जिसके साथ कई गन्दे किस्से जुड़े हैं, कि एक लड़का है जिसकी पढ़ाई-लिखाई से दुश्मनी है और गलत सोहबतों से यारी, कि घर पर लकड़ी व आटा नहीं है और गुरचरन पंजाबी ने बकाया रह गई किस्त चुकाने के लिए उसे वजनी धमकी दी है। फिर यों वह सब कुछ को ढक देनेवाले चटक रंग से रँगा हुआ बाहर निकलता और साइकिल यहाँ-वहाँ टिकाता, सुस्ताता, बहकता, बतियाता हुआ साढ़े चार-पाँच बजे तक डाकखाने वापस पहुँच जाता और वितरित-अवितरित डाक का हिसाब-किताब देता। तब तक वह कच्चा रंग बहुत कुछ उतर चुका होता और वह फिर मिंडईलाल पोस्टमैन बन जाता, जिसके अन्दर की दीवार पर वही मनहूस व घिनौने निशान-धब्बे होते।

शुरुआत उस दिन भी यों ही हुई थी। मिंडईलाल पोस्टमैन को मेसर्स भारत इंजीनियरिंग फर्म पर पार्सल देते हुए एक रुपया मिल गया था, एक रुपया मदनलाल से मिल गया था, जिसके नाम कोई रजिस्टर्ड नोटिस था और जिसने 'बाहर गए हुए हैं, वापसी का ठीक नहीं' की रिपोर्ट के साथ उसे लौटा देने के लिए कहा था और पचास पैसे मुसम्मात चमेली से मिल गए थे, जिसके लड़के ने अपनी पहली तनख्वाह में से पचास रुपये का मनीऑर्डर भेजा था। एक स्कूल मास्टर के नाम सात रुपये सत्तर पैसे की वी.पी.पी. थी और आठ रुपये दिये जाने से तीस पैसे वहाँ बच गए थे। यों उसके पास इतनी रकम आ गई थी कि मन का तुरंग चंचल हो सकता था। चंचल हो उठने पर तुरंग जिस ओर भागता था, इस बार भी उसी ओर भागा।

वह पूरे हलके में घूमकर डाक का काम निपटा चुका था और अब वापसी की यात्रा थी। वापसी की यात्रा में ही वह भट्ठी में घुसता था। एक तो तब निश्चिन्तता का अपना उद्दीपन होता था जिसमें मन एकाग्रता से अपने प्रिय के साथ रमण कर सकता है। दूसरे, तब वह उस अपराध-बोध से भी मुक्त हो चुकता था कि काम बकाया रहने से अभी वह सरकारी आदमी है, जिसके लिए आचरण सम्बन्धी कुछ नियमों का पालन आवश्यक है। उस दिन भी वह भट्ठी में तभी गया था।

जैसा कि वह करता था, उसने गिलास में एक बँधी हुई मिकदार में शराब डलवा ली थी, दोने में मतलब लायक नमकीन ले ली थीं और स्वाद लेता हुआ देर तक उनका सेवन करता रहा था।

जब वह बाहर निकला, नशा उसे रँग चुका था। उसने साइकिल उठा ली और झूमता हुआ चलाने लगा।

वह एक फर्लांग ही गया होगा कि उसे अपने पेड़ू पर दबाव महसूस हुआ और वह साइकिल से उतर पड़ा। साइकिल उसने सहारे से टिका दी और एक दीवार से सटकर खड़ा-खड़ा पेशाब करने लगा। नशे के बाद यों रास्ते में पेशाब करना भी उस दिन कोई नया नहीं था।

उसे फिर सिगरेट पीने की तलब उठ आई। सिगरेट उसकी जेब में पड़ी थी। वे मार्च के दिन थे और धूप में तीखापन आ चुका था। अभी ढाई-तीन का वक्त हुआ था और उसे वापस पहुँचने की हड़बड़ी नहीं थी। बल्कि जिस रँगी हुई मनःस्थिति में वह था, उसमें सिगरेट भी सुकून से पीना चाहता था। पास

ही उसे एक मकान की सायेदार सफील दिख गई। उसने साइकिल वहाँ टिका दी, सफील पर दीवार से धोक लगाकर बैठ गया और धुएँ के छल्ले बनाता हुआ सिगरेट के कश का स्वाद लेने लगा।

इसमें भी कुछ खास नया नहीं था। दस-पाँच बार वह ऐसा कर चुका था।

या तो यह गर्म होते हुए मौसम में मिली ठंडी छाँह का असर था, या फिर थकान की उतरती टूटन का, या फिर नशे की रंगीनी के ताजे गीलेपन का, कि धुएँ के छल्ले बनाते-बनाते फिर उसकी पलकें झुकने लगीं और पाँच मिनट के अन्दर ही गिरी पलकों के पीठे पर नींद आकर बैठ गई।

यह जरूर एक नई बात थी। इससे पहले कभी ऐसा नहीं हुआ था। लेकिन यह नई बात भी स्थिति में कोई खास अन्तर न लाती अगर बाद की घटनाएँ उसका फायदा उठाते हुए तेजी से न घटतीं।

हुआ फिर यह कि पन्द्रह-सोलह साल का एक लड़का पास की गली से निकलकर उधर आया। उसे कोई खास काम था नहीं और महज वह अपने दोस्त की दूकान पर जाने के लिए ही घर से निकला था। हलके का डाकिया अपने ठस दिमाग व जोकरनुमा हुलिया के कारण वैसे ही उसके आकर्षण का केन्द्र था और इस सोई हुई स्थिति में वह और भी बन गया। उसकी तेलचिट्टी खाकी टोपी सिर के आगे से खिसककर नाक तक आ गई थी, नीचे की ओर लौटी पतली-लम्बी मूँछ की एक नोक उसके पान से लाल खुले हुए ओंठ के अन्दर चली गई थी जहाँ से लार टपक-टपककर सीने पर उगे बालों को लथेड़ रही थी, गन्दी खाकी बुशशर्ट का ऊपरवाला बटन टूटा हुआ था और जबकि दाहिने हाथ की आस्तीन बाजू तक लौटी थी, बाएँ हाथ की पूरी खुली हुई थी, खाकी पतलून ढीली-ढाली व सिलवटों भरी थी जिसे रोकने के लिए कमर पर पेटी की जगह धोती का बटा हुआ किनारा बाँधा गया था, जो बुशशर्ट एक ओर खिंच जाने से चमक रहा था, और पैरों में जो किरमिच के जूते पड़े थे, उनमें से एक में तसमा था ही नहीं और दूसरे में जो था वह लाल-पीले बटे हुए सरकारी डोरे का। लड़का एक मिनट तक खड़ा-खड़ा उसे ताकता रहा। उसके अपने अन्दर गुदगुदी की चिकनी लहरियाँ उठने लगी थीं। इन चिकनी लहरियों को फिर तेज करने के लिए उसने चाहा कि वह डाकिये के खुले मुँह में चुटकी-भर धूल छोड़ दे और वैसा कर झट सफील के नीचे बैठ जाए। जब तक डाकिया हड़बड़ाकर सम्हले-सम्हले वह नीचे से एक तेज

कूक मारकर उसे दुबारा हड़बड़ा दे और तालियाँ पीटता हुआ निकल भागे। डाकिया ज्यादा-से-ज्यादा अपनी किंकियाती आवाज में उसकी ओर दो-एक गालियाँ उछालेगा। अपने इस विचार से ललचाकर उसने चुटकी में धूल भर भी ली थी, लेकिन तभी उसकी निगाह साइकिल से लटके चमड़े के थैले पर चली गई, जिसको देखते ही उसके मस्तिष्क में एक दूसरा विचार कौंध गया। इस थैले को लेकर वह चम्पत हो जाए तो? जागने पर थैला न पाकर डाकिया इधर-उधर तलाशेगा और कोई सुराग न मिलने पर उसकी बौखलाहट फिर देखने लायक होगी।

वह इलाका सुनसान किस्म का था। खेत और मैदानों के बाद मकान बसे हुए थे और उसके बाद वही खेत व मैदान फिर। दरअसल, वह एक अविकसित क्षेत्र था जो कुछ-कुछ जूता न पहननेवाले बिवाई से फटे पैर जैसा दीखता था। दिन के उस वक्त वहाँ आसपास कोई आदमी नजर नहीं आ रहा था। लड़के को अपने विचार में इससे और भी बल मिला और उसने दुबकते हुए साइकिल के पास जाकर थैला उतार लिया। कुछ कदम तो वह दबे-दबे गया, फिर आड़ मिलते ही भागा और यह गया वह गया।

इसके बाद जो कुछ होना चाहिए था, वही हुआ। पन्द्रह-बीस मिनट गुजर जाने पर डाकिये की नींद टूट गई। दो-एक मिनट तक वह अँगड़ाई भरता, आँख मलता और सीने से लथड़ी लार पोंछता हुआ अपनी अस्तव्यस्तता को किसी कदर ठीक करता रहा। इसके बाद जब उसकी आँख पूरी तरह खुलते-खुलते साइकिल पर गई और हैंडिल बिलकुल छूँछा नजर आया तो उसके दिल में एकदम से हौला उठा—थैला क्या हुआ? ठंडे पानी के छींटों से भड़भड़ाए किसी कुत्ते जैसा वह एकदम हड़बड़ाकर उठ खड़ा हुआ और अपनी बेचैन निगाह यहाँ-वहाँ दौड़ाने लगा—सफील के नीचे, दीवार के उस पार, अगल-बगल झुरमुटों में। फिर रोनी सूरत व फूले हुए हाथ-पैरों के साथ उसने सफील वाले मकान की साँकल खटखटाई, थैला वहाँ तो किसी आदमी ने उठाकर नहीं रख लिया? वहाँ से न का उत्तर मिलने पर उसने फिर छटपटाते हुए सम्भावना-असम्भावना वाले दूसरे ठिकानों पर पूछा। तलाशा—हाथी खो जाने पर डिबिया में भी खोजा जाता है—इस उक्ति का सहारा लेते हुए। लेकिन थैला वहाँ था नहीं, न तत्सम्बन्धी कोई जानकारी ही। ज्यों-ज्यों कोशिशें असफल हो रही थीं, त्यों-त्यों डाकिये मिंडईलाल की सिट्टी-पिट्टी गुम होती जा रही

थी। नशे की रंगीनी और हर चीज को सुन्दरता देनेवाली उसकी झिलमिलाहट यों अभी वहाँ होनी चाहिए थी, लेकिन उस पर किसी ने बेरहमी से पोंछा लगा दिया था। शराब नहीं, कुछ पहले जैसे उसने पानी पिया था, जिसके गीलेपन का एहसास भी तड़क चुका था। वह डकरा रहे उस जानवर सरीखा दीख रहा था, बाढ़ के पानी का बहाव जिसके गिर्द एकाएक तेज हो गया हो। थैले में वे रजिस्ट्रियाँ थीं, जिनके पानेवाले मिले न थे या जिन्होंने लेने से इनकार कर दिया था, और मनीऑर्डर के कूपन व दूसरा सरकारी हिसाब-किताब था। यों उसमें रुपये-पैसे न थे, सावधानी के नाते जिनको वह हमेशा अपनी जेब में रखता था। लेकिन जो था उसका खो जाना भी उसके लिए गहरे खड्ड की ओर एकाएक मुड़ गई साइकिल जैसा भयावह था। रजिस्ट्रियों में कुछ भी कीमती और महत्त्वपूर्ण हो सकता है, जिसकी सारी जिम्मेदारी उस पर होगी। मनीऑर्डर के कूपन न होने से यह कैसे यकीन किया जाएगा कि उसने उनकी रकम सही पतों पर पहुँचा दी और बदनीयती से खुद नहीं हड़प गया। उसके पास थैला खो जाने का अब अपनी गफलत व गैर-जिम्मेदारी के सिवाय दूसरा कोई जवाब हो ही नहीं सकता। उसे लगा, उसकी नौकरी की नाव गहरे भँवर में पड़कर तेज चक्कर खा रही है। इसके और आगे का इतना डरावना था कि वह सब न सोचने के लिए उसने अपना सिर दोनों हाथों से कसकर दबा लिया।

हताश होकर वह डाकखाने की ओर भागा। शायद वहाँ पोस्टमास्टर साब, या कोई बाबू, या फिर हलके से लौटा कोई अपना ही साथी, इस भँवर को काटने की कोई जुगत बता दे। उसके अपने दिमाग की हरकत ठप हो चुकी थी।

"यह तो बहुत बुरा हुआ।" डाकखाने में हर किसी की ऐसी प्रतिक्रिया थी। "थैला अगर नहीं मिलता है तो तुम्हारे खिलाफ चार्जशीट लगेगी और तुम फौरन मुअत्तल कर दिये जाओगे।"

फिर यह तय पाया गया कि पुलिस में रिपोर्ट दर्ज करा दी जाए। थैला अगर पुलिस की मदद से भी मिल जाता है तो अपराध की गम्भीरता कम हो सकती है।

वह तब अपने एक हमदर्द साथी को लेकर थाने आया। वहाँ चार-पाँच सवालों में ही कलई खुल गई कि वह नशा किये हुए था। उसने फिर कुछ नहीं छिपाया और एक बच्चे की तरह बिफरकर रोने लगा कि उसकी नौकरी जाने से बचा ली जाए।

"नौकरी ही नहीं जाएगी, सरकारी कागजों का गोल-माल करने के लिए तुम खुद जेल भी जाओगे।" एक सिपाही द्वारा डरा दिये जाने से वह और भी ज्यादा फूट-फूटकर रोने लगा।

छोटे दरोगा को तभी याद आ गया कि यह वही हलका है जहाँ नरोत्तम पंडित का लड़का ब्रजमोहन रहता है। ब्रजमोहन बी. ए. में पढ़ता था और अभी से उसे नेतागिरी का चस्का लग गया था। एक रिक्शेवाले की पुलिस ने उसकी बदतमीजी के लिए ठुकाई की थी तो इसने एक छोटा-मोटा आन्दोलन खड़ा कर दिया था। एक हेडमुंशी उधर एक औरत के पास जाता था तो इसने उसके आदमी से उस मुंशी के खिलाफ उच्च अधिकारियों को दरखास्तें भिजवा दी थीं। इसने यह नहीं सोचा कि जब औरत खराब है तो कोई-न-कोई उसकी खुजली मिटाने जाएगा ही। कुछ पहले आजादी की सालगिरह वाले जलसे में इसने जो कविता-पाठ किया था, उसमें हुक्कामों और पुलिस के मुलाजमीनों को गुंडे, बटाईमार, रिश्वतखोर, बवासीर के मस्से वगैरह-वगैरह कहकर बदबूदार गालियाँ दी थीं। दरअसल, यह अपनी हेकड़ी और दबंगपन को फुला-फुलाकर बददिमाग होता जा रहा था। छोटे दरोगा को लगा कि इस हरामी लौंडे को मचियाने के लिए यह मौका अच्छा है। उसने बड़े दरोगा से सलाह ली और उसने जैसे उसमें सीमेंट भर दिया—"रखो, जरूर रखो-मादर...द को इस केस में।"

डाकिया अब भी सिसक रहा था और छोटे दरोगा ने उसे नरमी से झिड़का, "ओ बे, क्यों औरतों जैसा टिसुआ बहा रहा है। मर्द की तरह पेश आ।" फिर कहा कि अगर वह उसके कहने के मुताबिक चले तो वह उसे बचा सकता है।

"हुजूर, आप जो हुक्म देंगे, मैं वही करूँगा। बस, इस बार आप बचा लें।"

"देख, मेरी समझ में उधर रहनेवाला नरोत्तम पंडित का लड़का ब्रजमोहन तेरा थैला उठा ले गया है। वह कुछ इसी किस्म का शोहदा है। तू उसके खिलाफ चोरी की रपट दर्ज करा दे। रपट में यह तहरीर करा कि तू साइकिल टिकाकर आड़ में पेशाब करने चला गया था, जब लौटकर आया तो तुझे एक लड़का थैला लिये भागता दिखाई दिया, तूने शोर किया तो गवाह आ गए, पर लड़का पकड़ाई में नहीं आया और तूने व गवाहान ने लड़के को भागते हुए पहचान लिया कि वह ब्रजमोहन था।"

"हुजूर, ठीक है। मेरी यह रपट लिख ली जाए।"

दरोगा ने मुंशी से वैसी रपट लिखने को कहा।

"थैला छीनने की बात क्यों न लिखी जाए। जुर्म तब डकैती का बन जाता है।" मुंशी ने सुझाव रखा।

"तब मुलजिम की ओर से यह कहने की गुंजाइश रहेगी कि मुद्दई डाकिये ने सरकारी रुपया मारने की खातिर यह झूठी कहानी गढ़ी है। वाकयात यों रखना चाहिए कि वे बनावटी न दीखें बल्कि लगे, असलियत को बिना तोड़े-मरोड़े हूबहू वैसा पेश किया गया है। थैले में रुपये रहने की बात भी लिखना जरूरी नहीं है।" दरोगा स्वयं एक विधि स्नातक था और उम्र में पका न होते हुए भी महकमे के आँवे में अच्छी तरह पका हुआ था। संवेदना, सहानुभूति आदि मानवीय गुणों को जलाकर राख कर देनेवाली महकमे की वह आँच अब उसे अच्छी तरह रास आने लगी थी।

चोरी की वैसी ही रपट तहरीर कर ली गई।

जिस लड़के ने थैला लिया था, वह रमजान अली का बेटा उसमान अली था। वह चुलबुली तबीयत का एक साफ दिल लड़का था। उसने जो कुछ किया था, विशुद्ध मजाक के भाव से। उसका इरादा डाकिये को खिजा और उसकी दुर्गति बनाकर घंटा-आध घंटा बाद थैला वापस कर देने का था। लेकिन जैसे ही वह थैला लेकर घर में घुसा, उसके तुरन्त बाद उसका बाप आ पहुँचा और बड़बड़ाते हुए बताने लगा कि कोई शख्स पोस्टमैन का थैला उतार ले गया है, कि जिसने यह किया है उसके लिए इसका नतीजा बहुत बुरा होगा, कि सरकारी मामला है और पुलिस पकड़ने पर सीधे उसे जेल भेज देगी। बाप जल्लाद किस्म का था और लड़का उससे बहुत डरता था। उसकी वे बातें सुनकर वह और भी डर गया। उसने अपनी उस कारगुजारी पर उस ढंग से सोचा नहीं था। शाम को अँधेरा झुकने पर उसने चुपचाप थैला ले जाकर पास के कुएँ में गिरा दिया।

पुलिस ने ब्रजमोहन को गिरफ्तार कर लिया था। उसने उसके पास से चमड़े के एक-दूसरे थैले की बरामदगी करा दी थी। उसने कुछ जले कागज भी यह साबित करने के लिए दिखा दिये थे कि जुर्म को छिपाने की नीयत से मुलजिम ने चिट्ठियाँ वगैरह में आग लगा दी थी।

आज इसी मुकदमे का फैसला मजिस्ट्रेट सदर के न्यायालय में होनेवाला था। मिंडईलाल डाकिये ने रपट के ब्योरों का पिष्टपेषण करते हुए गवाही दी थी।

छोटे दरोगा ने उसके दिमाग में यह बात अच्छी तरह धँसा दी थी कि अभियुक्त के दोषी सिद्ध हो जाने पर ही उसे अपनी गफलत से इतने बड़े हो गए हंगामे की जिम्मेदारी से निजात मिल सकती है, नहीं तो सब कुछ भुगतना उसी को पड़ेगा। इसलिए उसने अन्दर से उठनेवाली हिचकिचाहट का गला घोंटकर अपने बयान में सारे झूठों को सच बता दिया था। दरोगा ने मामले को मजबूती देने के लिए दो अन्य लोगों के भी बयान चश्मदीद गवाहों के रूप में करा दिये थे।

सदर न्यायालय का मजिस्ट्रेट निरंजनकिशोर रस्तोगी था। वह एक उस किस्म का अधिकारी था जिसकी निगाह हरदम तरक्की पर होती है और जो हँसता भी है तो इस बात को ध्यान में रखकर कि इससे उसे तरक्की मिलने में सुविधा रहेगी या वह उसके खिलाफ बैठेगी। वह इस नौकरी में आने से पहले दो बार भारतीय प्रशासनिक सेवा की परीक्षा में बैठ चुका था, जिसमें वह असफल रहा। किन्तु उस असफलता के मूल में कहीं उसकी अपनी अयोग्यता थी या किसी प्रकार की अन्य अक्षमता, ऐसा वह नहीं मानता था। उसके अपने विचार से वह कारण उन दिनों चल रहा उसके प्रेम का चक्कर था, जिसने उसे उस परीक्षा को अपेक्षित गम्भीरता से लेने नहीं दिया था। दरअसल, तब वह गम्भीर सिर्फ आशा नाम की लड़की के प्रति था, जिसे बाद में वह पत्नी के रूप में पा भी गया था। इस पाने को उस समय उसने एक महती उपलब्धि माना था और आई.ए.एस. के पद को न पाना कुछ खास गँवा देना जैसा नहीं। पर अब वह ठीक इसका उलटा मानता था। उस प्रेमाचार को नादानी और नासमझी में हो गई महज एक बेवकूफी की संज्ञा देता था। पत्नी एक व्यापारी की लड़की है, इसने उसके मलाल को और भी गहरा कर दिया था। किसी राजनीतिज्ञ या प्रभावशाली उच्च अधिकारी की अगर वह कुछ सगी होती और उसे नौकरी में तेजी से आगे ले जाने में सहायक बनती तो पहले हो गई उस बेवकूफी की कचोट को वह तरक्की के इस मलहम से कम कर सकता था।

खैर, जो होना था सो हो चुका। अब वह स्वयं जितने सम्भव प्रयास कर सकता था, करता था। सामान्य स्थानों से भी आदमी विशिष्ट ऊँचाई वाली जगहों पर पहुँच जाता है यदि उसे छलाँग लगाने के लिए जब-तब अवसर मिलते रहें। लेकिन अवसर मिलने के लिए आवश्यक होता है कि आदमी अवसर दे सकनेवाले की नजर में छलाँग लगा सकने की अपनी उपयुक्तता और क्षमता बराबर सिद्ध करता रहे।

मजिस्ट्रेट निरंजनकिशोर रस्तोगी ने इसलिए यह नियम-सा बना रखा था कि रविवार या किसी अन्य अकार्य दिवस पर वह बारी-बारी से मिजाजपुर्सी के लिए अपने निकटतम उच्चाधिकारी अतिरिक्त जिला मजिस्ट्रेट (न्याय) और स्थानीय प्रशासनिक उच्चाधिकारी जिला एवं सत्र न्यायाधीश के बँगले जाए। ये दोनों ही अफसर उसके कार्य का मुआइना करते रहते थे और उसकी दक्षता तथा आचरण के सम्बन्ध में उच्च न्यायालय को रिपोर्ट भेजते थे। इन बड़े अफसरों की स्वभावगत पसन्दगी, नापसन्दगी पर वह बारीकी से नजर रखता था और तदनुसार अपने को पेश करता था। उनकी ऐसी जरूरतों को भी, जिनको किसी दूसरे पर प्रकट करने में उनको संकोच होता, वह पूरा करता रहता था। मसलन, किसी को लखनऊ, कानपुर जैसे दूर के स्थान जाना होता था तो वह फ्री लिफ्ट की व्यवस्था करवा देता था, या उनके पढ़नेवाले बच्चों को परीक्षक प्रथम श्रेणीवाले ही अंक परीक्षाओं में दें, इस बात का ध्यान रखता था।

इस मजिस्ट्रेट ने इस जिले में तबादला होकर आते ही पता लगाया था कि यहाँ कोई वकील विधानसभा या लोकसभा का सदस्य तो नहीं है। वैसा किसी के न होने पर उसे आघात पहुँचा था और लगा कि यहाँ के वकील पिछड़े हुए हैं। उनमें से कोई अगर होता तो वह उसके पैमाने पर खरा उतरकर यह साबित करने की कोशिश करता कि वह छलाँग लगाने के लिए सर्वथा उपयुक्त और सक्षम है।

खैर, जैसा कि वह तैनाती वाले हर जिले में करता था, यहाँ भी उसने पत्रकारों से अपना सम्पर्क स्थापित कर लिया था। दूर-दराज बैठे हुए खास लोगों की भी नजर उस पर रहे, इसके लिए वह अपने निर्णयों को समाचार-पत्रों में प्रकाशित होने के लिए भिजवाता रहता था। इन निर्णयों को वह अपनी ओर से कुछ ऐसी रंगत दे देता था कि महत्त्वपूर्ण न होते हुए भी वे महत्त्वपूर्ण दीखने लगते थे।

डाकियेवाले इस मुकदमे में उसने शुरू से ही यह तय कर लिया था कि इसे वह सजायाब करेगा। ऐसा करने के दो कारण थे—एक तो यह कि सरकार के प्रति उसकी प्रतिबद्धता सिद्ध हो जाती थी और दूसरा यह कि सजा का निर्णय ही इस मामले में चर्चा का विषय बन जानेवाले किस्म का लिखा जा सकता था। ऐसा करने के लिए उसने गवाहों से अपनी ओर से सवाल किये थे और उनकी शहादत में मतलब लायक सामग्री ले आया था। यों डाकिये के अलावा

जो दो गवाह गुजरे उनके बारे में यह साबित हो गया कि वे पुलिस के पिट्ठू हैं और इससे पूर्व भी चार-पाँच मामलों में सबूत की ओर से बयान दे चुके हैं। फिर वैसे भी घटना-स्थल के आसपास न रहने के कारण उनकी उपस्थिति उस समय केवल संयोगवश ही थी। इन आधारों पर सामान्यत: उनकी गवाही अस्वीकृत योग्य होनी चाहिए थी; लेकिन चूँकि उसे मुकदमे में सजा करनी थी, इसलिए उसने उनके साक्ष्य को विश्वसनीय मानने के लिए यह तर्क लिया कि सजग और जिम्मेदार नागरिक सही बात को कहना अपना कर्तव्य समझते हैं और उनकी बार-बार अदालत में आने के पीछे सिर्फ यही धारणा होती है। दूसरी प्रतिकूल स्थिति के लिए तर्क यह था कि घटना चूँकि रास्ते के निकट हुई इसलिए दूर के स्थानों के रहनेवाले राहगीर भी उसके चक्षुदर्शी बन सकते थे।

अपने निर्णय को चर्चित और महत्त्वपूर्ण बनाने के लिए उसने लिखा—इस मामले को महज चोरी का कहकर उसे सामान्य श्रेणी में नहीं रखा जा सकता। अभियुक्त क्रुद्ध पीढ़ी का एक असन्तुष्ट विद्यार्थी है और उसका अपना एक विशिष्ट राजनीतिक दृष्टिकोण है। डाकिया मिंडईलाल को उसने राज्य के रूप में लिया था और डाक के थैले का अपहरण उसका एक प्रतीकात्मक कृत्य था। ऐसा लगता है कि इस घटना के माध्यम से उसने राज्य के विरुद्ध विद्रोह की भावना को भड़काना चाहा। देश का विद्यार्थी और युवा-वर्ग इधर दिनानुदिन उच्छृंखल, अनुशासनहीन और हिंस्र होता जा रहा है, जो एक चिन्तनीय स्थिति है। इस सन्दर्भ में पूरी घटना को देखने से अभियुक्त ब्रजमोहन का अपराध अति गम्भीर हो जाता है और सुकोमल वय आदि के आधार पर वह किसी भी प्रकार की सहानुभूति पाने का हकदार नहीं है। इस मामले में उसे दो वर्ष कठोर कारावास की सजा दी ही जानी चाहिए।

मजिस्ट्रेट निरंजनकिशोर रस्तोगी ने निर्णय की एक अतिरिक्त प्रति प्रेस के लिए तैयार करवा ली और हुक्म सुनाने के बाद उसे संवाददाता को तुरन्त भेज दिया। निर्णय काफी अच्छा लिख गया था और वह बेहद सन्तुष्ट था।

वकील परमात्मा नारायण वकालतखाने में उस समय एक कहानी सुना रहे थे—किसी राज्य में एक पेशेवर चोर था। एक अँधेरी रात में चोरी करने के इरादे से वह एक वणिक के यहाँ घुसा। वणिक के घर की बाहरी दीवार में

एक खिड़की लगी थी और चोर वहाँ से अन्दर कूद पड़ा। संयोग से आँगन में उसी दिन एक गड्ढा खोदा गया था और चोर अनजाने में गड्ढे में जाकर गिर पड़ा, जिससे उसके दाहिने पैर की हड्डी टूट गई। जागने पर वणिक ने पाया कि चोर गड्ढे में पड़ा कराह रहा है। ईश्वर की ओर से चोर को भरपूर दंड मिल ही चुका था, इसलिए वणिक ने उसे गड्ढे से निकालकर छोड़ दिया। किन्तु चोर दूसरे दिन राजा के दरबार में फरियाद लेकर पहुँचा, "हे महाराज, चोरी करना मेरा धर्म है। वणिक अपने आँगन में अगर गड्ढा न खुदवाता तो मेरी टाँग न टूटती। महाराज, मैं अब अपने पेशे के लिए बेकार हो गया हूँ। इसका न्याय होना चाहिए।" राजा ने न्याय करने के विचार से वणिक को अपने सैनिकों द्वारा पकड़ बुलवाया। वणिक ने स्थिति समझकर कहा कि गलती उसकी नहीं, मजदूर की है, जिसने इतना गहरा गड्ढा खोद डाला। राजा ने तब मजदूर को पकड़ बुलवाया। मजदूर भी चालाक था। उसने कहा, "हे महाराज, कुसूर मेरा नहीं, लुहार का है जिसने फावड़े में इतनी तेज धार रख दी कि मिट्टी ज्यादा कट गई।" तब वह लुहार पकड़ लाया गया। लुहार गूँगा था और सफाई में कुछ बोल नहीं सकता था। राजा ने लुहार को दोषी ठहराते हुए न्याय की खातिर उसका भी एक पैर कटवा दिया।

इससे कुछ पहले परमात्मा नारायण ने इसी तरह की एक और कहानी सुनाई थी। काफी पढ़ते रहने के कारण परमात्मा नारायण को पचासों कहानियाँ याद थीं और कभी-कभी वह दिन में कई कहानियाँ सुना डालते थे।

दो-चार साथी वकील कहानी को सुनकर हँसने लगे, लेकिन दो-चार ने यह भी माना था कि परमात्मा नारायण की कहानियाँ बच्चों के मतलब की होती हैं।

7

अहाते के अन्दर की होटलनुमा दूकान पर ठेकेदार का काले और भारी जिस्मवाला नौकर लड़का मुर्गे काटकर अब उनके पंख नोच रहा था।

अदालतों के आगे बिखरी भीड़ और दबे-मसले, सकपकाए-आतंकित या ठस-सपाट चेहरों से यह पता लगाना मुश्किल होता है कि उनके मुकदमों में क्या हो रहा है या वे किस दौर में हैं। कोई-कोई चेहरा कचहरी के अहाते में घुसते ही खौफ से भीगे कागज जैसा हो जाता है, जबकि पेशेवर चेहरा धातु के पत्तर जैसा कड़ा व अछूता ही रहता है। इसलिए बिना जानकारी के फैसले के बारे में भी सामान्यतः पता लग नहीं पाता है। हुक्म हो जाने के बाद ही जय-जयकार के नारों और ईश्वर के प्रति अर्पित धन्यवाद की आवाजों या सहमी हुई चीख-पुकारों और भीगे आर्तनादों से पता लगता है कि कोई मुकदमा छूटा या फँसा है। लेकिन कभी-कभी बिना किसी सूचना या जानकारी के ही कचहरी की दुनिया से जुड़ा व्यक्ति यह जान लेता है कि आज किसी मुकदमे में फैसला सुनाया जानेवाला है। वजह यह होती है कि मुलजिम के करीबी रिश्तेदार, दोस्त-अहबाब व आस-पड़ोसी उस दिन या तो दिलचस्पी के नाते या हमदर्दी से खिंचे हुए, या महज फर्ज़ अदायगी के लिए ही, दो-दो, चार-चार कर उसके गिर्द जमा होने लगते हैं और अच्छा-खासा मजमा जुड़ जाता है। सुनवाई की तारीखें क्योंकि किस्तों में चलती हैं और वे रबड़ के तार की तरह लम्बी, खूब लम्बी खिंचती रहती हैं, इसलिए ये लोग उस दौरान तो आ नहीं पाते हैं, और अगर आते भी हैं तो बिना कोई स्पष्ट पहचान दिये हुए, सिर्फ दो-चार की संख्या में ही। फैसले की तारीख कानूनी कार्यवाही के अन्तिम

चरण के साथ-साथ व्यक्ति-विशेष के लिए परिणाम से जुड़ा एक नाजुक बिन्दु भी होता है, इसलिए उस दिन उनका आना मायने रखनेवाला होता है—अपनी और दूसरे की, यानी सबकी नजर में!

अतिरिक्त जिला मजिस्ट्रेट (न्याय) की अदालत के सामने भी आज एक ऐसा मजमा था और साफ पता चलता था कि इस तारीख में वहाँ उस मजमे के जुड़ने का कारण बने व्यक्ति के मुकदमे का फैसला है। बाहर कंकड़ के रास्तेनुमा हिस्से में बीस-पच्चीस लोगों की एक अलग इकाई थी। उनमें ज्यादातर लोग तड़क-भड़कवाले कपड़े पहने हुए थे और देह से भी चिकने-चुपड़े थे। कई के हाथों में घड़ियाँ बँधी थीं और अँगुलियों में कीमती अँगूठियाँ चमक रही थीं। उनके ओंठ पान से सुर्ख थे जिनकी सुर्खी को वे बराबर गाढ़ा कर रहे थे, या फिर वहाँ सिगरेट के धुएँ के नीले वर्क लपेट रहे थे। इस मुकदमे के अभियुक्त का पिता काफी सम्पन्न व्यक्ति था और उसके करीबी लोग भी पैसेवाले ही थे।

घटना के वाकयात यों थे—साहू बसन्तामल के लड़के जयकिशन की वह शाम भी खाली थी। उसे कोई काम करने को होता नहीं था, क्योंकि कारोबार देखने के लिए नौकरों-चाकरों का एक हुजूम था और उनकी निगरानी करने के लिए परिश्रमी और सब दृष्टियों से सक्षम पिता। चाहने पर भी जब वह कोई पक्का कार्यक्रम बना न सका, तो उसने कुछ ही दिन पहले आई हुई नई कार गैराज से निकाल ली और सड़क पर ले आया। पहले तो वह कार को भरे-पूरे बाजार में चलाता रहा, फिर व्यस्त रास्तों पर, और फिर उसे बस्ती के बाहर ले आया और एक-दूसरे शहर की ओर जानेवाली सड़क पर दौड़ाने लगा। गर्मी के दिन थे और हवा शाम के घिरते सायों से ठंडी होती जा रही थी। तेज स्पीड के साथ वह और भी ठंडी हो रही थी और चेहरे व गर्दन को नरम फुहार जैसी छू-छूकर पूरे जिस्म को उन्मादित करती जा रही थी। उसने गाड़ी की रफ्तार और तेज कर ली, फिर और तेज। कुछ पहले शाम काटने का कोई कार्यक्रम नहीं था और अब वह जैसे दूसरे शहर पहुँचने, वहाँ एक जाने हुए रेस्टोरेंट में मिल्क कॉफी पीने और फिर वापस लौटने का बन गया था और यह सब उसे दो-ढाई घंटे के अन्दर कर लेना था।

दूसरा नगर साठ किलोमीटर दूर था।

काफी आगे सड़क पर मरम्मत का काम चल रहा था। दस मजदूरों की एक टोली कोलतार डालकर रोड़ी बिछा रही थी। इसमें जग्गू भी था। वह बीस

साल का पके हुए गन्ने के रंग का एक कड़ियल जवान था, जिसके पोर-पोर में रस और ताजगी भरी हुई थी। वह साथियों से ठिठोली करता हुआ, उनको हँसाता रहता था। शहर में काम कर चुकने के कारण वह वहाँ के बाबुओं व लालाओं की आदतों, उनकी खसलत और बोलियों की नकल बखूबी उतार लेता था और अपनी ठिठोलियों को इन नकलों के सहारे ही ज्यादातर खड़ी करता था। जैसे, वह पहले तो पालथी मारकर बैठ जाएगा, फिर धीरे-धीरे अपनी जाँघों तक कपड़ा चढ़ा लेगा और फिर एक चूतड़ उठाकर गन्दी हवा निकालने की भंगिमा साध लेगा। लो, लाला की नकल हो गई।—वह अपनी नाक को आँक-छीं, आँक-छीं करता हुआ कपड़े से साफ करेगा, फिर उस कपड़े को तह कर किसी कीमती चीज जैसा जेब में रख लेगा, फिर कमर पर हाथ रखकर पैर फैलाता हुआ खड़ा हो जाएगा और कहेगा, "माई डीअर।" लो, यह बाबू की नकल हो गई। जब वह ठिठोली नहीं करता था तो अलाप भरने लगता था। उसका स्वर मीठा व तरल था और हवा में मौसम की बानगी जैसा घुल-बसकर दूर-दूर तक फैल जाता था। वह स्वर फिर काम करते हुए अपने साथियों के मन की अँगुलियाँ पकड़कर उनको गीत की भाव-भूमि पर ले जाने लगता था—

मोरे अँगनवा चन्दन केर गछिया,
ताहि चढ़ कुररए काग रे,
सोनै चोंच मढ़ाय देव कागा,
जओ पिया आउत आज रे...

कुछ पहले कोलतार के ड्रम को आग पर गर्म करते हुए जग्गू ने यह गीत पूरी तन्मयता से गाया था। इसी गीत के बोल सुनकर मजदूरों की टोली गहरी खामोशी में डूब गई थी और ऐसा नहीं लगता था कि घंटा-आधा घंटा पूर्व वे हँस रहे थे। उनमें से बहुतों को अपने घर की याद आ गई थी और लगा था, वहाँ उनकी जवान औरतें देहरी पर खड़ी-खड़ी उनकी आतुर प्रतीक्षा कर रही हैं। वे चौदह-पन्द्रह दिन बाद ही बारी-बारी से घर जा पाते थे, सो भी एक-दो दिन रहकर काम पर फिर लौट आते थे। गीत के बोल से उन्हें लगा था, बिछोह की अवधि काफी लम्बी हो गई है और उसके लम्बी होने का एहसास उन्हें अभी-अभी ही हुआ है, आतिशी शीशे के गर्म स्पर्श जैसा। गीत गाकर

खुद जग्गू के साथ भी कुछ ऐसा ही घटा था। उसकी पहली पत्नी हैजे में गुजर गई थी और दो साल पूर्व ही उसका दूसरा विवाह हुआ था। यह दूसरी पत्नी मांसल बदन की एक मिठबोली अल्हड़ लड़की थी जो किसी बात पर जल्द रोने लगती थी और जल्द ही खिलखिलाने। उसकी आँखें बेहद काली थीं, दाँत बेहद सफेद और ओंठ बेहद रस-चिकने। उसकी कनपटियों के रोयें धूप के स्पर्श से सुनहरे हो जाते थे। वह उसे कंजूस के धन की तरह चाहने लगा था। पिछले साल वह एक गुलगोथने लड़के की माँ बनकर उसके लिए और भी प्रिय हो गई थी—धन अब ब्याज भी देने लगा था। गाँव में उसके पास सिर्फ एक बीघा खेती थी, जिससे गुजारा हो नहीं पाता था। मजबूरी ही उसे गाँव से बाहर यहाँ-वहाँ भटकाती थी।

"गोरी पेटवा की आग कारन जात हूँ परदेसवा।" उसे एक और गीत याद आ गया था। पर उसने गाया नहीं। मन और भी भीगकर भारी हो जाएगा और काम गलत सलत होगा। मन को हलका करने के लिए उसने बीड़ी सुलगा ली थी और फिर गर्म कोलतार टोंटी लगी बालटी में लेकर ब्रुश से साफ हो गए टुकड़े पर गिराने लगा था।

साहू बसन्तामल के लड़के जयकिशन ने तेज भागती कार को सड़क की पटरी पर चल रहे एक ग्रामीण बुड्ढे की बगल से सटाकर निकाला। बूढ़ा ग्रामीण भय से हड़बड़ाकर जो एक ओर उछला तो उसके सिर की गठरी दूर जा गिरी और हाथ में थमी दही की लटुरी छिटककर फूट गई। जयकिशन को उसके यों अस्त-व्यस्त होने से मजा मिला।—कुछ आगे एक टट्टू सवार जा रहा था और कार जब उसके पास से सटकर गुजरी व तेज भोंपू बजा तो टट्टू बिदककर खेत में चिंघाड़ता हुआ अपने मुँह की दिशा में सरपट भागने लगा। इससे उसे और भी मजा मिला। फिर उसने पटरी-पटरी जा रही एक औरत के साथ भी यही किया जो दहशत खाकर जमीन पर गुमसुम-सी बैठ गई।

जग्गू के कान के पास भी एकदम भोंपू बजा था और चौंककर जब तक अपने को सँभाले-सँभाले वह कार के नीचे आ गया और जलता कोलतार यहाँ-वहाँ उसके जिस्म पर लौट गया। इसके बाद उसका होश जाता रहा। तीन दिन बाद अस्पताल में जब होश वापस आया तभी उसने जाना कि उसके दाहिने पैर की हड्डी टूट गई है, सिर पर गहरा घाव लगा है और पेड़ू के हिस्से में बड़े-बड़े फफोले हैं। उसने यह भी जाना कि सौ गज पीछे गोदाम के पास

उस वक्त रत्ते था, उसने बल्ली गिराकर कार रोक ली थी, कार चलानेवाले को पकड़ लिया था और घटना की रपट थाने पर उसी ने लिखाई थी।

जग्गू के पैर के प्लास्टर में कुछ खराबी आ गई। वहाँ जहरवाद छिटक गया और फिर बड़े डॉक्टर ने घुटने के पास से पैर काट दिया।

तीन महीने बाद जब जग्गू बैसाखी के सहारे उचकता हुआ अस्पताल से बाहर निकला तो उसकी देह सूखकर काली पड़ गई थी और चेहरे पर आँखें किसी वीरान ढूह में बने दो सूराख जैसी दीखने लगी थीं। गाँव में पहुँचकर उसने जाना, उसका ससुर अपनी बेटी को लिवा ले गया है और उसने एक-दूसरे ठिकाने उसकी शादी कर दी है। जग्गू गड़रिया था और उसकी जाति में ऐसी शादियाँ होती रहती थीं।

मुझे गाड़ी से कुचलकर उसी छन मर जाना था, जग्गू ने अन्तर की गहराई से ऐसा चाहा। जीवन में सब कुछ खो देने का बोध उसे हू-हू कर रौंदने लगा था। गाँव में नीम का एक सूखा पेड़ था, जिस पर शाम को गीध या चील बैठा करते थे। उसे लगा, उसका जीवन भी अब उस सूखे पेड़ जैसा हो गया है जहाँ अब एक भी हरा पत्ता नहीं उगेगा, न कोई चहचहाता पाखी ही पास फटकेगा। मजदूरी के साथ जो थोड़ा-बहुत आत्म-सम्मान जुड़ा हुआ था, उससे वह भी छिन गया है और पेट की आग को ठंडा करने के लिए अब उसे भिखारी बनकर इस-उस के आगे हाथ फैलाना पड़ेगा।

वह पानी के दरके घड़े जैसा कई दिन तक रिसता रहा था।

अदालत में जयकिशन के मुकदमे को लेकर पेशी होने लगी। जयकिशन पर जन-जीवन की सुरक्षा के लिए खतरनाक गति व उन्माद और उपेक्षामय ढंग से कार चलाकर जग्गू को चुटैल कर देने का आरोप था। जयकिशन अगर मौके पर पकड़ न लिया जाता तो शायद उसके खिलाफ मुकदमा कायम न होता। मुकदमा शायद तब भी कायम न होता अगर दरोगा को थाना इंचार्जी का नया-नया पद न मिला होता और चुनाव के दिन करीब आ जाने के कारण उसे हरिजन तथा पिछड़ी जाति के लोगों पर होनेवाले अत्याचार व अन्याय के विरुद्ध कार्यवाही करने में कोई ढील न दिखाने के लिए सरकार की ओर से कड़ी चेतावनी न होती। मुकदमा शायद तब भी कायम न होता अगर दरोगा को सही वक्त पर सही ढंग से पता चल गया होता कि अभियुक्त इतने पैसे वाला आदमी है। हड़बड़ी में जल्दी-जल्दी

मुकदमा कायम हो गया था और जब कायम हो गया था तो अदालत में उसे चलना था ही।

जग्गू जब अस्पताल में ही था, तभी उसे अभियुक्त की ओर से पैसे का लालच दिया जाने लगा था कि वह उस घटना को लेकर खामोश हो जाए। लेकिन जग्गू अपने जिस्म की हुई दुर्गति देखकर तैयार नहीं हुआ था। उसके कोई छोटी-मामूली चोट आई होती और चोट पहुँचानेवाला सच्चे मन से अपनी गलती मान लेता तो शायद वह उसे क्षमा भी कर देता। लेकिन यहाँ तो उसे जीवन के अन्तिम श्वास तक असहाय कर दिया गया था और फिर क्षमा माँगकर नहीं बल्कि पैसे के जोर से उसे चुप कराया जा रहा था। वह कहीं अन्दर से संवेदनशील और स्वाभिमानी था और उसे यह कोशिश अपने से बदकारी करना जैसी लगी। जब मुकदमा अदालत में आया तो उसे लालच और भी बढ़ाकर दिया जाने लगा। बात पाँच हजार रुपये तक आ गई। लेकिन पत्नी और बच्चा चले जाने के कारण जीवन से जो आकर्षण-रस अन्तिम बूँद तक झर गया था उसने जग्गू को और भी ज्यादा रूखा, कड़ा व जिद्दी बना दिया था। वह दुर्दशा की जिस अधम स्थिति पर पहुँचा था, उसका एकमात्र कारण अन्धी गति से विपक्षी का मोटर चलाना था। अब जिस तरह वह सब कुछ खो देने की पीड़ा से तड़प रहा है, ऐसे ही जेल की काल-कोठरी में घर-परिवार व सुख-सुविधाओं से कटकर रहने की पीड़ा से वह भी तड़पे। जीवन में यदि अब उसे सुख-सन्तोष जैसा कुछ मिल सकता था तो विपक्षी को तड़पाने से ही। यद्यपि सुख और सन्तोष का यह क्रूरतम रूप था, लेकिन इसके अलावा जिजीविषा को सहारा देने के लिए अन्य कोई साधन था ही नहीं। इसलिए उसने उसी को मजबूती से कसकर पकड़ लिया था। प्रस्ताव लानेवाले से वह दो-टूक कहता, "उस साहू के छोकरे की भी एक टाँग तोड़ दो, फिर आप जो कहेंगे, मैं वह सब मान लूँगा। साहू को यह नहीं पता है, कुछ दर्द पैसे के लेप से दबाए नहीं जा सकते।"

जिस साथी मजदूर रत्ते ने बल्ली गिराकर जयकिशन की मोटर रोक ली थी और जिसने घटना की रपट लिखाई थी, उसको भी पैसे का लालच दिया गया था, पर जग्गू के दुख के ताप को महसूस कर उसने भी अपने को बेचने से इनकार कर दिया था। जग्गू जो अपनी जिद पकड़े हुए था, वह रत्ते को टूटता न पाकर ही और रत्ते भी जो अपनी जगह पर जमा हुआ था, तो जग्गू

की मजबूती देखकर ही। सच तो यह है कि उनमें से अगर एक भी डिग जाता तो दूसरा भी फिसल सकता था।

बढ़ते दबाव के साथ जग्गू और रत्ते कड़े होते गए।

अदालत में पहली पेशी पर जब जग्गू ने जयकिशन को कठघरे के अन्दर न पाकर बाहर खड़े पाया तो उसे धक्का लगा। उसने सरकार की ओर से अपना मुकदमा करनेवाले वकील से इस बारे में पूछा।

"मुलजिम की ओर से दरखास्त लगी थी कि उसे कठघरे में खड़े होने से माफी दी जाए और अदालत ने माफी दे दी।" सरकारी वकील ने बताया।

"यह तो ठीक नहीं हुआ। जब यह मुलजम है तो दूसरे मुलजमों की तरह इसको भी जँगले में खड़े होना चाहिए।" बात अच्छी तरह समझ में न आने के कारण उसे ताज्जुब हो रहा था। ताज्जुब से ज्यादा कचोट।

"किसी अच्छे-भले घराने के आदमी को, या कोई और उचित कारण होने पर, अदालत ऐसी माफी दे सकती है।"

"एक अमीर बाप का बेटा भी अगर जुरम करता है तो वह मुलजम है और अदालत को उसके साथ नरम नहीं होना चाहिए। अमीर और गरीब कानून की नजर में सब बरोबर हैं।"

"तुम नेतागिरी करने आए हो या मुकदमा लड़ने?" सरकारी वकील उसकी इस तरह की दलीलों से चिढ़कर झुँझला गया। फिर उसकी भावना को समझकर उसने मुलायम पड़ते हुए कहा, "इस माफी देने का मतलब यह नहीं कि अदालत ने मुलजिम को बरी कर दिया। जुर्म साबित हो जाने पर अदालत बिना इस बात का खयाल किये हुए कि मुलजिम बहुत पैसे वाला है, उसकी सजा बोल देगी।"

"अदालत जयकिशन की सजा बोल देगी!" वैसी सम्भावना की चुटकी ने जग्गू के अन्तस से उस कचोट की फाँस को निकाल दिया था।

"हाँ, जुर्म साबित हो जाता है तो जरूर सजा हो जाएगी।"

"साबित होने में कुछ रह तो गया नहीं है। मुलजम को मौके पर रत्ते ने पकड़ लिया था। मोटर में उसको छोड़कर कोई दूसरा था नहीं जो कहा जा सकता, चलानेवाला जयकिसन नहीं रामकिसन था या गंगाकिसन। रही चोट की बात सो अदालत अपनी आँख से मेरी कटी टाँग देख सकती है। किस्सा एकदम सोलहो आना सच है वकील साब।"

"तो अब मुलजिम की सजा भी तुम खुद ही बोल दो।" सरकारी वकील अदालत के बाहर ही अपराध सिद्ध कर देने की उसकी उतावली से फिर झुँझला गया था।

कई पेशियों पर आ-आकर खाली लौट जाने के बाद आखिर जग्गू की गवाही हो ही गई। जयकिशन की ओर से चार वकील थे और सब नामी-गिरामी—गंगानाथ बैजल, पं. मुकुटधर पांडेय, भगवत शरण अवस्थी व दीनानाथ चौधरी। जिरह में जग्गू इस बात पर अड़ा रहा कि वह सड़क की पटरीवाले किनारे पर था और भोंपू सुनकर वह सड़क के दूसरी ओर नहीं भागा था बल्कि भोंपू की आवाज के साथ ही कार उस पर आ गई।

"भोंपू बजने पर तुम एकदम घबड़ा गए थे?"

"मुझे घबड़ाने का औसर ही नहीं मिला। मोटर एकदम मुझ पर चढ़ गई।"

"मोटर आती तो तुमने दूर से देखी होगी?"

"मैं सर झुकाए काम कर रहा था।"

"तुम्हारे कानों ने आवाज तो सुनी होगी कि सड़क पर कोई चीज आ रही है?"

"मैं काम में मसगूल था, मैंने कुछ नहीं सुना।"

"मोटर कितनी स्पीड से आ रही थी?"

"मैंने गाड़ी को जब आते देखा नहीं तो कुछ बता कैसे सकता हूँ।"

जिरह खत्म हो जाने पर सरकारी वकील ने जग्गू को शाबाशी दी कि उसकी गवाही एकदम खरी उतरी है। सफलता की आशा ने जग्गू के चेहरे की सिलवटों की अँधेरी खन्दकों में मुसकराहट की धूप छितरा दी।

रत्ते भी जिरह में गड़बड़ाया नहीं और इस सच्चाई से मजबूती से चिपका रहा कि कार बहुत तेज रफ्तार से आ रही थी, पहले कार बीच सड़क पर थी और फिर एकदम पटरी की ओर मुड़ गई और यह सब इतनी जल्द हो गया कि चाहने पर भी वह जग्गू को सावधान करने के लिए शोर न कर सका। सरकारी वकील ने रत्ते से भी कहा कि उसकी गवाही भी बिलकुल ठीक रही है।

तीसरा गवाह एक अन्य मजदूर था, लेकिन उसने अपने बयान में सफाई पक्ष की सारी बातें स्वीकार कर लीं।

जग्गू ने उसे अदालत के बाहर निकलने पर अपना ईमान और धर्म बेच देने के लिए बहुत जली-भुनी गालियाँ सुनाईं। वह गुस्से से बौराया हुआ था और यदि उसका वश चलता तो वह उसे नोच-फाड़ भी डालता।

पूछने पर सरकारी वकील ने कहा कि तीसरे गवाह के टूट जाने से सबूत पक्ष को कोई खास नुकसान नहीं पहुँचा है। दो अच्छी और वजनदार गवाहियाँ भी जुर्म साबित करने के लिए काफी होती हैं।

अभियुक्त पक्ष ने एक और मजदूर को सफाई के गवाह के रूप में पेश कर दिया। इस मजदूर को भी जग्गू ने खूब खरी-खोटी सुनाई।

अतिरिक्त जिला मजिस्ट्रेट श्री हीरालाल इस अदालत के न्यायाधिकारी थे। वह कायस्थ थे, यानी निगम, पर देखने में वह कान्यकुब्ज ब्राह्मण लगते थे। कारण यह था, उनका रंग गौर था, वह सिर पर शिखा रखते थे और चूँकि अपने नाम के आगे वह जाति नहीं लगाते थे, इसलिए प्राय: लोगों को धोखा हो जाता था। उनका हिन्दी का उच्चारण पूर्णतया शुद्ध था, यहाँ तक कि तत्सम शब्दों का भी। लिखने में भी वह वर्तनी या व्याकरण सम्बन्धी कोई भूल नहीं करते थे। यह धोखा इसलिए और भी गहरा हो जाता था। स्वभाव से वह एकदम सात्त्विक थे और दूसरों की बड़ी-से-बड़ी गुस्ताखियों या उनके आचरण व व्यवहार से अपने लिए खड़ी हो जानेवाली असुविधाओं पर भी वह शान्त और सहज बने रहते थे। उनके सात बच्चे थे, जिनमें पाँच लड़कियाँ थीं और अभी तक एक भी लड़की की शादी नहीं हुई थी जबकि बड़ी की उम्र पच्चीस को पार कर रही थी। ऐसी बात नहीं कि वह उसके लिए प्रयत्नशील नहीं थे। लेकिन बात तय होने के करीब आ-आकर टूट जाती थी। लड़कियों का रंग यों तो खुला हुआ था, पर नक्श सपाट था और उसको खींचनेवाली रेखाएँ भोथरी व मोटी होने के सबब से वर पक्षवाला पसन्दगी को लेकर पीछे हट जाता था और समस्या अपने मूल रूप में फिर अनसुलझी हो जाती थी। वह अथक भाव से दूसरे ठिकानों पर फिर प्रयत्न करने लगते थे। इस प्रयत्न करने में चूँकि अपने स्वभाववश उनमें उतावलापन या उद्विग्नता नहीं होती थी, इसलिए अन्दर से परेशान होते हुए भी वह सतह पर वैसे दीखते नहीं थे और उनका वैसा न दीखना ही पत्नी को भड़का देता था। वह घर-गृहस्थी के घेरे में कैद उन आम औरतों में से थी जिन्हें लड़की की पन्द्रह-सोलह साल से ऊपर निकल गई उम्र बाढ़ के चढ़े पानी जैसी भयावह लगती है और जो

हर वैसी स्थिति में उससे सुरक्षा का एक उपाय हाय-तौबा मचाना भी मानती हैं। वह पति से इसलिए खिन्न और असन्तुष्ट रहती थी और पति का अपनी इच्छा के विपरीत आचरण कभी-कभी उसकी खिन्नता और असन्तोष को भाप के उस थपेड़े जैसा आक्रामक बना देता था जो बर्तन के मुँह पर रखे ढक्कन को झम्माके से गिरा देता है।

इस मुकदमे में निर्णय देने की तैयारी करने के लिए अतिरिक्त जिला मजिस्ट्रेट हीरालाल शाम के समय कमरे में बैठे मिसल का अध्ययन कर रहे थे कि तमतमाती हुई पत्नी आ धमकी और मिसल को छीनकर दूसरी कुर्सी पर पटकती हुई बोली, "मैं पूछती हूँ, सुधा को लेकर तुमने सोचा क्या है?"

हीरालाल ने अपनी आँखों पर से आहिस्ता से चश्मा उतार लिया और कमीज के छोर से शीशे साफ करते हुए कहा, "मुरादाबाद फोटो भेज तो दिया है।"

"फोटो भेजने से ही क्या सब कुछ हो जाता है? लड़के के भाई ने कोई जवाब नहीं दिया है और तुम मसोट साधे हो।"

"फोटो गए अभी कुल आठ-दस दिन हुए हैं। उत्तर देनेवाले को थोड़ा समय तो मिलना ही चाहिए।"

"समय देते-देते तो नौबत यह आ गई कि पानी सिर से ऊपर निकल गया है। लड़कीवाले बात दस जगह चलाते हैं और जहाँ कहीं जुगाड़ बैठता पाते हैं, रिश्ता तय कर लेते हैं।"

"बात लखनऊ और अजमेर भी चल रही है।"

"मैं पूछती हूँ जब चल रही है तो फिर पूरी क्यों नहीं हो जाती है? मेरी सुधा अभी तक कुँआरी क्यों बैठी है? मैं खूब समझती हूँ, तुम्हारे पास बाप का दिल नहीं है। जब तुमने लड़की पैदा की है तो उसकी जिम्मेदारी भी ओढ़ो। गैरोला साब हैं, उन्होंने अपनी बहन की शादी कर दी। अस्थाना साब ने अपनी लड़की की कर दी। शर्मा जी और अग्रवाल साब ने कर दी। और एक तुम हो कि तुम्हें कोई लड़का मिलता ही नहीं। सबके लिए हैं और तुम्हारे लिए नदारद। आज चौदह नम्बर बँगले वाली आई थीं। कह रही थीं, कोई इंजीनियर, डॉक्टर लड़का नहीं मिलता है तो किसी कॉलेज के मास्टर-आस्टर या बैंक बाबू से रिश्ता तय कर दो। हाय राम, नौबत यहाँ तक आ गई। हाय, मेरी बच्चियों का क्या होगा? उनकी किस्मत में क्या लिखा है?" पत्नी सिसक-सिसककर रोने लगी।

हीरालाल ने अपनी आँखें बन्द कर लीं, समाधि लगानेवाले भाव से दो मिनट तक वह ऐसा किये रहे। पत्नी को अति क्लेश है और उसका चित्त उद्विग्न है। उनको उसके उत्ताप का शमन करना है। उन्होंने धीरे-धीरे आँखें खोल लीं, "देखो इतना अधीर नहीं होते। हर कार्य के लिए विधाता की ओर से एक समय निश्चित होता है। मनुष्य उस कार्य के लिए चाहे जितना हाथ-पैर फेंके, पर वह होता है पहले से निश्चित पल, घड़ी पर ही। रहीमदास ने कहा ही है—माली सींचे सौ घड़ा ऋतु आवे फल होय। तो जब ऋतु आएगी, फल तभी लगेगा। मैं बेटियों के विवाह को लेकर तुम्हारी चिन्ता और उससे होनेवाले तुम्हारे दुख को खूब समझता हूँ। पर इससे भी बड़े दुख मनुष्य के जीवन में आते हैं और वह सहता है। जीवन में कितना दुख मिलना है और कितना सुख और किस-किस रूप में और किस-किस समय, यह भी प्राणी के खाते में पहले से ही लिखा होता है।"

इसके बाद हीरालाल ने राजा दशरथ, भगवान राम, पांडव-पुत्रों व सत्यवादी हरिश्चन्द्र को प्रारब्धवश मिले दुखों की कहानियाँ दृष्टान्त देनेवाले ढंग से पत्नी को सुनाईं और बात को तोड़ते हुए कहा, "सात-आठ दिन और देख लेता हूँ। कोई उत्तर न आने पर मुरादाबाद फिर पत्र लिखूँगा। वहाँ उन दिनों बहराइच में साथ रहा जैतली तैनात है। लड़के के भाई से मिलने के लिए उसे भी लिख दूँगा।"

"कोई बँगले पर आ जाता है और सुधा सामने होती है तो मेरी गर्दन झुक जाती है। सच, मैं बहुत दुखी हूँ। तुम कोई लड़का खोजकर, आनेवाली सहालग में अब इसकी शादी कर ही दो।" रसोईघर में पड़े काम की याद आ गई थी और पत्नी उठकर चली गई।

हीरालाल ने अपने को समेटकर मुकदमे की मिसल सामने फिर रख ली। वह एक बार बयानों को पढ़ चुके थे और वहाँ से उभरते संकेतों व थापों से उन्हें ऐसा लगने लगा था कि अभियुक्त जयकिशन कार बहुत तेज रफ्तार से ला रहा था और कार को उपेक्षा व उन्मादमय ढंग से चलाने के कारण ही जग्गू जख्मी हुआ एवं यह कि सफाई पक्ष के कथन में सार तत्त्व कुछ नहीं है, केवल कौशल-चातुर्य द्वारा ही बचाव का दुर्ग खड़ा किया गया है। जो कुछ उन्हें लगा था उसकी सम्पुष्टि के लिए वह रपट, पुलिस डायरी आदि के अन्दर और गहरे जाकर उन संकेतों व थापों को फिर सुनना चाहते थे। लेकिन

अपने को समेट चुकने के बावजूद उनके मस्तिष्क में पत्नी से कही गई बातों की अनुगूँज अब भी थी और कुछ देर बाद जब वह रपट को बारीकी से पढ़ रहे थे, इस अनुगूँज से उद्वेलित यह विचार उनके अन्तर में एकाएक कौंध गया कि जग्गू के भाग्य में भी यह दुख पहले से लिखा हुआ था और जयकिशन मात्र उसका एक माध्यम बन गया। जयकिशन जब गाड़ी बहुत दूर से उसी गति से ला रहा था, तो इससे पहले कोई दुर्घटना क्यों नहीं घटी? फिर घटी थी तो घटनास्थल पर जब और भी मजदूर मौजूद थे तब केवल जग्गू ही उसका शिकार क्यों बना? फिर दुर्घटना से चोट कम न आकर इतनी अधिक क्यों आई? फिर उपचार से जब हड्डी जुड़ जानी चाहिए थी, जुड़ी क्यों नहीं और टाँग कटने की ही नौबत क्यों आई? जितने भी प्रश्न उठते थे, उन सबका उन्हें एक ही उत्तर मिलता—प्रारब्ध। जग्गू के भाग्य-लेखे में जो पहले से लिखा था, उसे मिटाया नहीं जा सकता था। जीव संसार में आते समय पिछले कर्मों के अनुसार अपना भाग्य लेकर चलता है और जग्गू के साथ जो कुछ भी घटा, उसकी जिम्मेदारी अगर किसी पर हो सकती है तो अकेले जग्गू पर ही।

हीरालाल की आँखों के सामने अब जयकिशन की आकृति आ गई। अठारह-बीस वर्ष का सपनीली आँखोंवाला धूपवर्णीय एक गोल आकर्षक चेहरा, जिस पर अभाव या कष्ट ने अभी तक एक भी कठोर अवांछित रेखा खींची नहीं थी। कार चलाते हुए उसकी कोई दुर्भावना हो नहीं सकती थी। वह जग्गू को पहले से नहीं जानता था, न ही जग्गू उसको। जग्गू को चूँकि अपने पूर्व कर्मों के लिए टाँग टूटने का दंड मिलना था, इसलिए जयकिशन उस दंड का एक निमित्त बन गया। यह विधि का एक विधान था, जिसके लिए कोई भी दोषी नहीं।

उन्होंने तब जयकिशन को अपराध-मुक्त करना निश्चित कर लिया। ऐसा नहीं था कि अगर इस समय पत्नी न आई होती और उन्होंने उससे इस प्रकार की बातें न की होतीं तो वह विपरीत निर्णय ही लेते। बिना उस प्रसंग के भी वह वैसा सोच सकते थे। यदि इस समय ऐसा विचार न आकर खाना खाते हुए या खाट पर लेटते समय या किसी अन्य अवसर पर भी किसी एक-दूसरे सन्दर्भ से आ जाता तब भी वह पहले वाले निष्कर्ष को रद्द कर दूसरे को अंगीकार कर लेते। वे भाग्यवादी थे और अभियोगों के निस्तारण में जब-तब ऐसा दृष्टिकोण अपनाते थे।

चूँकि वह निर्णय के अन्दर इन विचारों को इस रूप में व्याख्यायित कर नहीं सकते थे, न इन पर आधारित तर्क विधिसंगत ही ठहराए जाते, इसलिए अपने निष्कर्ष को खड़ा करने के लिए उन्होंने फिर सफाई पक्ष की दलीलों का सहारा लेना तय किया कि सड़क के उस हिस्से में जब मरम्मत का काम चल रहा था तो गाड़ी की चाल पहले से धीमी कर दी गई होगी, कि गाड़ी नई थी और निरीक्षण पर उसके ब्रेक आदि सब ठीक हालत में पाए गए, इसलिए गाड़ी पर चालक का नियंत्रण अवश्य रहा होगा, कि सम्भावना इस बात की ही अधिक है कि जग्गू काम में व्यस्त होने के कारण गाड़ी के भोंपू की आवाज सुन न सका और जब गाड़ी उसके बिलकुल करीब आ गई तो वह घबड़ाकर होशोहवास खोते हुए गाड़ी की ओर भागा और दुर्घटनाग्रस्त हो गया, कि अभियुक्त को शंकारहित रूप से सिद्ध दोषी ठहराया नहीं जा सकता।

सुबह जब अहलमद बँगले पर आया, उन्होंने उसे निर्णय तदनुसार बोलकर टाइप करा दिया।

फैसला सुनाया जानेवाला था और अदालत के कमरे में भीड़ भर गई। वहाँ आदमी-ही-आदमी दिखाई देने लगे। हालाँकि जग्गू के लिए इस दिन जाना जरूरी नहीं था, पर वह उसे जरूरी मानकर आया था। वह भी देखे, विरोधी पक्ष के हाथ में कैसे हथकड़ी पहनाई जाती है और सजा मिलने पर उस पर कैसी गुजरती है। आज जयकिशन को कठघरे के अन्दर खड़ा किया गया था और दो सिपाही कठघरे के बाहर मुस्तैदी से खड़े हो गए। इससे जग्गू को ढारस ही नहीं मिला, वह आशा से गहरा जुड़ भी गया।

अतिरिक्त जिला मजिस्ट्रेट हीरालाल ने पास स्टूल पर रखे ऑफिस बक्स में से टाइपशुदा निर्णय निकाल लिया, उसे मेज पर फैलाकर हर पृष्ठ पर हस्ताक्षर किये, फिर जहाँ पर आदेश की इबारत खत्म होती थी और पद के साथ उनका नाम टंकित था, वहाँ पर तारीख डालते हुए पूरे हस्ताक्षर कर दिये। फिर कठघरे में खड़े अभियुक्त की ओर दो क्षण देखा और फिर स्वर साधते हुए कहा, "जयकिशन के विरुद्ध अपराध साबित नहीं है, वह बरी किया जाता है।"

"हुजूर! मुलजम गलत छोड़ा जा रहा है। मेरे साथ बेइंसाफी हुई है।" अदालत से बाहर निकलती भीड़ के शोर में हकबकाया जग्गू अपनी जगह से उठता हुआ बोला।

हीरालाल की पलकें जब तक उसकी ओर उठें-उठें, अदालत के पुलिस मुंशी ने झपटकर उसे दबोच लिया और बाहर धकेलता हुआ ले गया "कुत्ते के पिल्ले, बौरा नहीं, अकल खोपड़ी में रख। हाकिम सीधा है, वरना अभी इसी बात पर अदालत की तौहीन का मुकदमा तुझ पर ठोंक देता और तेरी... फट कर हौदा हो जाती। जा भाग भुतनी के!" उसने पहले तो जग्गृ के कसकर एक झापड़ मारा, फिर एक लात इस तरह जड़ दी कि अगर वह सामनेवाले खम्बे का सहारा न लेता तो मुँह-भड़ाक गिर जाता।

अभियुक्त पक्ष की हमदर्दी उसके प्रति और ज्यादा बढ़ गई होगी और वह अपना दस्तूर अब कुछ ठोस रूप में पा सकता है, यह मानकर पुलिस मुंशी फिर उस ओर बढ़ गया जहाँ अभियुक्त, उसका पिता और दूसरे रिश्तेदार हँसते-बिहँसते चेहरे लिये अपने शुभचिन्तकों से घिरे खड़े थे।

8

सिविल एवं सहायक सेशन जज विश्वनाथ जौहरी मुकदमों में तभी फैसला देते थे जब एक तरह से वह उसके लिए मजबूर हो जाते थे। यह मजबूरी उनको दो ओर से घेरती थी। एक ओर से इस तरह कि फैसला देने के लिए जो निर्धारित समय-सीमा होती थी, वह खत्म होने लगती थी। नियम यह था कि फौजदारी के मामले में बहस सुनने की तारीख से दो सप्ताह के अन्दर फैसला दे दिया जाए और दीवानी के मामले में एक माह के अन्दर-अन्दर। इस नियम के पीछे उद्देश्य यह था कि मुकदमे में गुजरी शहादत तथा विचार के लिए उठे मुद्दे न्यायाधीश की स्मृति में ताजा रहें और उनके निस्तारण में उसका दृष्टिकोण अधिक-से-अधिक न्यायपूर्ण रह सके। दूसरी ओर से मजबूरी इस तरह घेरती थी कि हर महीने में कार्य-दिवस के अनुसार कारगुजारी का हिसाब-किताब देना होता था और कारगुजारी केवल उन्हीं मुकदमों की मिलती थी जो फैसलशुदा होते थे, अर्थात जिनमें अन्तिम रूप से फैसला दे दिया गया हो। कत्ल या डकैती के एक मुकदमे का निस्तारण साढ़े तीन दिन के काम के बराबर माना जाता था, भले ही उसको निस्तारित करने में किसी न्यायाधिकारी ने पाँच दिन लगाए हों या केवल दो ही दिन। उससे कम संगीन अपराध, अर्थात हत्या करने का प्रयास या बलात्कार या गबन वगैरह वाले किस्म के मुकदमे तीन दिन के काम के बराबर माने जाते थे। उससे भी कम संगीन अपराध जैसे राहजनी, अपहरण, गम्भीर प्रकृति की चोट पहुँचानेवाले किस्म के मुकदमे दो दिन के काम के बराबर गिने जाते थे और साधारण अपराध जैसे चोरी, दंगे, मामूली मारपीट वाले किस्म के मुकदमे एक दिन के काम के बराबर। दीवानी

के मुकदमों में भी इसी प्रकार तीन, दो व एक दिन की कारगुजारी मुकदमों की प्रकृति तथा मालियत के हिसाब से मिलती थी। अपील व पुनरीक्षण भी कार्य की दृष्टि से इसी सिद्धान्त के अनुसार वर्गीकृत किये जाते थे।

विश्वनाथ जौहरी के पास हरदम पाँच-सात मुकदमों की मिसलें निर्णय के वास्ते दबी पड़ी रहती थीं। वह बहस सुन लेने के बाद मिसल में निर्णय देने के लिए पास की कोई तारीख लगा देते थे और पक्षकारों पर यों दर्शाते थे कि वह निश्चित तिथि पर निर्णय दे भी देंगे। दो-तीन दिन पहले पेशकार याद दिलाता कि अमुक मामले में अमुक तारीख को हुजूर को फैसला देना है। "हाँ, मुझे याद है।" वह पेशकार को उत्तर देकर खामोश कर देते। फिर फैसले का दिन भी आ जाता। सम्बन्धित पक्षकार कचहरी पहुँच जाते। वे अदालत के कमरे के चक्कर काटते, पेशकार से पूछते, पर फैसले के बारे में उनको कोई जानकारी नहीं मिल पाती। वे फिर कमरे के अन्दर बैठ जाते। शाम को आखिरी क्षणों में जौहरी साहब पेशकार से कहते कि फैसला आज तैयार नहीं है, अगली तारीख पर होगा। पक्षकार दिन-भर की लम्बी प्रतीक्षा से मिली थकान और तनाव लिये अपने को घसीटते हुए चले जाते। तीन-चार दिन बाद लगी तारीख पर वे फिर आते और अन्तिम क्षणों में उनसे फिर कहा जाता, फैसला आज नहीं, अगली तारीख पर होगा। "पहले सुने हुए मुकदमे में ही अभी हुक्म लिखाना है। इसमें भला आज कैसे हो सकता था!" वह सफाई देने के लिए पेशकार को सुनाते हुए बुदबुदाते।

जौहरी साहब के स्वभाव में आलस्य की फफूँद हो, या वह लद्धड़ के किस्म के व्यक्ति हों, ऐसा नहीं कहा जा सकता था। उनकी जिस तरह की दिनचर्या थी और क्रिया-कलापों का जो विस्तृत क्षेत्र था, उससे वह एक बेहद सामाजिक, व्यस्त और पैने आदमी ही नजर आते थे। ऑफिसर्स क्लब की बैठकों में वह बारह-बारह, एक-एक बजे रात तक सक्रिय भाग लेते रहते थे। ब्रिज, पपलू और शतरंज के खेलों का रंग उनकी शिरकत से चोखा हो जाता था। अन्तरराष्ट्रीय मंच पर घटी किसी महत्त्वपूर्ण घटना के पीछे क्या रहस्य था, या पर्दे के पीछे कौन-कौन सी सरगर्मियाँ रही थीं या किसी बड़ी शख्सियत के व्यक्तिगत जीवन से जुड़े क्या-क्या रोचक और गर्म प्रसंग हैं, इस तरह की सूचना देनेवाली कोई भी पुस्तक निकलते ही वह उसे अवश्य उपलब्ध कर लेते थे और रुचि के साथ पढ़ डालते थे। कैक्टस और उनकी किस्मों, विभिन्न

देशों के त्योहारों व पर्वों, वहाँ के सिक्कों व डाक टिकटों तथा यौन-आचरणों के बारे में उनके पास नई-से-नई जानकारी रहती थी। उनके दोस्तों की एक बड़ी जमात थी और वह एक अच्छे यारबाश माने जाते थे।

जौहरी साहब ने अपने ड्राइंगरूम में फ्रेम में मढ़वाकर एक सुभाषित लगा रखा था, जिसमें जीवन की बीस प्रकार से सुव्याख्या की गई थी, जैसे "जीवन एक यात्रा है जिसे पूरा करना है, जीवन एक गीत है जिसे गाना है, जीवन एक खेल है जिसे खेलना है, जीवन एक नाटक है जिसे अभिनीत करना है, जीवन एक रहस्य है जिसे खोलना है, जीवन एक दुख है जिसे सहना है।"

जौहरी साहब के लिए अन्य चर्याएँ करते हुए जीवन कभी एक गीत हो जाता था, कभी एक खेल, कभी एक नाटक, कभी एक यात्रा और कभी एक रहस्य, किन्तु निर्णय लिखते हुए वह सदैव एक गहन दुख बन जाता था। उनके उत्साह की सारी उष्मा एवं अन्य क्षेत्रों में प्रवाहित समस्त गतिशीलता इस एक स्थल पर आकर ठंडी व जड़ हो जाती थी और वह एक ढीले, सुस्त व निरीह व्यक्ति नजर आने लगते थे। कारण यह था कि इस कार्य से उनको अरुचि हो गई थी, कुछ-कुछ वैसी ही जैसे अगर एक ही चीज बार-बार खाने को मिले तो कुछ समय बाद फिर उसे देखकर उबकाई छूटती है और मन उसे सामने से हटाने को करता है। निर्णय देने का अर्थ होता है कि बयानों को दुबारा पढ़ा जाए, मिसल का एक-एक कागज देखा जाए और दोनों पक्षों की ओर से दिये गए तर्कों को साक्ष्य, प्रलेख, स्थिति और संगति की कसौटियों पर परखकर जो विश्वसनीय लगे उसे स्वीकार किया जाए और जो दोषपूर्ण व लचर दीखे उसे रद्द। यह सब काफी श्रम और साधना माँगता था जबकि प्रकृति में निपट नीरस होने के कारण इसका करना धातु के टुकड़ों पर चढ़ी जंग साफ कर उनको अलग-अलग छाँटने जैसा था। और फिर हर मुकदमे में यही जंग-घिसाई। बार-बार प्रारम्भ से लेकर अन्त तक इसी लम्बी प्रक्रिया से गुजरना। वह चाहते थे, मुकदमा सुनने के तुरन्त बाद न्यायाधिकारी को मुँहजबानी या फिर केवल दस-पाँच पंक्तियों में लिखकर हुक्म सुनाने की छूट होनी चाहिए कि किस पक्ष का मामला सही है और किसका गलत और इसके फलस्वरूप क्या अपेक्षित है और क्या नहीं। किन्तु नियम यह था कि निर्णय स्वावलम्बी हो और उसमें सारी बातें स्पष्ट लिखी गई हों, जैसे—घटना या वाद का सविस्तृत विवरण, विवाद के आधारभूत बिन्दु, साक्ष्य की विवेचना

और दोनों पक्षकारों की अपने-अपने पक्ष के समर्थन में क्या-क्या दलीलें थीं, और एक को किन कारणों व आधारों पर स्वीकृत किया गया और दूसरे को किन कारणों व आधारों पर अस्वीकृत, इसका स्पष्ट उल्लेख। ये सब पूरी तैयारी के बाद ही कई हजार शब्दों में लिखा जा सकता था। फिर नियम यह भी था कि निर्णय-सम्बन्धी सारा कार्य न्यायाधिकारी, जहाँ तक सम्भव हो, अदालत के समय के बाद ही अपने निवास स्थान पर करे। जौहरी साहब सरकारी काम को निर्धारित कार्य-समय के बाद करना बेगार समझते थे, और चूँकि वह बेगार समझते थे, इसलिए अरुचि के साथ-साथ उनमें उसके प्रति खिजाहट और चिढ़ भी रहती थी। इस नियम को निरस्त कराने के लिए एक बार उन्होंने अपने संघ में प्रस्ताव रखा कि कार्य-समय में ही न्यायाधिकारी को निर्णय लिखने की सुविधा मिलनी चाहिए। किन्तु उस प्रस्ताव को उच्च न्यायालय ने स्वीकार नहीं किया था और नियम बरकरार रहा। इसने उनकी अरुचि व खिजाहट को और भी तुर्श कर दिया था।

जौहरी साहब को टाइपबाबू (स्टेनोग्राफर) मिला हुआ था। सहायक जज के पद के साथ ही न्यायाधिकारी को टाइपबाबू की सेवाएँ सुलभ हो जाती थीं। जौहरी साहब ने अपने टाइपबाबू को बँगले पर रोज बिला नागा साढ़े सात बजे हाजिरी देने की हिदायत दे रखी थी। उनका मातहत खाली न रहे और काम बराबर उसे बाँधे रहे, ऐसा वह पसन्द करते थे। मातहत का बिना किसी काम के छुट्टा रहना उनको परेशानी में डाल देता था। यह परेशानी इस एहसास से जुड़ी होती थी कि वह मातहत का उपयोग नहीं कर पा रहे हैं और उनमें कोई कमी है। कमी है, यानी वह अयोग्य हैं। यह एहसास फिर मातहत के खाली रहने तक उनके अन्दर बराबर फाँस की तरह चुभता रहता और उनको किसी भी चर्या से चैन से संलग्न नहीं होने देता। एक बार छुट्टी के दिन उन्होंने बँगले पर अपने चपरासी को खाली बैठे बीड़ी पीते देख लिया था और तुरन्त उस एहसास की नोक उन्हें परेशान करने लगी। उन्होंने चपरासी से पूछा कि वह बाजार हो आया। उसने जवाब दिया, "हाँ हुजूर, बहू जी ने जो सामान लाने को कहा था सब ले आया।"

"चक्की पर आटा पिसने को था?"

"हुजूर, उसे कल शाम पिसवा लाया।"

"ड्राइंगरूम साफ कर दिया?"

"हाँ, हुजूर। मैंने मेज-कुर्सियाँ सारी एक-एक पोंछ दी हैं। कालीन भी बाहर निकालकर झाड़ दी है।"

"अखबार बहुत जमा हो गए हैं। उनका गट्ठा बाँध लो और बेच आओ।"

"हुजूर, वह तो परसों जब मैं कोयला लेने गया था तभी बेच आया। हुजूर, अखबार साढ़े पाँच किलो थे और ग्यारह रुपये के बिक गए। पैसे मैंने बहू जी को दे दिये थे।" चपरासी को कहीं अन्दर सुख था कि साहब जिन कामों के लिए पूछ रहे हैं, उसने बिना कहे हुए वे सब कर दिये हैं।

अभी ग्यारह बजे हैं, चपरासी को दोपहर की छुट्टी पर जाने में पूरा एक घंटा बाकी है, वह एकदम निठल्ला बैठा है और उसका उपयोग हो नहीं पा रहा है। अयोग्यता की उभर आई फाँस चुभ रही थी और जौहरी साहब बेचैन होने लगे। तभी उनकी निगाह लौकी की बेल पर चली गई। बेल में छोटी-बड़ी चार-पाँच लौकियाँ लगी थीं। बेल बँगले की छत पर चढ़ी हुई थी और एक बड़ी लौकी छत से टिकी थी। लौकियों को देखकर उन्हें सन्तोष मिला कि चपरासी के लिए काम मिल गया है और अन्दर खटक रही फाँस निकल सकती है।

"देखो, जो ऊपर बड़ी लौकी लगी है उसे तोड़ लो और कप्तान साहब के बँगले जाकर दे आओ। मेरा सलाम बोलना।"

"बहुत अच्छा, हुजूर।"

कप्तान साहब का बँगला चूँकि एक किलोमीटर दूर था, इसलिए उन्होंने लौकी का इस समय वहीं भिजवाना ज्यादा उचित समझा।

छत के लिए न कोई जीना था न वहाँ सीढ़ी ही थी।

"मेज उधर रख लो। मेज से सनशेड पर चले जाओ और फिर वहाँ से उचककर छत पर।"

चपरासी अन्दर से मेज उठा लाया। मेज का सहारा लेकर वह खिड़की पर बने सनशेड पर चढ़ गया। सनशेड से छत छाती बराबर ऊँची रह जाती थी। पहली दो कोशिशों में वह छत की मुँडेर पकड़कर लटक तो गया, पर उछाला लेकर ऊपर पहुँच न सका। तीसरी कोशिश में उसकी गिरफ्त से छत की मुँडेर भी छूट गई और सनशेड पर पैर टिका न सकने के कारण वह नीचे गुम्मों के पक्के फर्श पर धड़ाम से आ गिरा। चपरासी का अगला एक दाँत टूट गया और ऊपरी ओंठ फट कर गाढ़ा लिसलिसा खून देने लगा। उसका दाहिना हाथ भी कोहनी के पास से मुड़ गया और सीधा हो नहीं रहा था। खुरदरी

खाल वाला झुर्रियों भरा पचास साला चेहरा, जिस पर बढ़ी हुई सफेद दाढ़ी की फफूँद छितरी हुई थी, वेदना की टीस से ऐंठ-उमठ रहा था।

"यह क्या बेवकूफी कर ली? दिक्कत अगर हो रही थी तो कह दिया होता। मैं चढ़ने से रोक देता।" जौहरी साहब ने घबड़ाकर उसे खड़ा करते हुए कहा।

मुँह से गिर रहा खून सीने पर बह आया था। खून ने कमीज-पैजामे पर यहाँ-वहाँ बड़े-बड़े सुर्ख डरावने धब्बे भी छोड़ दिये थे। एकाएक हाथ हिल गया और टीस के नश्तर से चपरासी रोने लगा।

"सब्र करो। तकलीफ तो होगी ही। लेकिन तुमको ऐसी बेवकूफी करनी नहीं चाहिए थी।"

पास में एक सरकारी डॉक्टर का बँगला था। जौहरी साहब उसको वहाँ ले गए। डॉक्टर बँगले पर ही मौजूद था। उसने डिटॉल डालकर खूब कुल्ले कराए। टूटे हुए दाँत के गड्ढे से जब खून आना बन्द हो गया उसने कटे हुए ओंठ की ड्रेसिंग कर दी। हाथ देखकर उसे कोहनी की हड्डी टूट जाने का शक हुआ और उसने अस्पताल जाने की सलाह दी।

अस्पताल में जाँच पर हड्डी टूटी पाई गई। सर्जन ने प्लास्टर चढ़ाकर चपरासी को भर्ती कर लिया।

जौहरी साहब तीन-चार बार जाकर उसे देख आए। वह हर बार उसे दिलासा देते, "मैंने डॉक्टर साहब से बोल दिया, अपना ही आदमी है। तुम्हारी अच्छी तरह से देख-भाल होगी। घबड़ाना नहीं, प्लास्टर महीने-भर में काट दिया जाएगा और तुम एकदम ठीक हो जाओगे।"

हड्डी जुड़ तो गई, पर हाथ थोड़ा-सा टेढ़ा पड़ गया। एक तो अब उससे उतनी मुस्तैदी से ड्यूटी ली नहीं जा सकती थी, दूसरे टेढ़े हाथ से अपराध-बोध भी जगता था, इसलिए नाजिर से कहकर उन्होंने उसका तबादला दूसरी जगह करा दिया और अपने पास एक दूसरा सीधा व चुस्त आदमी रख लिया।

इस घटना को लेकर किसी दिलजले ने एक गुमनाम पत्र उच्च न्यायालय को लिख भेजा, जिसमें शिकायत की गई कि जौहरी साहब चपरासियों से घरेलू काम लेते हैं और मातहतों के साथ उनका व्यवहार अमानवीय है। वह पत्र जब रिपोर्ट के लिए उनके पास आया तो ड्राइंगरूम में लगे सुभाषित 'जीवन एक नाटक है जिसे अभिनीत करना है' से बल लेते हुए उन्होंने उन आरोपों से एकदम साफ इनकार कर दिया।

टाइपबाबू को जब रोज आने की हिदायत थी तो उस हिदायत के तहत वह रोज वक्त से आता भी था। हालाँकि जौहरी साहब उसे फैसले का मजमून बोलने के लिए ही बुलाते थे, लेकिन उसके आ जाने पर वह पाते कि फैसले को लेकर उनका इरादा मरा हुआ है। वह उस मरे इरादे को जिन्दा करने का प्रयत्न करते। वह चपरासी को हुक्म देते कि वह बरामदे में कुर्सी-मेज लगाए और कचहरी वाला बक्स ले जाकर रखे। वह एक प्याली गर्म चाय पीते। मिसल उन्होंने देखी नहीं होती। चाय के गर्म-गर्म घूँट भरते हुए स्मरण के सहारे वह मुकदमे के तथ्यों के बारे में सोचना चाहते। किन्तु वह पाते कि वे तथ्य कुहासे में लिपटे हुए हैं, उनकी बहुत सी कड़ियाँ गुम हो गई हैं और जो अभी चन्द गिरफ्त में हैं, उनसे कोई भी आकार गढ़ा नहीं जा सकता। वह जो अभी नई 'वीकली' या 'डाइजेस्ट' पढ़ रहे थे, उसकी सामग्री ही उनके मस्तिष्क की सतह पर बार-बार उतरा रही है। वह बाहर कुर्सी पर आकर बैठ जाते और बक्स का ताला खोलकर मिसल इस भाव से निकालते कि उसके हाथ में आते ही फैसला लिखने का इरादा जिन्दा हो जाएगा। पर इरादा फिर भी जिन्दा नहीं होता। एक ठंडी और ठोस धुन्ध सीमेंट के जर्रों जैसी उनके मन-मस्तिष्क पर छा जाती और पूरा जिस्म पथराने लगता। वह जब अवश हो जाते तो मिसल रख देते और टाइपबाबू को अपने सम्बन्धियों के नाम कुछ खत बोल देते। फिर उससे कहते कि वह स्टेशन जाकर दिल्ली का किराया मालूम कर ले।

"किराया टाइमटेबिल से पता चल जाएगा।"

"टाइमटेबिल में अक्सर गलत होता है। तुम इंक्वायरी विंडो से मालूम करते आना, पैसेंजर और एक्सप्रेस दोनों ट्रेंस का।"

टाइपबाबू के चले जाने के बाद जौहरी साहब 'वीकली' या 'डाइजेस्ट' फिर देखने लगते और उसी के साथ उनके जिस्म से जड़ता किरच-किरचकर टूटना शुरू हो जाती। उनको खिड़की के बाहर हिलती आम की हरी शाख अच्छी लगती, कमरे में खुली धूप की पट्टी अच्छी लगती, अलमारी पर बैठी 'चिंउ-चीं-चिंउ' करती गौरैया अच्छी लगती, बावर्चीखाने से उठती सब्जी की गन्ध अच्छी लगती, बरामदे में बने पैरों के गीले निशान अच्छे लगते।...

कचहरी पहुँचकर वह टाइपबाबू को बोले गए खत टाइप करने से रोक देते। "अभी रहने देना। पहले गए खतों के जवाब का इन्तजार थोड़ा और कर लूँ।" खत दरअसल उन्होंने बोले इसलिए नहीं थे कि वे जरूरी थे और वह

उन सम्बन्धियों से उस तरह गहरे जुड़े थे। वे बोले इसलिए थे कि टाइपबाबू को कुछ-न-कुछ बोलना था ताकि उसे यह एहसास न छुए कि साहब के पास बोलने को कुछ था नहीं और उसे खामख्वाह दौड़ाया गया। उनको या उनसे जुड़े किसी व्यक्ति को दिल्ली भी नहीं जाना था और उन्होंने उसे स्टेशन भेजा था तो महज इसीलिए कि उसे बाँधे रखने के लिए काम होना चाहिए। अनावश्यक पत्र लिखने का अर्थ था अनावश्यक डाकखर्चा, इसलिए वह उनको भेज भी नहीं सकते थे। पत्रों की जगह वह फिर उसे रिपोर्टर में प्रकाशित उच्च या उच्चतम न्यायालय के किसी निर्णय की प्रति जरूरी न होने पर भी जरूरी बताते हुए टाइप करने के लिए दे देते।

अगले दिन भी यही होता। उस दिन वह उसे पत्रों की बजाय बँगले के आगे बने नाले में जमा गन्दगी के विरुद्ध शिकायत सेक्रेटरी कैंटूनमेंट बोर्ड के नाम बोल देते या पटरी पर खड़े छतनार वृक्षों की अहाते के अन्दर फैल आई शाखाओं को कटवाने की बात लिखा देते, या सामने सड़क पर घूमने वाले आवारा और बीमार कुत्तों को पकड़वाए जाने का एक अनुरोध आलेखित करा देते।

उससे अगले दिन भी इसी तरह का कुछ-न-कुछ होता।

ऐसी बात नहीं कि टाइपबाबू इस बात को समझता न हो कि बँगले से उसके रोज-रोज खाली लौटने से जौहरी साहब एकदम नंगे हो जाते हैं और तरह-तरह का यह दूसरा काम देना उस नंगेपन को झीने कपड़े से ढकना जैसा है। जब वह समझता था तो उसके अन्दर तिलमिलाहट भी उठती थी। वह पैंतीस साल का कमजोर काठी का आदमी था, पतली-लम्बी गर्दन पर टिका जिसका चेहरा किसी चूजे जैसा लगता था। एक तो वह संग्रहणी का स्थायी मरीज था दूसरे, बँगले से उसके मकान का फासला दो किलोमीटर से ऊपर था और तीसरे, उसकी साइकिल के धुरों के छर्रे व कटोरियाँ हरदम कटी रहती थीं, इसलिए वह सफर में बेहद थक जाता था। वह रास्ते-भर यह तय करता हुआ बड़बड़ाता आता था कि फैसले के अलावा साहब अगर कुछ बोलेंगे तो वह साफ कह देगा कि जिस काम के लिए उसकी ड्यूटी है, उससे सिर्फ वही लिया जाए, बेगार के लिए न तो उसके पास वैसी सेहत है, न फालतू वक्त ही। लेकिन साहब मिसल को बक्स में वापस रखकर जब चिट्ठियाँ या शिकायतें या रिपोर्टें बोलने लगते तो उसका विरोध अन्दर-ही-अन्दर भाप की

परत जैसा टूट जाता और वह बोले हुए को चुपचाप लिखने लगता। हाँ, वह इतना जरूर करता कि बँगले के बाहर आते ही साहब के लिए मोटी गाली दागता, "सड़ी चू...के पानी का यह कीड़ा न जाने कैसे जज बन गया। था पटवारी बनने के लायक भी नहीं।"

टलते-टलते वह स्थिति भी आ जाती जब फैसला देने की निर्धारित समय-सीमा अन्तिम बूँद तक झर चुकती, या महीना समाप्त होने में केवल चार-पाँच दिन रह जाते और कारगुजारी के नाम पर काम बस दस-बीस प्रतिशत ही हुआ होता। तब जौहरी साहब करते यह कि अदालत में सुनवाई का काम कुछ जल्द ही समेट लेते और "जैसे भी हो करना है" के भाव से मिसल खोलकर बैठ जाते और टाइपबाबू को फैसले का मजमून तेज-तेज बोल देते।

कस्बा तिलहर का सोहनलाल चुंगी विभाग में टैक्स-मुंशी था। मुलाजमत से जब वह रिटायर हुआ, उसने कस्बे में ही किराने की एक छोटी-सी दूकान खोल ली। उस पर जिम्मेदारियाँ काफी थीं। गलती उसने यह की थी—या हो गई थी—कि पैंतालीस साल की उम्र में पहली बीवी के मरने पर दूसरी शादी कर ली। शादी न की होती तो उस पर कोई जिम्मेदारी न होती। एक लड़का जो था वह सयाना होकर, उसकी अपनी सिफारिश से, चुंगी के महकमे में ही हिल्ले से लग चुका था। नौकरी से अवकाश पाकर तब वह अवकाश वाला ही जीवन जी सकता था। सुबह-शाम हरिभजन और शेष समय अपने समवयस्कों के साथ इच्छानुसार बैठकबाजी। लेकिन शादी के साथ ही उसने अपने ऊपर कई नई व वजनी जिम्मेदारियाँ लाद लीं। उस उम्र में आगे-पीछे उसके चार बच्चे हो गए और बड़ा लड़का जो अभी तक साथ रहता था, विमाता के आने पर एक अलग इकाई बन गया। उस समय सोहनलाल ने रोटी-पानी की सामने खड़ी छोटी-मामूली सुविधाओं व जिस्म के वक्ती तगादों को ही सिर्फ देखा था, उनके पीछ खड़ी बड़ी व स्थायी असुविधाओं और जोखिमों को नहीं। लेकिन गलती तो हो गई थी और पश्चाताप प्रकट कर उसके नतीजों से अब वह बच नहीं सकता था। कुछ ऐसा समझकर ही जब रिटायर होने पर उसे फंड से लगभग ढाई हजार रुपया मिला, उसने किराने की दूकान कर ली। दूकान की बात उसके दिमाग में साल-भर पहले से ही थी, क्योंकि वेतन के स्रोत

से मिलती नियमित आमदनी बन्द हो जाने पर उसी तरह का वैकल्पिक स्रोत खोजना था और किराने की दूकान ही उसकी नजर में एक स्वस्थ विकल्प हो सकती थी। बिक्री की आमदनी से खर्चा चलता रहेगा और लागत के रूप में लगी फंड की रकम सुरक्षित रहेगी।

सोहनलाल को चूँकि दूकान चलानी थी, इसलिए वह सख्त ड्यूटी देने लगा—सुबह आठ बजे आ जाता और रात के नौ बजे तक डटा रहता। खाना उसका बड़ा बच्चा दूकान पर ही पहुँचा जाता, जहाँ वक्त-बेवक्त मौका निकालकर वह उसे पेट में डाल लेता। दूकान बढ़ाने के समय तक वह बेहद थक चुकता और पाता कि उसके जिस्म में यहाँ-वहाँ सख्त गठानें पड़ गई हैं।

लेकिन उम्र से कमजोर हो गई देह पर पड़ती कड़ी मेहनत से उसको इतनी परेशानी नहीं थी, जितनी इस बात से कि ग्राहकों की एक अच्छी-खासी संख्या सौदा उधार माँगती थी। किस-किसको मना किया जाए। हाथ जरा सख्त करने पर कहा जाता, "अरे बाबा! पेट क्यों हलकान करते हो, एक-एक नया पैसा मिलेगा। आदमी की जबान भी कुछ होती है। हर किसी को एक लाठी से नहीं हाँका जाता।"

उसने पड़ोस के एक बिसाती दूकानदार से सलाह ली, जिसने कहा, "दूकान रखकर उधार से तो बच नहीं सकते।"

"उधार का रुपया वसूल हो जाता है?"

"सही जगह जाएगा, वसूल हो जाएगा, और गलत जगह जाएगा, नहीं वसूल होगा।"

"अब सही-गलत की कैसे शिनाख्त हो?"

"यह तजुर्बे से आएगा।" उसकी नई दूकान खुल जाने से बिसाती की अपनी दूकानदारी पर असर पड़ा था, इसलिए उसके रुख में कुछ रूखापन था।

महीना-भर बाद सोहनलाल ने हिसाब जोड़ा। करीब दो सौ रुपये उधार में फँस गए थे। वह घबड़ा गया। नफा तो दरकिनार, यह तो लागत भी नुचने लगी। गाहक टिका रहे या टूटे, इस बात का बिना खयाल किये हुए उसने उधारदारी की लगाम कस दी और जहाँ पैसा अटका था, वहाँ काबुली पठान बन तकाजे पर तकाजा करने लगा। सख्त पड़ने पर कुछ लोगों से पैसा निकल भी आया।

उधार लेनेवालों में सलकू भी था, जिसका चेहरा दाहिनी आँख में फुल्ली होने के कारण देखनेवालों को चुभता था। पैंतीस-चालीस की उम्र में करने

को वह पाँच मील दूर हर बुधवार को लगनेवाले नखासे में बस जानवरों की दलाली करता था, जिसमें हाथ अगर कुछ अच्छा चढ़ भी जाता था तो उसकी चटोरी जबान उसे चट करने में ज्यादा देर नहीं लगाती थी। उसका बाप ईंट के भट्ठे पर मुंशी था और उसने अपनी बीवी व बच्चों की परवरिश का जुआ बाप के कन्धों पर रख छोड़ा था और खुद छुट्टे साँड़ की तरह घूमता था।

"बीड़ी दो।" दूकान खुलने के पहले ही दिन सलकू हुक्म देनेवाले ढंग से बोला।

सोहनलाल कस्बे का ही बाशिन्दा होने के कारण यह जानता था कि सलकू उस किस्म के इनसानों में से एक है जिनके स्वभाव और व्यवहार में काँटे उगे होते हैं और सीधे-सादे लोगों का जिनसे दूर रहना ही उचित है। उसने एक बीड़ी उकसाते हुए बंडल उसकी ओर बढ़ा दिया—इस मंशा से कि सलकू उकसी हुई बीड़ी खींचकर अपने रास्ते होगा और यों अगर एक बीड़ी जाती भी है तो सलकू का रुख दूकान की तरफ खराब नहीं रहेगा।

लेकिन सलकू ने पूरा बंडल जेब में रख लिया।

"भैया आज ही दूकान खोली है, सब कुछ नगद-नारायण चलना चाहिए।" सोहनलाल ने आशा के विपरीत घटते देखकर मीठी जबान में कहा।

सलकू ओंठ में दबी बीड़ी पीता हुआ "कुत्ते भौंकते हैं और हाथी जाता है" वाले भाव से आगे बढ़ चला।

"भैया के पास लगता आज पैसे नहीं हैं। कोई बात नहीं, कल दे दीजिएगा।" समझदारी के नाम पर उस स्थिति में जो कहा जा सकता था, सोहनलाल ने वही कहा। फिर उसने इस काम के लिए खोली गई कॉपी में भुनभुनाते हुए सलकू के नाम पच्चीस पैसे डाल दिये।

दो दिन उधर सलकू नजर नहीं आया और उसे राहत मिली। मौका होने पर देर-सबेर वह बीड़ी के पैसे माँग लेगा।

लेकिन अगले दिन सलकू दोपहर के वक्त दूकान पर फिर आ गया और कहा, "नहाने का साबुन चाहिए है।"

दो-तीन किस्म के साबुन की टिक्कियाँ सामने लगी थीं और फौरन उसे कोई उत्तर देता न देखकर वह बोला, "इसमें जो सबसे अच्छी हो, उठा दो।"

"यह नब्बे पैसे की है।" सोहनलाल ने एक टिक्की उठाकर दाम बता दिये।

सलकू टिक्की लेकर चल दिया।

"भैया, पैसे नहीं दिये।" उसने घिघियाकर कहा।

"पैसे मेरे पास नहीं हैं।" सलकू आगे बढ़ गया।

उसने भुनभुनाते हुए टिक्की के पैसे खाते में फिर टीप लिये।

अगले से अगले दिन सलकू को कपड़ा धोने के साबुन की जरूरत पड़ी। दूकान के पटरे के अगले हिस्से में वैसा साबुन रखा था और उसने खुद ही हाथ बढ़ाकर एक बड़ी टिक्की उठा ली।

"पैसे नहीं हैं।" टोके जाने पर उसने उस दिन भी वैसा ही कहा और सोहनलाल ने वैसे ही भुनभुनाते हुए कीमत फिर टीप ली।

इसके बाद चौथे दिन सलकू ने जब आकर आधा किलो चीनी देने के लिए कहा तो सोहनलाल हाथ जोड़कर खड़ा हो गया, "भैया, रहम करो।"

"चीनी दो।" सलकू ने अपने हुक्म को दोहरा दिया।

"भैया, यह एक गरीब की दूकान है। मेरी तरफ देखो।" सोहनलाल ने अपनी आँखें थरथराईं और उनमें से आँसू गालों की सूखी खुरदरी चमड़ी पर दुलकने लगे।

"लीला न करो। चीनी दो।" सलकू ने आवाज को चाबुक जैसा फटकारा। सोहनलाल ने आगे फेंके गए थैले में चीनी तौल दी।

इस सिलसिले को चल निकलना था और वह चल निकला। एक-दो दिन के अन्तराल से सलकू आता और जरूरत की चीज ले जाता—कभी इशारा कर, कभी हुक्म देकर और कभी खुद उठाकर। सोहनलाल चाहता था, वह सिलसिला टूटे। आगे का देना रुके तो पीछे के बारे में कुछ सोचा जाए। इस सिलसिले को तोड़ने के लिए वह उसके बाप से ईंट के भट्ठे पर जाकर मिला। लेकिन बाप ने अपनी लाचारी प्रकट कर दी। उस पर जो उसके बीवी-बच्चों की जिम्मेदारी है यही क्या कम है, जो वह कोई दूसरी नई जिम्मेदारी लादे।

और कुछ समझ में न आने पर सोहनलाल ने फिर कड़े पड़कर साफ मना करना ही तय किया। सलकू के अकेले खाते में ही उधार की रकम करीब पौन सौ पर पहुँच रही थी और उसके बारे में सोचकर उसे बुखार चढ़ने लगता था। ऐसे चला तो साल-छह महीने में दूकान बिलकुल बैठ जाएगी। आज यह है तो कल कोई दूसरा यों जबरदस्ती कर सकता है। एक को देखकर दूसरे की हिम्मत बढ़ती है। लेकिन सलकू जब सामने आ जाता, उसका यह बुखार

उतर जाता और बिना विरोध के वह जरूरत की चीज ले जाता। अगली बार के लिए वह अपने को फिर मजबूत करता, लेकिन अगली बार भी वह भरभराकर बैठ जाता। यों सलकू से उसकी पहले कभी कोई टकराहट नहीं हुई थी, न किसी दूसरे से ही होते उसने देखी थी, पर जिस तरह से उठने-बैठने, बातचीत, व्यवहार में वह खुरदरा, रूखा व अक्खड़ था, उससे उसने उसे दादा किस्म का मान लिया था और डरता था।

उधार की रकम सौ के आसपास पहुँच गई थी। सोहनलाल की छटपटाहट उस पर चाबुक बरसाने लगी, वह जो करे जल्द करे। देर जितनी हो रही है, नुकसान उतना ही ज्यादा होता जा रहा है। उसने फिर अपने से पूछा—"आखिर वह इतना डरता क्यों है? घोंसले से छेड़खानी होने पर एक नन्ही गौरैया भी चोंच फैलाकर अपने से कहीं ताकतवर दुश्मन पर हमलावर हो जाती है। फिर यहाँ तो उसकी मदद के लिए कानून और पुलिस होगी।" उसे फिर याद आ गया कि चुंगी में एक कामदार भी अपने-आप को तीसमारखाँ बनता था और इस-उस के खिलाफ गालियाँ बकता घूमता था व धमकियों से बात करता था। उसकी मातहती में ड्यूटी लगने पर वह स्टोर से बिछाने के लिए मिली नई दरी अपने घर उठा ले गया। उसने तीन-चार बार दरी ले आने के लिए मुलामियत से कहा। फिर सीधी अँगुली से घी निकलता न देखकर जब उसने वह टेढ़ी कर ली और उसके खिलाफ एक्जीक्यूटिव ऑफिसर को रिपोर्ट करने की बात कही तो कामदार दुम हिलाने लगा और अगले दिन दरी वापस ले आया। इसके बाद जब तक वह मातहती में रहा उसने चूँ-चपड़ नहीं की।—इस मन:स्थिति में उसे बाजार में एक अन्य उधार वाला गाहक दीख गया, तकाजे से बचने के लिए जिसने एक पखवारे से दूकान पर आना छोड़ दिया था। उस पर करीब बीस रुपये निकलते थे। सोहनलाल ने उसे पकड़ लिया, "दूकान के पैसे देते जाओ।" गाहक ने बहुत कहा-सुना, कसम खाई कि अगले महीने वह सारी उधारी जरूर निपटा देगा, पर वह अपनी गिरफ्त मजबूत किये रहा। फिर उसने उसकी जेब में हाथ डालकर जबरदस्ती दस का नोट निकाल लिया।

"चार दिन के अन्दर बकाया रकम मिल जाए, वरना बीच बाजार में कपड़े उतार लूँगा।" उसने गाहक को मुक्त करते हुए जैसे अन्तिम चेतावनी दी।

इस घटना से उसे हिम्मत मिली थी, क्योंकि अगले दिन सलकू जब दूकान पर आया और उसने आगे पटरे पर रखा चाय का पैकेट उठाया तो वह

"वहीं रख दो, वहीं रख दो" कहता हुआ अपने बैठने की जगह से उछलकर आगे बढ़ आया।

"चाय दो।" सलकू पैकेट वहीं छोड़ देने की सिटपिटाहट दबाता हुआ बोला।

"जरूर दूँगा, पर मेरा पिछला हिसाब पहले चुकता हो जाना चाहिए, बकाया बहुत ज्यादा हो गया है।" उसकी आवाज कड़ी न होते हुए भी मजबूत थी।

"गड़रिये की औलाद, लगता तेरा दिमाग फिर गया है।" सलकू ने आँखें तरेरते हुए उसे घूरा और एक झटके के साथ आगे बढ़ गया।

सोहनलाल ने सोचा था, वह काफी गालियाँ बकेगा, शायद पैकेट लेने के लिए जिद भी करे, या शायद कोई गम्भीर बखेड़ा कर दे, लेकिन बात बिना ज्यादा बढ़ाए हुए वह जिस तरह चला गया, उससे उसे पछतावा हुआ कि अब तक उसने उसे जरूरत से ज्यादा छूट दे रखी थी। अगर वह शुरू में ही आज जैसा कड़ा पड़ गया होता तो उधारी में फँसी रकम इतनी ज्यादा बढ़ न जाती। "जरा इसको और तौल लूँ, फिर बकाया भी वसूल करूँगा। दस-पाँच नहीं, सौ रुपये की पूरी रकम है और आसानी से मरने नहीं दूँगा।" भारी हो गए पश्चाताप को हलका करने के लिए उसने अपने से कहा।

उस दिन वह उधारवाले दूसरे गाहकों से भी कड़ा पड़ गया और उनसे भी उसने कुछ-न-कुछ वसूल लिया।

आठ बज गए थे और वह रोज की तरह दूकान बढ़ाने की तैयारी करने लगा। इस वक्त तक अँधेरा घिर चुकता था और आसपास सन्नाटा गहराने लगता था। एकाएक अँधेरे से निकलकर सलकू सामने खड़ा हो गया। सलकू को लेकर जो भय अब तक कम हो गया था, एकदम से कई गुना होकर उस पर वापस लौट आया, बल्कि कुछ बढ़े हुए रूप में ही। लौटे भय के दबाव को झिटकता हुआ जब तक वह चौकन्ना हो-हो, सलकू ने साथ लाए टीन के डिब्बे में से यहाँ-वहाँ मिट्टी का तेल छिड़का और जलती हुई माचिस लगा दी।

"ले गड़रिये की भेड़, रख दूकान अपनी माँ की...त में।" सलकू पीछे की ओर से आया था और उधर ही लौट गया।

सोहनलाल जितना चिल्ला रहा था, आग उतनी ही तेज भड़कती जा रही थी। दूकान पर पड़ा छप्पर रूई बन गया था और उसने सैकड़ों लाल-पीली जिह्वाएँ निकाल ली थीं। लोग इधर-उधर से दौड़ आए थे, पर आग बेकाबू हो गई थी।

"हाय! मुझे सलकू ने तबाह कर दिया। हाय, अब मैं क्या करूँगा?" होश खोए किसी बच्चे की तरह रोता हुआ वह बस यही दो वाक्य दोहरा रहा था।

जैसा कि उनका स्वभाव बन गया था, सहायक सेशन जज जौहरी साहब इस मुकदमे में भी फैसला देने के लिए बराबर अलसाते रहे थे और दो बार तारीखें बढ़ा चुके थे। अब चूँकि एक तो बहस सुने हुए चौदह दिन खत्म हो रहे थे दूसरे, महीने का अन्तिम सप्ताह था और निर्धारित कारगुजारी लायक काम पूरा हुआ नहीं था, इसलिए वह कल शाम अदालत का काम निपटाकर फैसला लिखाने के लिए वहीं रुक गए थे। उन्होंने मिसल को लौटा-पौटा। इन दो सप्ताह में वह कई मुकदमे सुन चुके थे और यह स्वाभाविक था कि इस पुराने मामले के तथ्य नये मुकदमों के तथ्यों के नीचे बहुत कुछ मस्तिष्क में दब जाएँ। अब उनके पास इतना समय तो था नहीं कि वह एक-एक बयान को पूरा पढ़ते। दूसरे, दिन-भर की थकावट भी उनको इस काम से जल्द-से-जल्द मुक्ति पाने के लिए मजबूर कर रही थी। उन्होंने यहाँ-वहाँ नजर दौड़ाकर बस मोटे-मोटे तथ्य बटोर लिये कि सोहनलाल मुद्दई है और सलकू मुलजिम, कि मामला आगजनी का है, कि सलकू ने उधार न दिये जाने के अपमान का बदला लेने के इरादे से रात के आठ बजे दूकान में आग लगा दी और यह कि मुद्दई का इससे करीब दो हजार रुपये का नुकसान हो गया। वैसे यह दर्शाने के लिए कि उन्होंने मिसल के अध्ययन में श्रम किया है, बयानों के हर पृष्ठ पर लाल-नीली पेंसिल से कई-कई निशान खींच दिये। उन्होंने फिर बहस के दौरान जो नोट लिये थे सरसरी तौर से उनको देख डाला। वह इस तथ्य से सुपरिचित थे कि सरकार की ओर से मामलों में अपीलें बहुत कम की जाती हैं, अपील अधिकतर अभियुक्त पक्ष ही करता है और यदि यह पक्ष निर्णय से सन्तुष्ट रहे तो किसी भी प्रकार के बखेड़े का अन्देशा नहीं रहता है तथा फौजदारी के मुकदमों में सफाई के वकील के तर्कों को स्वीकार कर लेना सुविधाजनक तो होता ही है, वह वकीलों की जमात में न्यायाधीश को लोकप्रिय भी बना देता है।

जौहरी साहब ने फिर घंटी बजाकर टाइपबाबू को बुला लिया और फैसला बोलने लगे। उनके तेज बोलने के कारण जब टाइपबाबू छूट जाते शब्दों को

रुककर पूछता था तो वह झुँझला उठते, "तुम शॉर्टहैंड की अपनी स्पीड बढ़ाते क्यों नहीं? यों, मेरे साथ तुम्हारा चलना मुश्किल है।" फैसले में सबूत की कहानी में उन्होंने असंगतियाँ तथा आधारभूत कमजोरियाँ दिखाईं कि तैश में आकर यदि सलकू को नुकसान पहुँचाना था तो वह उसी समय तुरन्त पहुँचाता और यदि उसमें इतना दुस्साहस नहीं था तो फिर सन्ध्या को उसे आग मुद्दई के सामने नहीं लगानी चाहिए थी, बल्कि वह रात के उस पहर की प्रतीक्षा करता जब उसके सिवाय वहाँ अन्य कोई नहीं होता, कि आसपास जब कई और दूकानें थीं तो गवाह के रूप में उनमें से किसी दूकानदार का न आना और केवल मुद्दई व उस जली हुई दूकान के मालिक का ही पेश होना अपने में एक सन्देहजनक स्थिति है, कि घटना के तथाकथित कारण से अभियुक्त इनकार करता है, कि मुद्दई ने हिसाब की जो कॉपी पेश की है उस पर अभियुक्त के कहीं भी हस्ताक्षर नहीं हैं और हस्ताक्षर के अभाव में साक्ष्य के रूप में उसे अंगीकार नहीं किया जा सकता है, और यह कि अभियुक्त ने रपट में अपने नामजद किये जाने की जो यह वजह बताई है कि सौदा कम तौलने को लेकर मुद्दई से उसका दो दिन पहले झगड़ा हुआ था और जब किसी राहगीर द्वारा अनजाने फेंकी गई जलती बीड़ी या सिगरेट से मुद्दई की दूकान जल गई और उसका नुकसान हो गया तो उसने शुबहे में उसका नाम लिखा दिया, उसको एकदम गढ़ी हुई कहकर पूर्णतया रद्द नहीं किया जा सकता है। अन्त में फौजदारी के छोड़नेवाले हर मुकदमे में जौहरी साहब अपना जो प्रिय वजनदार वाक्य लिखाते थे, वह उन्होंने इसमें भी लिखवाया, "सबूत की ओर से घटनाओं की शृंखला की विभिन्न कड़ियाँ ऐसे अटूट रूप से पेश नहीं की गई हैं जिनसे अभियुक्त के निश्चयात्मक रूप से दोषी होने की युक्तियुक्त परिकल्पना की जा सके। अत: वह सन्देह-लाभ का अधिकारी है।"

इस फैसले को पूरा कर लेने के बाद जौहरी साहब ने फिर दीवानी के एक मुकदमे की मिसल बक्स में से निकाल ली। एक अध्यापक को कई झूठे आरोप लगाकर द्वेषपूर्वक बरखास्त किया गया था और उसने इस गलत बरखास्तगी के खिलाफ मुकदमा दायर किया था। इस मामले को भी सुने हुए काफी अरसा हो गया था। साथ में सिविल जज का भी पदभार ग्रहण किये होने के नाते वह पाँच हजार की मालियत से ऊपर दीवानी के मुकदमों का भी निस्तारण करते थे।

दीवानी के मुकदमों को डिग्री करने की बजाय खारिज करने में सुविधा रहती है, क्योंकि तब साक्ष्य की विवेचना आदि के लिए एक छोटा रास्ता पकड़ना होता है। जौहरी साहब ने इस मुकदमे को खारिज करना ही तय किया।

जौहरी साहब जब न्यायालय भवन से बाहर निकले तब छह बज रहे थे। वहाँ उनको दो घंटे देर तक रुकना पड़ा, इसकी उनके अन्दर कचोट तो थी लेकिन साथ ही ठंडे फाहे जैसी यह तृप्ति भी थी कि उन्होंने केवल दो घंटे में ही दो मुकदमों का फैसला बोल दिया है और पाँच दिन की कारगुज़ारी बना ली।

अगले दिन वह अधीरता दिखाने लगे कि फैसले जल्द-से-जल्द टाइप हो जाएँ। हर आधे घंटे बाद वह टाइपबाबू को बुलाकर पूछते और यह उत्तर मिलने पर कि अभी टाइप होने में काफी समय लगेगा, वह उसे झिड़कते, "शॉर्टहैंड में भी तुम ढीले हो और टाइप में भी। मेरे साथ तुम चल नहीं सकते।" दो बजे यह पता लगने पर कि एक फैसला तो पूरा हो गया है, लेकिन दूसरे में अभी आधे से ज्यादा सामग्री टाइप होना बाकी है, उन्होंने उस शेष रह गई सामग्री को यहाँ-वहाँ से छोटा करवा दिया।

तीन बजे दोनों फैसले देकर और न्यायालय का काम निपटाकर वह फैसला लिखाने फिर बैठ गए और उस दिन भी उन्होंने दो फैसले बोल डाले।

महीने के अन्तिम दिन तक अब जौहरी साहब इसी अन्धी गति और उतावली से काम करेंगे।

9

डिस्ट्रिक्ट एंड सेशन जज, यानी जिला एवं सत्र न्यायाधीश, यानी बड़े जज की अदालत में आज सुनवाई के लिए अपीलें नियत थीं। वह सप्ताह में तीन दिन फौजदारी के संगीन अपराधों के मुकदमे सुनता था, एक दिन फौजदारी की अपीलें सुनता था, एक दिन दीवानी की और शनिवार के दिन संरक्षक नियुक्ति, उत्तराधिकार प्रमाण-पत्र, भारतीय परिसीमा अधिनियम, मोटर यान अधिनियम आदि के छिटपुट मुकदमे तथा जमानत की दरखास्तें निपटाता था। चूँकि बड़े जज को विभाग का प्रशासन भी सँभालना होता था, इसलिए वह न्यायिक कार्य इस प्रकार लगाता था कि उसे प्रशासनिक कार्य के लिए भी काफी समय मिलता रहे। दरअसल, प्रशासनिक कार्य से निपटकर ही वह साढ़े ग्यारह-बारह बजे तक न्यायाधीश की कुर्सी ग्रहण करता था।

आज फौजदारी की अपीलों का दिन था और वैसी तीन अपीलें लगी हुई थीं, अर्थात दिन-भर की कारगुजारी का काम था। इनमें से एक अपील नहीं होगी। पुकार लगाने पर अपीलकर्ता के वकील पंडित मुकुटधर पांडेय आकर इलतवा की दरखास्त दे गए थे, "हुजूर, मुवक्किल बीमार हो गया है, आज आ न सका। कोई दूसरी तारीख दे दी जाए।"

"बीमार है, तो बीमारी का सर्टिफिकेट होना चाहिए।" सरकारी वकील ने अपनी कुर्सी से खड़े होकर विरोध किया। यों ऐसी किसी दरखास्त पर विरोध अनावश्यक था, पर उसने किया इसलिए था ताकि वह तेज-तर्रार दीखे।

"हुजूर, गाँव का आदमी एक-दो दिन की बीमारी में घरेलू दवा-दारू करता है। सर्टिफिकेट तो धेली-रुपये में किसी वैद्य-हकीम का फर्जी भी बन

सकता है। पर अदालत में हुजूर, जिसे न्याय का मन्दिर कहा जाता है, गलत चीजें पेश करना, खासतौर से अपने बिस्तर से, मैं उचित नहीं समझता।" पांडेय जी ने वाक्चातुर्य का सहारा लेते हुए इस तरह अपनी बात रखी कि उसका असर होना चाहिए, और असर हुआ भी। बर्फ जैसे सफेद बालों वाले जज ने अपनी सुनहरी कमानी वाले चश्मे में से आँखों की पुतलियाँ नीचे झुकाईं, सामने रखी डायरी के पृष्ठों को खोला और एक तारीख खोजकर अपील उस अगली तारीख पर पेश किये जाने का आदेश दरखास्त पर लिख दिया, डायरी के उस पृष्ठ पर उस अपील को चढ़ा लिया और फिर दरखास्त पेशकार की ओर बढ़ा दी, जिसने एक माध्यम बनते हुए उसे पांडेय जी की ओर खिसका दिया। आदेश पढ़कर पांडेय जी ने उस पर फाउंटेनपेन से छोटे से हस्ताक्षर कर दिये और फिर आभार प्रकट करने के लिए झुककर सलाम करते हुए अदालत के बाहर चले गए।

वास्तविकता यह नहीं थी कि अपीलकर्ता बीमार था। वह हट्टा-कट्टा था और पेशी की तारीख होने के कारण आया हुआ भी था। लेकिन मुंशी ने पाया कि वह पूरी फीस लाया नहीं है। तब उसने वकील साहब को इशारे से स्थिति बता दी। आखिरी तारीख थी और बहस के बाद मुवक्किल गिरफ्त से बाहर हो जाता था। वह बकाया फीस दे या न दे, यह फिर उसकी इच्छा पर निर्भर करता था। इस खतरे से बचने के लिए तब वह तरकीब निकाली गई थी। मुवक्किल को सही कारण न बताकर यों समझाया गया कि आज जज साहब चिड़चिड़ कर रहे हैं, उनका माथा गर्म है और बहस जमेगी नहीं, इसलिए कोई दूसरी तारीख ले ली जा रही है। मुंशी ने फिर मुवक्किल से लाए गए रुपये सहेज लिये थे और बकाया के लिए यों इशारा कर दिया था, "लो, इस बहाने तुमको खर्चे का जुगाड़ करने के वास्ते वक्त भी मिल गया।"

यह मुवक्किल दूध में मिलावट करने के अपराध में फँसा हुआ था। वह गाँव के प्रधान का नौकर था, जो अड़ोस-पड़ोस के क्षेत्रों से दूध समेटकर शहर के होटलों व दूकानों पर भेजता था। उसे नहीं मालूम था कि प्रधान की नये आए हुए इंस्पेक्टर से हर महीने बख्शीश में दी जानेवाली रकम को लेकर खटक गई है। एक दिन इंस्पेक्टर ने रास्ते में रोककर उससे दूध का नमूना ले लिया और दो महीने बाद फिर उसका चालान कर दिया। प्रधान ने इस मामले में शुरू-शुरू में हमदर्दी दिखाई, जमानत कराने में उसकी मदद भी की और

इंस्पेक्टर के लिए गालियाँ बखानते हुए कहा कि उस नटनी की औलाद को वह समझ लेगा। लेकिन फिर इंस्पेक्टर से उसका समझौता हो गया और एक दूसरा आदमी रखकर उसने दूध का रुका हुआ काम चालू कर दिया और उसके मामले से अपना हाथ बिलकुल खींच लिया, "काम लेता था तो क्या तलब नहीं देता था? अब किसी का फोड़ा उसके तन से छुड़ाकर कोई अपने तो लगा लेगा नहीं।" मजिस्ट्रेट ने उसकी दो माह की सजा कर दी थी और चार सौ रुपया जुर्माना। मजिस्ट्रेट न्यायालय में भी पांडेय जी उसके वकील थे। मामले में यदि वह ढंग से पैरवी करते या कुछ खास मुद्दों को लेकर सबूत पक्ष की कमजोरियाँ दिखाते तो मुकदमा वहीं छूट सकता था। पर पांडेय जी ने जान-बूझकर वैसा किया नहीं था। मुकदमा सजा हो जाने पर अपील निश्चित थी और अपील के मायने थे, उनकी कम-से-कम सौ रुपये की और सिद्धि। ये रुपये हथियाकर ही अपील की अदालत से मुवक्किल को छुटाने में उन्होंने अकलमन्दी समझी थी।

दूसरी अपील नियाजू की थी जो उसने जेल से की थी। अपील में उसने लिखा था कि उसे बुलाकर व्यक्तिगत रूप से सुना जाए व उसके साथ इंसाफ हो। मजिस्ट्रेट ने उसे चार महीने सख्त कैद की सजा दी थी। उसके खिलाफ जुर्म यह था कि उसके झोले में से दो बोतल नाजायज शराब बरामद हुई। थाने का दरोगा एक अन्य मामले में तफतीश के वास्ते एक-दूसरे गाँव गया हुआ था। और जब वह वहाँ से दो सिपाहियों के साथ शाम झुके लौट रहा था तो नहर की पटरी पर दूसरी ओर से आता यह शख्स दिख गया। पुलिस पार्टी पर नजर पड़ते ही यह शख्स सिटपिटाता हुआ उसी ओर पलट गया जिधर से आ रहा था। दरोगा को सन्देह हो गया और उसने सिपाहियों व पास के खेत में काम कर रहे दो लोगों की मदद से रपटाकर इसे पकड़ लिया। तलाशी पर इसके झोले से कच्ची शराब की दो बोतलें निकलीं, जिनको घटना-स्थल पर ही रूबरू गवाहान लिखा-पढ़ी कर सील-मोहर कर दिया गया।

नियाजू ने नीचे की अदालत में अपना वकील किया था। नहीं, वह तो उस समय जेल में था और वकील उसके साले ने किया था। साले ने वकील अपनी मर्जी का करना चाहा था, पर करानेवाले ने अपनी मर्जी का करा दिया। साला गाँव से आकर जब बस अड्डे पर उतरा तो चेचक के छिदे चेहरे वाले एक आदमी ने उससे बड़े मुलायम स्वर में पूछा कि क्या बात है, वह बहुत

परेशान नजर आ रहा है। जब साले ने परेशानी बताई तो उसने कहा, हाँ, उसके बहनोई पर अच्छी-खासी मुसीबत आ गई है। लेकिन वह हिम्मत न हारकर हिकमत से काम ले। अच्छा डॉक्टर मिल जाने पर जैसे जिस्म को लगी बीमारी खत्म हो जाती है, वैसे ही ढंग का वकील मिल जाने पर मुकदमे से मिली तकलीफ दूर हो जाती है। साले ने बताया कि उसे सैयद मुख्तार अली साहब को वकील करने की सलाह दी गई है जो बहुत काबिल आदमी कहे जाते हैं और जो अदालत में दूध का दूध और पानी का पानी कर देते हैं। इस पर चेचक से छिदे चेहरेवाले ने कहा कि हाँ, मुख्तार अली साहब बिला शक काबिल वकीलों में से हैं। पर दिक्कत यह है कि इन दिनों वह बीमार चल रहे हैं और फिर जल्द ही उनके हज जाने की भी खबर है और अगर हज को जाते हैं तो वह पूरा मुकदमा कर न सकेंगे और तब उसे मेहनताना दुबारा देकर नया वकील करना होगा। फिर उसने कहा कि वह एक ऐसा वकील जानता है जो पुराना खुर्राट व तजुर्बेकार है और जो काबलियत में मुख्तार अली साहब से कहीं पर भी उन्नीस नहीं है। चूँकि वह मुसीबतजदा है और उसको उससे हमदर्दी है, इसलिए कह-सुनकर वह फीस भी कम करा देगा। यह तो अच्छा हुआ कि वह यहाँ मिल गया, वरना कचहरी में गलत हाथों में फँसकर वह नुच सकता था।

और फिर उस चेचक से छिदे चेहरेवाले ने साले को ले जाकर वकील करा दिया, उम्रदराज होने के कारण जिसकी खाल पर झुर्रियाँ-ही-झुर्रियाँ थीं और जिसके सिर व भौंह के बाल सन जैसे एकदम सफेद थे। अगले दिन जमानत हो जाने पर जब नियाजू जेल से बाहर आ गया तो साले ने वकील की सराहना करते हुए बताया, "मुझे पुराने सिरके जैसा एकदम तेज लगता है।"

अदालत में मुकदमा शुरू होने पर नियाजू ने पाया, उसका वकील ज्यादातर चुप रहता है और डिप्टी साहब द्वारा कुछ पूछे जाने पर बस चार-पाँच लफ्ज बोलकर गर्दन खजुआने लगता है। जब नियाजू कहता कि पेश होनेवाले गवाह से वह फलाँ-फलाँ बात जरूर पूछे और सच्चाई यह है, तो वह पिनपिन करता हुआ कहता, "घबड़ाओ नहीं। तुम बेगुनाह हो तो जरूर छूट जाओगे।"

वह कुछ देर ठहरकर जोर देता, "आप यह बात पूछ जरूर लें। डिप्टी साहब को असलियत मालूम हो जाना चाहिए।"

"मौका आने दो, पूछूँगा। सब कुछ पूछूँगा।"

अगली पेशी पर भी वह पिनपिन करता हुआ उसे इसी तरह तसल्ली देता।

"गवाह तो सब गुजरे जा रहे हैं, आखिर आप पूछेंगे कब?" उसने एक बार बेसब्र होकर कहा।

उसकी आवाज के खिंचेपन ने वकील की गर्दन पर खुजली और भी मचा दी। उस हिस्से को रगड़ता हुआ वह बोला, "अपने गवाह से ये सब बातें कहलवाऊँगा, बहस में कहूँगा।"

न तो वह अपने गवाह से ही वे सब बातें ढंग से कहलवा सका और न खुद बहस में ही डिप्टी साहब को समझा सका। अगर वह कुछ कहने की कोशिश करता भी तो दूसरी ओर का वकील झट से टोक देता, "लेकिन शहादत में तो यह बात आई नहीं है। मेरे लायक दोस्त क्या बताएँगे कि वह ये सब कह किस आधार पर रहे हैं?"

नतीजा यह हुआ कि उसकी सजा बोल दी गई।

जेल में दुबारा पहुँचकर ही एक-दूसरे कैदी द्वारा बताए जाने पर उसने जाना कि वह वकील दरअसल एक स्कूल में पहले मास्टर था, जो स्कूल से पेन्शन मिलने के बाद पिछले दो साल से वकालत करने लगा है और दीवानी के कानून का भले ही वह अलिफ जानता हो, फौजदारी के काम में बिलकुल लट्ठ है और चेचक से छिदे चेहरे वाला आदमी उसका दलाल है, जिसने उस कैदी को भी उसी वकील के पास फँसवा दिया था।

नियाजू का इस मुकदमे के दौरान दो बीघे का खेत बिक गया था। नये वकील के नये खर्चे को बर्दाश्त न कर सकने के सबब उसने फिर खुदा के रहमोकरम पर सब छोड़कर जेल से अपील दायर कर दी थी। हाकिम अगर इंसाफ पसन्द है, तो वह खुद भी झूठ और सच की शिनाख्त कर सकता है। जज होने के नाते उसे इतना काबिल तो होना ही चाहिए कि सच्चाई की मंजिल पर पहुँचने के लिए वह किसी दूसरे की अँगुली पकड़कर चलने की जरूरत न महसूस करे।

"तुमको क्या कहना है?" बड़े जज के पूछने पर नियाजू जंग के रंग से रँगे कठघरे के अगले भाग तक बढ़ गया। वह मोटी मारकीन की सुर्ख पट्टी पड़ी कैदियोंवाली ढीली फतुई व घुटनों तक लम्बा जाँघिया पहने हुए था। जेल में जाने से पहले उसकी त्वचा में एक चिकनापन था, पर अब उसमें झुलसेपन की पपड़ियाँ पड़ गई थीं। उसकी गर्दन की कौड़ी कुछ इतनी नुकीली हो गई

थी कि किसी भी क्षण झिल्ली जैसी चमड़ी को फाड़कर वह नंगी बाहर निकल सकती थी। उसकी आँखों के गिर्द बुझी भट्ठी जैसे गहरे स्याह घेरे बन गए थे और पुतलियों पर जाला खिंच आया था। उसका पूरा व्यक्तित्व साँय-साँय करते उस दरख्त जैसा था जिसके सारे पत्ते झर गए हों और जो असमय ही खुरदरी नंगी शाखें फैलाए सूखने लगा हो।

"सरकार, मुझे दरोगा जी ने इस मामले में झूठा फँसवा दिया। मुझे सिपाही घर से लिवा ले गए, यह कहकर, थाने पर दरोगा जी ने बुलाया है और वहीं पहले मुझे कम्बल डालकर बेंतों से मारा और फिर हवालात में बन्द कर दिया। सरकार, मैं बिलकुल बेगुनाह हूँ। मैं औलाद की कसम खाकर कहता हूँ, शराब नहीं पीता। फिर शराब से मुझे क्या सरोकार हो सकता था, सरकार? सरकार, मेरे गाँव का नूरबख्श नाजायज पिस्तौल रखने के जुर्म में पकड़ा गया था। दरोगा जी ने मेरा नाम गवाही में लिख लिया था। सरकार, नूरबख्श वाला मुकदमा भी झूठा था। मैंने उसमें गवाही नहीं दी। दरोगा जी ने मुझे धमकी दी थी—तुमको जेल में सड़वा दूँगा। सरकार, एक महीना बाद ही उन्हीं दरोगा जी ने मुझे शराब के इस झूठे मुकदमे में रखकर जेल भेज दिया। यह बात कि मेरे झोले में कच्ची शराब की बोतलें थीं या मैं नहर की पुलिया के पास पकड़ा गया बिलकुल मनगढंत है। सरकार, मुझे दो सिपाही घर से बुला ले गए थे।" नियाजू के कहने में कोई श्रृंखलाबद्ध क्रम नहीं था। एक प्रसंग बिना समाप्त किये हुए वह दूसरा प्रसंग छेड़ देता था और बाद में याद आ जाने पर पहले प्रसंग में छूट गया टुकड़ा फिर जोड़ देता था। लेकिन उसके कथन में जो अक्षत सत्य था, वह उसको मजबूती से जोड़े हुए था और खरी खनक की अनुगूँज देता था।

"तुमने नूरबख्श वाले मुकदमे में अपने गवाह होने का कागज दाखिल किया है?" जज ने सवाल किया। सवाल करने के ढंग से लगता था, उस खरी खनक की अनुगूँज उसने खुद भी सुन ली है।

"सरकार, मैंने अपने वकील से कहा था, मगर उसने जरूरत नहीं समझी।" नियाजू ने कठघरे की लकड़ी पर अपने दोनों हाथ टिका दिये।

"वह कागज तुम्हारे पास है?"

"सरकार, नूरबख्श वाली मिसल मँगाकर देख ली जाए।"

"मुकदमे का नम्बर वगैरह मालूम है?"

"सरकार, मैं जब पकड़ा गया, नूरबख्श उससे दो महीने पहले पकड़ा गया था। सरकार, वह चैत की बात थी। आज से डेढ़ साल हुआ होगा।"

जज ने सामने लगी कागज की स्लिप खींचकर पेंसिल से कुछ टीप लिया।

"आपको क्या कहना है?" जज ने अपनी आँखें सरकारी वकील की ओर उठा दीं, जिसके चेहरे पर घनी भौंह, चपटी नाक, मोटे-फैले होंठ व सख्त चमड़ी थी। उसका कद डरावनी हद तक ऊँचा था और हाथ के पृष्ठ भाग पर जमे लम्बे-घने स्याह बालों से वह किसी बनैले पशु-जैसा दीखता था। उसने कुछ पहले इस मिसल का अध्ययन किया था और उसे इसमें घातक किस्म की एक कानूनी खामी नजर आई थी। पुलिस ने शराब की रासायनिक जाँच नहीं कराई थी। उसने आबकारी के इंस्पेक्टर को ही शराब की अवैध प्रकृति साबित करने के लिए पेश कर दिया था, जबकि उच्च न्यायालय की हाल में हुई कई नजीरों के अनुसार ऐसे मामलों में इंस्पेक्टर को एक विशेषज्ञ की संज्ञा नहीं दी जा सकती थी। उसे लगा था, अगर यह खामी उभरकर सामने आई तो केवल इसी आधार पर अपील स्वीकृत होकर अभियुक्त छोड़ दिया जाएगा। जब उसे पता चला कि अभियुक्त का अपील में कोई वकील नहीं है तो इस खामी के छिपे रहने की सम्भावना से उसकी चिन्ता कम हो गई थी। लेकिन जज और अभियुक्त के बीच हुए संवाद से उसने पाया कि जज़ ने एक और नया कमजोर स्थल खोज लिया है और इससे वह चौकन्ना हो गया।

"हुजूर, जो मुलजिम कह रहा है वह मिसल से साबित नहीं होता है। जो कहा जाए उसकी सम्पुष्टि में कोई-न-कोई प्रमाण होना ही चाहिए, यह तब और भी जरूरी हो जाता है, जब वैसा प्रमाण आसानी से दिया जा सकता हो। हुजूर, सबूत की कहानी बिलकुल स्वाभाविक और विश्वसनीय है और वहाँ झूठ का एक भी रेशा नहीं है। दरोगा जी घटना वाले दिन एक-दूसरे मामले में तहकीकात के लिए हसनपुर गए हुए थे, यह रोजनामचे के इन्दराज से साबित हो जाता है। एक तो इस बात का कोई प्रमाण ही नहीं है कि मुलजिम नूरबख्श वाले मुकदमे में पुलिस की तरफ से गवाह था और उसने गवाही नहीं दी। दूसरे, मानने के लिए अगर इसे मान भी लिया जाए, तो यह बात गले नहीं उतरती है कि पुलिस का एक जिम्मेदार ओहदेकार इस छोटी-सी बात को लेकर नाराजगी रखेगा, सो भी इस हद तक कि वह उसे निकालने के लिए एक झूठे मुकदमे को गढ़ने का जोखिम उठाए।" सरकारी वकील एक पेशेवर कुशल वक्ता की तरह बोल रहा

था। वह अपने कथन को धारदार बनाकर अभियुक्त द्वारा निर्मित सुरक्षा के घेरे को काट देना चाहता था। वह जो कह रहा है उसमें सार है, इसको सूचित करने के लिए उसने अपने चेहरे पर काँच के पिसे चूरे जैसी मुसकराहट बिखरा रखी थी, "हुजूर, अगर यह भी मान लिया जाए कि दरोगा नाराज था तो जनता के जो दूसरे गवाहों ने बयान दिये हैं, मुलजिम के पास उसके लिए कोई जवाब नहीं है। दोनों गवाह घटना-स्थल के पास ही अपने खेत पर काम कर रहे थे और उनकी उपस्थिति उस समय एकदम स्वाभाविक थी। केवल इन दो गवाहों के बयानों के आधार पर ही मुलजिम दोषी सिद्ध हो जाता है। हुजूर, मजिस्ट्रेट साहब का फैसला दोषरहित है। चार महीने की सजा भी ऐसे जुर्म के लिए अधिक नहीं कही जा सकती है। अपील में कोई भी दम नहीं है और वह काबिले खारिज है।"

"सरकार!" सरकारी वकील के खामोश होते ही नियाजू मुलजिम बोल उठा। यों तो बहुत से ठेठ कानूनी शब्द व मुहावरे उसके लिए अजनबी और अबूझे थे, लेकिन जो कुछ खुला व साफ था उसके सन्दर्भ में उनके अर्थ क्या हो सकते हैं वह अच्छी तरह समझ गया था। शिकारी के मजबूत जाल से बाहर निकलने की छटपटाहट भरी जैसी यह उसकी अन्तिम कोशिश थी, "इनकी बातों पर गौर न करें। इनका काम मुलजिमान को फँसाने का है। यह पुलिस के झूठ को भी सच कहेंगे। सरकार, अगर फीस देकर मैंने इनको अपना वकील कर लिया होता, तब यही मेरे बेगुनाह होने की बात सही बताते और पुलिस के मुकदमे को झूठा और गढ़ा हुआ। सरकार..."

"चुप रहो!" जज ने चिढ़कर डाँटा। किसी वकील के लिए ऐसा कहना एक तरह से बदतमीजी थी, जो अदालत में नहीं होना चाहिए।

"सरकार, नाराज न हों। मैं अपने कहे के लिए माफी माँगता हूँ। सरकार, मैं बिलकुल बेकसूर हूँ।"

पेशकार से मिले इशारे पर सिपाही ने कठघरे की खिड़की खोलकर मुलजिम को निकाल लिया।

"सरकार, मैं अपने बच्चे की कसम खाकर..."

मुलजिम को हवालात में वापस बन्द करने के लिए सिपाही उसे अदालत के बाहर ले आया।

तीसरी अपील कन्हैयालाल की थी, जिसने यौवन की दहलीज पर अभी डग बढ़ाया ही था और जो उस हरे बाँस जैसा था, जिसकी गँठानें अभी पकी न हों। उसके विरुद्ध आरोप चोरी की नीयत से साइकिल उठाकर भागने का था। मजिस्ट्रेट ने उसे एक वर्ष कठोर कारावास की सजा दी थी। मजिस्ट्रेट के उस निर्णय के विरुद्ध वह अपील में आया था। प्रार्थना करने पर अपील निस्तारण तक उसे जमानत पर छोड़ दिया गया था।

फरवरी महीने की वह एक सुहावनी सुबह थी। सूरज जब निकल आता था तो धूप की सुनहरी अँगुलियाँ सर्दी को गूँधकर जल्द ही नरम बना देती थीं। इच्छा होती थी कि ऐसी नरम सर्दी का स्वाद लिया जाए। कन्हैयालाल को उस दिन चाय कुछ ज्यादा अच्छी लगी थी, नमकीन पराँठा भी। अब नरम हो गई सर्दी का जायका लेने के लिए वह दरवाजे के बाहर सफील पर आकर खड़ा हो गया। उसने गली में निगाह की गेंद को ठप्पा दिया। रामसेवक के मकान के छज्जे पर उसकी औरत खड़ी गीली धोती फैला रही थी और नीचे बंसीलाल कमर झुकाए हाथ में थमी लकड़ी ठुकठुकाते हुए ठाकुरजी के दर्शन कर मन्दिर से वापिस लौट रहे थे। रामसेवक की औरत न होकर अगर वह उसकी लड़की निर्मला होती तो वह अपनी निगाह की गेंद से उसके जिस्म के खास उभारों पर बार-बार अचूक निशाना लगाता। उसने इसलिए निगाह का लक्ष्य बंसीलाल को बना लिया। बंसीलाल की गर्दन पर अगर पाँच किलो का वजन रख दिया जाए तो गर्दन लचककर शायद घुटनों तक पहुँच जाए।

"बाबा, राम-राम।" धागे के सहारे चश्मा कानों पर कसे बंसीलाल ठुक-ठुक करते सामने आ गए।

"जुग-जुग जिओ लला।"

"बाबा, तुम देर कर रहे हो और ईंधन तेज हुआ जा रहा है। नौ मन लकड़ी के मायने हुए...।"

"सारे, पहले तू क्यों नहीं मर जाता है? तेरी लहास फूँकन के लिए तो चौदह मन लक्कड़ चाहिए।" बंसीलाल की आशीर्वाद चुआनेवाली जबान आग बरसाने लगी।

"बाबा, मेरी नई-नई शादी हुई है। अभी तो बीवी मेरे साथ मन-भर सोई भी नहीं है।"

"तो सारे, साथ में उसकी भी लहास ले जा। बाप मन्नीलाल की भी ले जा। मेरे मुँह न लगिओ। सात पुरुखों का बखान कर डलिहों। तुझे काहे हड़त है। बंसीलाल तेरे दरवज्जे तो कभी हाथ पसारन नहीं आयो। सबेरे-सबेरे सारे ने मन खराब कर दओ।" बंसीलाल बकते-झल्लाते गली के मोड़ के पीछे अदृष्ट हो गए।

रेंगती गुदगुदी से स्फूर्ति पाते हुए कन्हैयालाल ने निगाह की गेंद को फिर ठप्पा दिया। भजनलाल ने अपने दुमंजिले मकान की खिड़की से गली में कूड़ा गिराया था। अलाय-बलाय न जाने क्या-क्या। बटेसुर अपनी दूध-दही की दूकान का ताला खोल रहा था जिसकी झड़ खराब होने की वजह से उसे ताली बार-बार घुमाना पड़ रही थी और लखपत का छोटा लड़का राकेश घर से बाहर एक महीने का बछड़ा निकाल लाया था, जिसने हिरन की तरह कान उठा रखे थे।

"ओ, इधर ले आ, इधर ला, तेरे बछड़े को पवनदूत बना दूँ।" कन्हैयालाल गली में उतरकर बछड़े की ओर बढ़ गया।

उसने बछड़े के गले से रस्सी का फन्दा खोल दिया और उसकी पिछली दोनों टाँगों के पास अँगुलियों से हुमकारा दिया। बछड़ा अपनी जगह से फिट-भर उछला और फिर पिछली टाँगें फेंकता हुआ कुलाँचें लगाने लगा।

कन्हैयालाल ने बछड़े के रुकते-रुकते पास जाकर वैसे ही फिर हुमकारा दिया और बछड़ा कुलाँच लगाता इस बार और भी तेजी से भागा। उसने और छोटे राकेश ने पीछे से तालियाँ बजाईं जिससे बछड़े ने अपनी चौकड़ी और भी तेज कर दी। तभी गली के मुहाने से एक साइकिल सवार नमूदार हुआ। इससे पहले कि वह सामने हवा पर चढ़े आ रहे बछड़े से बचने की जुगत करे-करे, बछड़ा सिर पर आ धमका और वह साइकिल से मुँह-भड़ाक गिर पड़ा। वहाँ नाली से निकाली गई ताजी कीचड़ जमा थी और उसके जिस्म व कपड़ों में यहाँ-वहाँ लथड़ जाने से साइकिल सवार की अच्छी-खासी दुर्गति बन गई।

"यह बछड़ा किसका है?" साइकिल सवार खिसियाकर चीखा।

"अपने बाप का।" पीछे से दौड़कर आते कन्हैयालाल ने सिनेमा जैसे इस दृश्य का स्वागत करते हुए हँसकर कहा, "भई, पवनदूत कमाल कर दिया। इनाम में तुमको आज से एक थन की बजाय दो थन का दूध दिये जाने की सिफारिश की जाती है।"

छोटा राकेश भी खिलखिलाकर हँसने लगा।

"बोलते क्यों नहीं? बछड़ा किसका है? तुम्हारा? तुमने दौड़ाया? बताओ।" कीचड़ से लथड़ा साइकिल सवार गुस्से से हमलावर होकर अपनी हालत का प्रतिकार करना चाहता था।

बछड़ा कन्हैयालाल की गिरफ्त में वापस आ गया था। बछड़े से उसने आदेश देनेवाले स्वर में कहा, "पवनदूत, तुम पूछो, यह आदमी अपने बाप का नहीं तो किसका है? यह भी पूछो, तुम्हारे हवा खाने की बेला यह किसकी इजाजत से गली में आया? और आया तो साइकिल पर चढ़कर आने की इसने गुस्ताखी क्यों की? पूछो!"

"हाँ...आँ पूछो, बताऊँगा। पहले गलती करेंगे, फिर सवाल-जवाब करेंगे। यह गुंडई है!" प्रतिकार लेने की कोशिश में साइकिल सवार अपने गुस्से को तेज कर दुबारा हमलावर हो गया था, "लेकिन गुंडई का भी इलाज है और इलाज होगा तो जरा ढंग से। दो कौड़ी के आदमियों का सिर जल्द फिर जाता है!"

कन्हैयालाल ने आँखों को चढ़ाकर उधर देखा। देखने के ढंग से लगा कि वह कोई बहुत मोटी गाली दागेगा या वैसा ही कुछ करेगा। लेकिन साइकिल सवार की जोकरनुमा बनी हुलिया ने उसके चेहरे पर हँसी फिर बिखरा दी, "पवनदूत, चलो, यह आदमी बौरा गया है। अगर मैं भी बौरा गया तो इसकी हालत एकदम सर्कस वाली बन जाएगी।"

नरम पड़ गई सर्दी ने स्वाद दिया था। उस स्वाद का चटखारा लेते हुए कन्हैयालाल अपने दरवाजे के आगे सफील पर खड़ा हो गया और सारी घटना को एक किस्से की तरह अपने मकान से बाहर निकल आए सुदामा को सुनाने लगा। फिर उसने उस किस्से को दूध-दही की दूकानवाले बटेसुर को सुनाया।

"हाँ, बछड़ा अपने बाप का है। तुमने एकदम सही जवाब दिया।" बटेसुर को कथा-वस्तु के साथ-साथ संवाद का वह टुकड़ा भी पसन्द आया था।

और तभी वहाँ एक हेडमुंशी और दो सिपाही नमूदार हुए। वे थाने से आए थे, जो बहुत दूर नहीं था। उनके साथ कीचड़ से लथड़ा वही साइकिल सवार भी था। उसकी निशानदेही पर सिपाहियों ने कन्हैयालाल को घेर लिया। जब उसने थाना चलने से आनाकानी की तो वे उसे जबरदस्ती घसीट ले चले।

कन्हैयालाल के पिता तथा अन्य लोगों को यह तो कुछ ही समय बाद पता लग गया कि वह साइकिल सवार थानेदार का साला है जो कई दिनों से

रिश्तेदारी में आया हुआ है; लेकिन यह दूसरे दिन से पहले पता न लग पाया कि कन्हैयालाल को साइकिल की चोरी के अपराध में पकड़ा गया है।

"कन्हैया इन दिनों इतराकर चलने लगा था। बिना समझे-बूझे ही किसी का मखौल उड़ाना ठीक नहीं होता।" पूरी जानकारी मिलने पर बटेसुर ने अपने कों उस घटना से अलग करते हुए कहा।

भगवत शरण अवस्थी की शोहरत बढ़े-चढ़े रूप में कानों में थी, इसलिए कन्हैयालाल के पिता ने उनको अपने बेटे का वकील मजिस्ट्रेट की अदालत में कर लिया था।

"देख लेना, चुटकियाँ बजाते केस छुटवाऊँगा। छुटवाने के साथ चालान करनेवाले दरोगा के तीन हाथ का मेख भी ठुकवा दूँगा कि नटनी का खोता हगने को भी तरस जाए। हाँ-आँ।" फीस सहेजकर अपना वकालतनामा लगाते हुए अवस्थी जी ने हुमककर कहा था।

एक गवाह से तो अवस्थी जी ने जिरह ऐसी की कि साफ लगने लगा कि वह गवाह पुलिस का पिट्ठू है और मौके पर मौजूद नहीं था। उस दिन अवस्थी जी सही हालत में थे। लेकिन मुद्दई तथा दूसरे गवाहों के बयानवाले दिन वह नशे में थे और उनसे आँय-बाँय-साँय सवाल किये, मामले का जिनसे कोई ताल्लुक हो ही नहीं सकता था। बहसवाले दिन भी वह नशे में धुत थे और आवाज लगने पर आध घंटे बाद अदालत में आए, वह भी लाए जाने पर। मुंशी ने उनके पतलून के बटन ठीक किये थे और कोट के अन्दर मुचड़ा कालर बाहर खींच दिया था। अदालत में पहुँचकर वह बोले, "हुजूर ने लगता है अपना कमरा बदल दिया है। मुझे कमरा बदलने का इल्म नहीं था, इसलिए मैं एक घंटे से मुसलसिल हुजूर का इजलास तलाशता रहा।" फिर वह कुर्सी पर धम से बैठ गए।

अदालत में मौजूद दूसरे लोग खुलकर हँसे थे और मजिस्ट्रेट ओंठ दबाकर बारीक-सा।

सबूत की ओर से जब सहायक लोक अभियोजक ने अपने पक्ष के समर्थन में बहस समाप्त कर दी तो कहने पर अवस्थी जी सफाई की बहस करने के लिए जँगले का सहारा लेकर लड़खड़ाते हुए खड़े हो गए और बोले, "हुजूर, अगर मान भी लिया जाए मामला एकदम सच है और सबूत के गुजरे गवाह सही हैं तब भी मेरा मुवक्किल छूटने के काबिल है। हुजूर, साइकिल चोरी गई

नहीं। मुलजिम लेकर भाग रहा था और पकड़ लिया गया। हुजूर, जब पकड़ा गया तो उसकी मरम्मत भी हुई होगी। हुजूर, मुलजिम को अपने किये की काफी सजा मिल गई है। फिर हुजूर, खास बात यह है, मेरा मुवक्किल हरिजन है और हरिजन होने की उसे खास रियायत मिलनी चाहिए। स्कूल में फीस के मामले में हरिजनों को छूट मिलती है, नौकरी में मिलती है, सरकार की तमाम स्कीमों में मिलती है तो अदालत में भी मिलनी चाहिए।" अवस्थी जी ने कमरे में ऊपर लगे गांधी जी के चित्र की ओर इशारा किया, "हुजूर, गांधी जी को हरिजन बहुत प्यारे थे। सारी जिन्दगी उन्होंने हरिजनों की भलाई और उत्थान के लिए काम किया। हुजूर, मेरा मुवक्किल हरिजन होने के कारण इस जुर्म से छूटने का हकदार है।" इतना कहकर अवस्थी जी कुर्सी पर फिर वापस बैठ गए और दूसरे लोगों को हँसता देखकर खुद भी पान से रँगे बड़े-बड़े दाँत चमकाते हुए हँसने लगे।

मजिस्ट्रेट को ऐसे मुकदमे में सजा करने में कोई कठिनाई नहीं हुई थी। वैसे भी उसे हरिजनों से चिढ़ थी, क्योंकि उसके दो साथी इस वर्ग के होने के नाते तरक्की पाकर उससे कहीं आगे निकल गए थे।

अपील की इस अदालत में कन्हैयालाल के पिता ने एक दूसरा वकील किया था, इस बार कुछ अच्छी तरह से टोह लेकर। दरअसल, पेशियों के सिलसिले में बीसियों बार कचहरी आकर उसको इस सम्बन्ध में प्रत्यक्ष जानकारी मिल चुकी थी। भगवत शरण अवस्थी को अपना वकील करने का उसको घोर पछतावा रहा था। उसको यह पता नहीं था, वह इतना गैर-जिम्मेदार है कि अदालत के वक्त भी नशा करने से बाज नहीं आएगा। फीस का मोह न कर उसको अवस्थी के उस बच्चे को बात खुलते ही छोड़ देना चाहिए था। लेकिन अवस्थी का मुंशी उसको बराबर गुमराह किये रहा था कि वकील साहब उसका अनोखा ही केस नहीं कर रहे हैं, कि आज उन्होंने पी है तो जरूरी नहीं है कि वह अगली पेशी पर भी पी लें, कि वकील साहब के लिए शराब पानी है और उनको नशा चढ़ता नहीं है, कि वह बहस तो होने दे और तभी उसको पता चलेगा कि वकील साब कैसी दूर की कौड़ी बैठालते हैं और उन्होंने कितनी सूझ-बूझ पाई है।

इस दूसरे वकील को काफी तजुर्बा तो था ही, उसने मेहनत भी कम नहीं की थी। उसने मालखाने जाकर साइकिल का निरीक्षण किया था और जैसी

सम्भावना थी उसे वैसा ही पाकर उसने प्रार्थना-पत्र दे दिया था कि अपील की सुनवाई के दिन साइकिल अदालत में मँगवा ली जाए, क्योंकि सही निष्कर्ष पर पहुँचने के लिए वह विशेष सहायक सिद्ध होगी।

हुआ यह कि जिस दरोगा ने इस मुकदमे का ताना-बाना बुना था, उसने असली साइकिल न दिखाकर पुलिस के कब्जे में लावारिस पड़ी रहनेवाली तमाम साइकिलों में से एक पच्ची कर दी थी। उसने ऐसा किया यह सोचकर था कि प्रदर्श बन जाने पर असली साइकिल मुकदमे के अन्तिम निर्णय तक फँसी रहेगी और उसमें सरासर अपना ही नुकसान होगा, तकलीफ अलग। खानापूरी के वास्ते इसलिए क्यों न एक दूसरी गैर-इस्तेमाली साइकिल रख दी जाए? सारी होशियारी के बीच उससे बस यही एक गलती हो गई थी, जिसे अब विरोधी पक्ष ने पकड़ लिया था।

साइकिल आज अदालत के कमरे में लाकर खड़ी कर दी गई थी।

अपनी बारी आने पर यह वकील उठकर खड़ा हो गया, "हुजूर, मैं अदालत का कीमती वक्त ज्यादा नहीं लूँगा। यह मामला इस तरह का है भी नहीं। सबूत की कहानी यह है कि मुद्दई सोमेश्वर सिंह गली से साइकिल पर गुजर रहा था। उसे पेशाब लगी। उसने साइकिल एक ओर टिका दी और कुछ दूर जाकर आड़ में पेशाब करने लगा। गली उस वक्त सूनी थी। मेरे मुवक्किल के लिए यह कहा जाता है कि वह वहीं पास में था और मौके का फायदा उठाते हुए बदनीयती से साइकिल लेकर भागा। तब मुद्दई ने फौरन शोर कर दिया, जिस पर दूसरी ओर से आ रहे दो गवाहान ने घेरकर मेरे मुवक्किल को पकड़ लिया। हुजूर, जैसे हाँड़ी का एक चावल यह बताने के लिए काफी होता है कि खिचड़ी कच्ची है या पक गई, वैसे ही कहानी के सही और गलत होने का इल्म सिर्फ साइकिल देखने से ही हो जाएगा।" वकील ने अदालत के पुलिस मुंशी से साइकिल आगे ले आने को कहा और उसके आगे आ जाने पर बोला, "हुजूर, इस साइकिल की हालत पर गौर करें। अगला टायर बिलकुल फटा हुआ है, ट्यूब अन्दर से बर्स्ट, गद्दी के स्प्रिंग इस तरह टूटे हुए हैं कि बैठने लायक है नहीं। हुजूर, क्या यह सोचा जा सकता है, मेरा मुवक्किल इस साइकिल पर चढ़कर भागा होगा?"

अपीलकर्ता के वकील की दलील में दम था और जज ने सरकारी वकील की ओर देखा।

सरकारी वकील ने बहस सुनते हुए अनुभव किया था कि जिस नाव पर वह सवार है उसका पेंदा दरार खाया हुआ कमजोर है। उसे मन-ही-मन दरोगा की खोपड़ी पर झुँझलाहट छूट रही थी जिसमें ऐसी साइकिल की बरामदगी दिखाने की बात घुसी। लेकिन चूँकि उसे पुलिस अर्थात सरकार के पक्ष का समर्थन करना था, इसलिए वह बोला "हुजूर, मेरे लायक दोस्त ने वाकयात को कुछ तोड़ा-मरोड़ा है। रपट में यह कहीं नहीं लिखा है कि मुलजिम साइकिल पर चढ़कर भागा। वहाँ लफ्ज है 'मुलजिम साइकिल लेकर भागा।' 'लेकर' और 'चढ़कर' इन दो अल्फाज़ में हुजूर, बहुत फर्क है।"

"हुजूर, जिस सन्दर्भ में 'लेकर भागना' कहा गया है उसके अर्थ 'चढ़कर भागने' के अलावा दूसरे हो ही नहीं सकते हैं।" अपीलकर्ता का वकील प्रत्युत्तर में बोला, "गवाहान ने चढ़कर भागने की बात अपने बयानों में साफ कही है और फिर हुजूर, सरकारी वकील यह क्यों भूल जाते हैं कि जब मुद्दई के पास साइकिल थी तो वह साइकिल पर चढ़कर ही आया होगा, न कि साइकिल को ढोकर लाया होगा। हुजूर, फिर अगर इस साइकिल का मालिक मुद्दई सोमेश्वर सिंह या उसका कोई सम्बन्धी है तो साइकिल की खरीददारी की रसीद या चुंगी की टैक्स पर्ची अदालत के रूबरू आना चाहिए। हुजूर, दरअसल, यह साइकिल खानापूरी के लिए इस मुकदमे में फिट की गई है। यह मामला बिलकुल झूठा है।" इसके बाद उस वकील ने बछड़ेवाले प्रसंग को सही तथ्यों के साथ सामने रख दिया और कहा कि इस दूसरी कहानी में कहीं भी कोई असंगति या अस्वाभाविकता नहीं है।

"आपने परीक्षण न्यायालय में इस साइकिल के बारे में क्यों नहीं कहा?" जज ने बात को मजबूती से पकड़ने के लिए प्रश्न किया।

"हुजूर, मैं उस अदालत में वकील नहीं था। वहाँ मुलजिम का प्रतिनिधित्व भगवत शरण अवस्थी कर रहे थे, जिन्होंने...हुजूर माफी दें, अपने किसी साथी की शान के खिलाफ कुछ कहना अच्छा नहीं लगता है।"

"भगवत शरण अवस्थी? ओह, दैट फैलो! अच्छा-अच्छा।"

जज ने सामने से मिसल हटा दी। अर्थ था, उसको जो कुछ सुनना था, सुन लिया।

जज उठकर आराम कमरे में चला गया। उस दिन डायरी में जितना काम लगा था सब खत्म हो चुका था। वैसे भी लंच का समय हो रहा था। पहले तो

कोच पर लेटकर उसने एक नरम झपकी ली, फिर बँगले से थर्मस में बनकर आई हुई कॉफी चुस्कियाँ भरते हुए पी।

नई सुनी गईं अपीलों की मिसलें पेशकार ने अन्दर मेज पर रखवा दी थीं। जज ने पहली वाली मिसल लेकर घंटी बजाते हुए अपीलबाबू को बुलवाया और उसके आ जाने पर नियाज़ू ने नूरबख्श वाले जिस मुकदमे का हवाला दिया था, उसको एक पर्चे पर लिखकर उसे देते हुए पूछा, "इसके कागज कितनी देर में आ सकते हैं?"

"सरकार, तफसील पूरी तो है नहीं।" अपीलबाबू ने कई कोने का मुँह बनाया।

"तो इतनी तफसील से मिसल नहीं आ सकती?"

"सरकार, इसमें न तो थाने का नाम है, न अदालत का, न मुकदमा नम्बर ही है और न तारीख फैसला ही।" अपीलबाबू ने मुँह पर कुछ कोने और भी निकाल लिये।

थोड़े ही दिन पहले इसी अपीलबाबू ने इतने अपूर्ण विवरणों से तीन साल पुरानी एक मिसल खोज निकाली थी। दो-तीन सम्भावित न्यायालयों में जाकर उसने दायरे और फैसले के रजिस्टर लौटे-पौटे थे और दो घंटे की मेहनत से उसे पूरा पता मिल गया था। लेकिन उसने इस काम के वास्ते मुवक्किल से चालीस रुपये वसूल किये थे, जिनमें से एक-चौथाई हिस्सा उन बाबुओं को दे दिया था जिनके संरक्षण में वे रजिस्टर थे।

"जो इस मिसल का थाना है, वही उस मिसल का होना चाहिए। इस वाकये से कुछ ही पुराना वाकया है।" जज ने माथे पर बल डालते हुए कहा।

"हुजूर, कोशिश करूँगा।"

"आज नहीं आ सकती है?"

"हज़ूर, बहुत काम है। मैं पहले मिसल तलबी का नक्शा भरकर दो-तीन अदालतों को भेजूँगा। फिर वहाँ से रिपोर्ट आएगी। उन रिपोर्टों के बमूजिब फिर तलाश होगी। हुजूर, पन्द्रह-बीस दिन से कम नहीं लगेंगे।"

"दो-तीन हफ्ते?"

"हुजूर, इससे कम नहीं लग सकते। बहुत काम है। तफसील पूरी होती तो मिसल आज ही आ जाती।"

"अच्छा, तो रहने दो।"

अपीलबाबू ने झुककर सलाम मारा और बाहर निकलकर एक लम्बी साँस खींची-जान बच गई। उसके मुँह पर उभरे सारे कोने मिट गए थे।

जज ने पैड में से राजकीय मुद्रा अंकित हल्के नीले रंग का एक कागज खींचा और फैसला लिखने लगा। जेल अपीलों में जो चन्द खास वाक्य लिखे जाते थे वही उसने लिखे कि अपीलकर्ता को बुलाकर व्यक्तिगत रूप से सुना गया तथा अभिलेख का गम्भीरतापूर्वक अवलोकन किया गया। अपीलकर्ता के कथन की पुष्टि में अभिलेख पर कोई प्रमाण नहीं है, जबकि इसके विपरीत सबूत पक्ष ने असन्दिग्ध प्रामाणिकता वाला पर्याप्त साक्ष्य प्रस्तुत किया है। परीक्षण न्यायालय जिस निष्कर्ष पर पहुँचा है, वह सही व न्यायसंगत प्रतीत होता है। अपील में कोई सार न होने से वह अस्वीकृति योग्य है और अस्वीकृत की जाती है।

एक मिसल निपट गई थी और जज ने अपने को कुछ हल्का महसूस किया। वह दूसरी मिसल भी उसी वक्त निपटा सकता था लेकिन एक तो उसमें विचार करने के लिए कई मुद्दे थे जिससे फैसला विस्तार चाहता था दूसरे, उसने टाइपबाबू को अपने मुतअल्लिक आयकर सम्बन्धी कुछ जरूरी लेखे तैयार करने को दे रखे थे और वह उसमें व्यस्त था और, तीसरे, इस माह में उसे जितना काम देना चाहिए था, अब तक उससे कहीं अधिक, लगभग 112 प्रतिशत, कारगुजारी बन चुकी थी। इसलिए उसने उसमें निर्णय आगे देना ही तय किया। इसमें सुविधा यह भी थी कि अगले महीने के लिए कुछ कारगुजारी अभी से सुरक्षित हो जाती थी।

घटनाओं ने फिर मोड़ ले लिया, यदि इसे मोड़ लेना ही कहा जाए। पाँचवें दिन इस बड़े जज के साहबजादे से नई साइकिल उठ गई। साइकिल सरकारी थी और जज के अर्दली को सरकारी काम के वास्ते दी गई थी। साहबजादे ने अपनी पुरानी गाड़ी अर्दली को देकर नई से बदल ली थी और चूँकि वह एकदम नई थी, इसलिए जरूरत से ज्यादा उसे इस्तेमाल करता था। उस दिन वह तीसरे पहर अपने मित्र के घर गया हुआ था जो ऊपरी मंजिल पर रहता था। पन्द्रह मिनट बाद जब वह जीना उतरकर नीचे आया तो साइकिल नदारद थी।

नाजिर ने जज को जानकारी देते हुए बताया, "सरकार, साइकिल बेनीसिंह के नाम रजिस्टर में चढ़ी थी और मैंने उसी से रपट लिखा दी कि वह सरकारी फार्मों की बिल्टी छुड़ाने स्टेशन गया था और वहीं से साइकिल उठ गई। सरकार,

भैया जी की कोई गलती नहीं थी। भैया जी ने ताला लगाकर साइकिल छोड़ी थी। अब चोरों के लिए तो ताला खोलना भी बाएँ हाथ का खेल होता है। सरकार, मैंने कागज का पेट भरने के लिए बेनीसिंह का जवाब तलब कर लिया है।"

नाजिर प्रसन्न था और आँखों की पलकें तेजी से गिराने-उठाने लगा। स्थिति ने उसे अपने को समझदार, दूरन्देश और योग्य साबित करने का सुअवसर दिया था।

"तुमने थाने पर जाँच मुस्तैदी से करने को बोल दिया?"

"हाँ, सरकार, मैं खुद थाने गया था। मैंने बड़े दरोगा को इशारा कर दिया कि साहब बहादुर की इस मामले में दिलचस्पी है। सरकार, खुद थाने को फोन न करें। सरकार का फोन करना जरा अच्छा नहीं लगेगा।" नाजिर को फिर लगा कि वह बहुत समझदार है, और वह फिर तेजी से पलकें गिराने-उठाने लगा।

लेकिन साइकिल मिली नहीं।

जज ने जब कन्हैयालाल वाली दूसरी अपील का फैसला लिखाया तब यह बात उसके मस्तिष्क में आ चुकी थी कि साइकिल की चोरीवाले मामले सही होते हैं और अभियुक्त के साथ किसी प्रकार की नरमी नहीं दिखानी चाहिए।

उसने अपील खारिज कर दी।

नियाजू को सफलता इसलिए नहीं मिली थी क्योंकि उसकी अपील में फैसला बिना दूसरी मिसल की प्रतीक्षा किये उसी दिन लिखा गया था और कन्हैयालाल को असफलता इसलिए मिली थी क्योंकि उसका फैसला उसी दिन की बजाय बाद में लिखा गया।

वकालतखाने में परमात्मा नारायण कह रहे थे, "बाबू गिरिजादयाल, आम आदमी जिस सहजता से सच और झूठ को देख लेता है, ये अदालतें क्यों नहीं देख पाती हैं? अपवादों को छोड़ दिया जाए तो सच झूठ से इतना ही अलग होता है जितना सफेद रंग काले से, दूध पानी से और धूप छाँह से। कानून इसलिए बनाया गया है कि सच और झूठ को परखने में गलतियों की सम्भावना कम-से-कम हो और सच्चाई निखालिस रूप से देखी जा सके। लेकिन बाबू गिरिजादयाल, आप भी मानेंगे कि होता ऐसा नहीं है। यहाँ अदालतों में सत्य नहीं जीतता है। जो जीतता है, वही सत्य होता है। और जीतता वही है जिसके

पास अधिक शक्ति होती है, पैसा होता है, जो गवाहों और पुलिस को तोड़ लेता है और जिसका वकील बड़ा होता है। यहाँ वकील की योग्यता तथा दूसरी स्थितियों से ही सत्य परिभाषित होता है। इस परिभाषा पर चढ़कर कभी झूठ सच बन जाता है, और कभी सच झूठ।"

नीम के तने से एक सफेद घोड़ा बँधा था। उस पर बैठकर शायद किसी कस्बे से कोई आदमी कचहरी आया था। परमात्मा नारायण की निगाह उधर चली गई। वह अपनी बात को और साफ करते हुए बोले, "बाबू गिरिजादयाल, सत्य की स्थिति बिलकुल इस घोड़े जैसी है। जो कोई भी सवार अक्ल की चाबुक से इसको हाँक ले जाएगा, अदालत उसी के पक्ष में निर्णय दे देगी कि सत्य उसी के साथ है।"

बाबू गिरिजादयाल सुन रहे थे, लेकिन विवशतावश। बरामदे में जहाँ उनकी कुर्सी थी—पेशे, आराम, स्वच्छता—कई दृष्टियों से वह एक सुविधाजनक स्थान था, किन्तु उनकी एक बहुत बड़ी असुविधा यह थी कि जितने समय भी वह वहाँ खाली बैठते थे, उनको परमात्मा नारायण की बकर-बकर सुननी पड़ती थी।

"मुझे लगता है, इस शख्स के मुँह में बवासीर है।" एक बार अपनी झल्लाहट प्रकट करने के लिए उन्होंने पास बैठे एक-दूसरे वकील से बाजारू ढंग से कहा था।

10

अहाते के अन्दर की होटलनुमा दूकान पर ठेकेदार के काले और भारी जिस्म वाले नौकर लड़के ने झाबे के अन्दर से चीखते मुर्गे को खींचकर पहले तो उसे घुटने के नीचे दबाया, फिर बाएँ हाथ से उसकी गर्दन पकड़ी और फिर दाहिने हाथ से छुरी गिराते हुए कट से गर्दन अलग कर दी।

फिर चीखता हुआ दूसरा मुर्गा खींचा और उसकी गर्दन अलग कर दी।

फिर तीसरा खींचा और उसकी गर्दन अलग कर दी।

प्रथम अतिरिक्त सेशन जज की अदालत में बरामदे की ओर तीन दरवाजे थे। तीनों खुले हुए थे और उन पर नीली गोटदार चिकें पड़ी थीं। अन्दर पहले तो दोनों ओर बीच में चार फिट का रास्ता छोड़कर दोहरी कतारों में बीस बेंचें पड़ी थीं, फिर उसके आगे दो हिस्सों में एक-एक दर्जन कुर्सियाँ। कुर्सियों के बीच में दो-दो मेजें थीं। दाहिनी ओर दीवार से सटकर बड़ा कठघरा था और कुर्सियों व मेजों के आगे, मध्य भाग में, एक दूसरा कठघरा पहले की अपेक्षा काफी छोटा। फिर कमरे की पूरी चौड़ाई-भर लकड़ी का एक बड़ा-सा जंगला खिंचा हुआ था, जिसके पीछे का हिस्सा दो फिट की ऊँचाई से उठ गया था। इस हिस्से पर रँगी हुई जूट बिछी थी, बीच में एक सजी-धजी बड़ी मेज पड़ी थी, और उसके पीछे चमड़ा मढ़ी कंगूरेदार एक विशिष्ट कुर्सी। मेज के अगल-बगल दो कुर्सियाँ और थीं। इस उठे हुए भाग के दाहिनी ओर एक दरवाजा भी था जिस पर एक खूबसूरत पर्दा छल्लों के सहारे झूल रहा था।

दीवार पर गोल डायलवाली घड़ी की सुर्खमुँहा सेकंड सूचक सूई 'टिक' की हर आवाज के साथ एक निशान आगे कूद जाती थी।

सफेद पैजामा, सफेद अचकन व सफेद पगड़ी पहने और कमर में लाल मखमली पेटी कसे हुए चपरासी की निगाह घड़ी पर कुछ देर से जमी थी। आधा मिनट के लिए निगाह वहाँ से हटाकर उसने अचकन के गले तक बन्द बटनों का जायजा लिया और फिर राज्यमुद्रा अंकित पेटी पर जड़े पीतल के बड़े बकसुए का कि वह सही स्थिति में तो है। फिर वह दरवाजे पर मुस्तैदी से चला गया। फिर उसने गर्दन में हल्का-सा खम डालते हुए अन्दर की ओर निगाह फेंकी और फिर उस खम को निकालते हुए पर्दा उठाकर कहा, "साब बहादुर तशरीफ ला रहे हैं!" कुछ इस तर्जे अन्दाज में, बा-अदब, बा-मुलाहिजा होशियार, शहंशाह की सवारी आ रही है।

अदालत में जहाँ कहीं भी जितने लोग थे, सब उठकर खड़े हो गए।

काला लबादा ओढ़े हुए जज पर्दे के पीछे से प्रकट होकर इस अन्दाज से कि उसे बीच की तीन गज की दूरी दस डग में ही तय करना है, एक-एक डग गिनता हुआ विशिष्ट कुर्सी पर आकर बैठ गया।

दूसरे सब लोग भी अपने-अपने स्थानों पर वापिस बैठ गए।

कुछ रोज पहले बेंच पर बैठा एक तमाशबीन फुसफुसाया था, "मुझे तो यह सब नाटक जैसा लगता है।" उसने जो यह कहा था वह वहाँ की साज-सज्जा और स्थान-योजना को तो देखकर ही, शायद यह भी अनुभव कर कि पूरे माहौल में एक रहस्य, रोमांचमय उत्सुकता का भाव छाया हुआ है।

यों दूसरी अदालतों में भी साज-सज्जा और परिवेश लगभग ऐसा ही रहता था; लेकिन चूँकि यहाँ का जज गंजा था और ऊँचा सुनने के कारण वह दाएँ कान में इयरफोन लगाता था व आँखों पर हल्के नीले शेड का चश्मा, इसलिए वह इस अदालत में नाटकीय भाव को कुछ अधिक ही उभार देता था। उसके द्वारा नियम-कायदों के प्रति बरती जानेवाली सख्ती भी इस भाव का रंग चटक कर देती थी—जैसे वह ठीक साढ़े दस बजे कुर्सी पर आ जाता था। ऐसे ही, लंच के बाद ठीक दो बजे। वह ठीक चार बजे कुर्सी छोड़ देता था, भले ही छोड़ने के समय गवाह का बयान अपूर्ण क्यों न हो और पूर्ण होने के लिए बस कुछ ही मिनट चाहिए हों। उसके कड़ेपन से अहलमद, चपरासी सब अतिरिक्त सजग रहते थे और उन्होंने जान लिया था कि बेजान चीजों, मसलन, कुर्सी,

मेज, कलमदान, पैड, चाकू—इन सबकी भी एक निश्चित मुद्रा होती है और उन्हें उसी मुद्रा में दीखना चाहिए। उसने अपने पहले वाले दो पेशकार बस इसलिए हटा दिये थे, क्योंकि एक के समय में पीछे बरामदे की ओर से एक बिल्ली घुस आई थी और दूसरा बीच-बीच में खाँसता था, जिससे वहाँ एक निश्चित माहौल टूटता था। इस जज के कपड़ों पर एक भी सिलवट नहीं होती थी, जैसे पहनने से पहले उन पर नियम से लोहा लगता हो। लंच के बाद भी दो बजे जब वह न्यायाधीश की कुर्सी पर आ जाता था तो ऐसा मालूम होता था कि आने से पहले उसने शेव की है। अदालत में पूरे समय तक उसकी एक-सी मुद्रा रहती थी—भारी, गम्भीर और कसी हुई।

प्राणदान और प्राणहरण जैसे महत्त्वपूर्ण अधिकारों से सम्पन्न होने के कारण वह एक विशिष्ट व्यक्ति था। कुछ व्यक्ति विशिष्ट होते हैं, पर वैसे दीखते नहीं। कुछ विशिष्ट होते नहीं हैं, पर वैसे दीखते हैं। कुछ विशिष्ट होते भी हैं और वैसे दीखते भी हैं। वह इस अन्तिम श्रेणी में आता था और अपनी विशिष्टता को हर कोण, हर हाव-भाव एवं हर बात से प्रकट करता रहता था। उसने सरकार से ऋण लेकर एक नई कार खरीदी थी और उसी पर आता-जाता था, हालाँकि बँगले और न्यायालय भवन के बीच की दूरी दो-ढाई सौ गज से अधिक नहीं थी। उसने दो कुत्ते पाल रखे थे जो जरा-सी आहट मिलने पर भौंकते थे और वे भौंकते हैं इसको जगजाहिर करने के लिए उसने बँगले के गेट पर एक प्लेट लगा रखी थी, "बीवेयर ऑफ दि डाग्स।" उसका पूरा नाम बलराम चोपड़ा था, पर नाम को विशिष्टता देने के लिए वह बी. चोपड़ा लिखता था—बी. चोपड़ा, एच. जे. एस.। एच. जे. एस. अर्थात हायर ज्यूडिशल सर्विस—आई.सी.एस., आई.ए.एस. सेवाओं जैसी विशिष्टता की सूचक।

"हाईकोर्ट के जज भी ऐसे रोब-रुतबे से रहते हैं।" हाईकोर्ट हो आए एक वकील ने एक बार कहा था।

"यह हाईकोर्ट भी जा सकता है।" दूसरा वकील बोला, "काफी सीनियर होने के नाते यह अगले किसी स्टेशन पर डिस्ट्रिक्ट जज हो जाएगा और फिर तीन-चार साल बाद तरक्की पाकर हाईकोर्ट का जज।"

चार दिन से इस जज की अदालत में डकैती का एक मुकदमा चल रहा था। दस-बारह डकैतों ने आधी रात के वक्त गाँव की एक विधवा ब्राह्मणी के घर पर डकैती डाली थी, बन्दूक, काँते, भाले व लाठियों से लैस होकर। ब्राह्मणी

की लड़की की शादी होनेवाली है और उसके पास अच्छी-खासी रकम-रोकड़ है, डकैतों को शायद ऐसा मालूम था। वे गड़ा हुआ धन खोजने के लिए साथ में लाए गए कुदाल, फावड़ों से देर तक आँगन और कोठरी का फर्श खोदते रहे थे। गाँव में यों जगार हो गई थी, लेकिन एक ही लाइसेंसी बन्दूक होने के कारण वे डकैतों पर दबाव न डाल सके थे। पास के दूसरे गाँव का ठाकुर लड़का कृष्णकुमार सिंह जब मदद लेकर आ पहुँचा, तभी डकैत भागे थे।

डकैतों के चले जाने के बाद ही पता लगा कि विधवा ब्राह्मणी का सारा रुपया, जेवर तो ले ही गए हैं, उन्होंने उसकी लड़की के साथ बलात्कार भी किया है। पन्द्रह साल की उस कमसिन लड़की को उन्होंने जंगली जानवर बनकर रौंदा था।

थाने के दरोगा ने कहा था, "सब कुछ साफ-साफ रपट में लिखा दीजिए। छिपाने से कभी-कभी मुकदमे में शदीद कमजोरी आ जाती है।"

हुआ हादसा जिन्दगी-भर न सूखनेवाले नासूर की तरह टीस व मवाद देता रहेगा, इस आशंका से घबड़ाकर लड़की ने दसवें दिन कुएँ में कूदकर आत्म-हत्या कर ली थी।

ब्राह्मणी की सारी कोमल आकांक्षाएँ लोहे के काँटेदार तार से उलझकर केले के पत्ते जैसी फट-चिथ गईं। उसने सोचा था, शादी के बाद वह जमाई को घर रखेगी। खेत-खलिहान जो अभी दूसरों के मोहताज थे, अपना मालिक पा लेंगे। फसल जो दूसरों के हिस्से में छिन-बँट जाती थी, घर आने लगेगी। लड़की की गोद भरेगी और नाती-नातिन आँगन में किलकारियाँ भरते डोलेंगे। जो स्वर, बोलियाँ, गन्ध और छायाएँ इस घर से रूठ गई थीं, वे सब इठलाती हुई वापस आ जाएँगी। किन्तु लड़की की मौत के बाद ब्राह्मणी की आँखों में हू-हू करती दोपहरी चटकने लगी। चेहरा झुलसी हुई बंजर धरती के टुकड़े जैसा हो गया।

डकैतों में एक शख्स पैर मचकाकर चलता था। ऐसे शख्स को ठाकुर कृष्णकुमार सिंह ने पाँच कोस पर लगने वाले बाजार में दो-चार बार देखा था। पुतलियों में खिंचे लाल डोरों, तेल से चिकनी जुल्फों व चेहरे पर पड़ी गुलथियों से वह शक्ल से ही गुंडा दीखता था। ठाकुर ने उस पर शक होने की बात दरोगा को बताई, जिसकी गिरफ्तारी के बाद दरोगा को दूसरे डकैतों का सुराग मिल गया था। उसने फिर तड़ातड़ सात डकैत और पकड़ लिये।

दो डकैतों के कब्जे से डकैती का कुछ सामान भी बरामद हो गया। बाकी डकैतों के बारे में कुछ पता नहीं लग सका। दरोगा ने इन आठ डकैतों को ही चालान कर भेज दिया।

ठाकुर का यों ब्राह्मणी से कोई सम्बन्ध नहीं था, पर मुसीबत जिस बेरहमी से उस पर टूटी थी, उसने ब्राह्मणी के प्रति उसमें गहरी सहानुभूति जगा दी थी। लड़की की देह जब कुएँ से निकाली गई थी तब भी वह आया था। एक सुघड़ चेहरे पर सीपीनुमा खुले होंठों के बीच से झाँकते हुए चावल के कन जैसे दाँत और मरी हुई मछली जैसी दो निस्तेज आँखें—लाश का वह चेहरा उसके मन में एक जलती खरोंच खींच गया था। डकैतों ने एक फूल रही टहनी को जहरीली चुटकियों से मसल दिया था। उनको इस जघन्य अपराध के लिए भरपूर सजा दिलाने के इरादे से वह मुकदमे की पैरवी में जुट गया था।

'माई,' वह ब्राह्मणी को समझाता, "गई बेटी अब तुझको वापिस मिल नहीं सकती। रोना तुझको जिन्दगी-भर है। पर जो उसका कारण बने हैं उनको भी जेल में सड़वाकर तड़पाओ। बदला लेने से हालाँकि माई, तुझको कुछ मिलेगा नहीं, लेकिन अपराध करनेवालों को आगे के लिए अच्छी तरह नसीहत तो मिल जाएगी।"

शिनाख्त की कार्यवाही के वक्त वह जेल में गवाहों को बीन-बटोरकर ले गया था और जब डकैतों की कई-कई शिनाख्तें हो गईं तो उसे आशा बँधी थी, अब उनकी सजा हो जाएगी।

मुकदमा शुरू होने पर भी वह पहले दिन से कचहरी में आकर डट गया। वह गवाह था, लेकिन उसकी स्थिति गवाह से बढ़कर थी, मुद्दई जैसी। वह दूसरे गवाहों को समझाता कि उनको क्या-क्या कहना है और डकैतों के वकील के सवालों से किस तरह सावधान रहना है। कोई बात अगर उनकी समझ में नहीं आती है तो वे सरकारी वकील या हाकिम से पूछ लें, लेकिन घबड़ाकर गलत जवाब न दें। उसके पास दो गुमनाम चिट्ठियाँ आ चुकी थीं, जिनमें उसका सिर काटकर पेड़ से लटका देने की धमकी थी। इन चिट्ठियों के मिलने पर उसने कहा था, "मैं मोम का आदमी नहीं हूँ, अपने दुश्मन पर पहला वार मैं करूँगा।"

पहले दिन ब्राह्मणी और एक-दूसरे गवाह की गवाहियाँ हुईं। ब्राह्मणी ने विस्तार से बता दिया कि डकैत जब अन्दर घर में घुस आए तभी उसकी

आँख खुली, कि भालेवाला एक लम्बा डकैत उसकी खाट के पास आकर खड़ा हो गया और जब बताने से उसने आनाकानी की तो डकैत ने भाले की नोंक उसकी छाती पर रख दी, कि फिर उसने बता दिया कि दस मोहरें चूल्हे के पास गढ़ी हैं और पाँच सौ चाँदी के रुपये एक गगरी में तुलसी चौरा के नीचे हैं, कि गाँव में जगार हो चुकी थी और गाँव वाले बाहर कुछ फासले पर जमा होकर शोर मचाते हुए ढेले व पत्थर फेंकने लगे थे। ब्राह्मणी ने दो डकैतों के पास से बरामद हुई चाँदी की पाजेब, सोने की एक नथ और एक साड़ी को, जो अदालत की मेज पर लाकर रखी गई थीं, पहचान कर कहा कि पाजेब उसने तहसील के सर्राफ से चार साल पहले खरीदी थी, नथ सुनार को सोना देकर बनवाई थी और साड़ी मेले में आई दूकान से तीस रुपये की ली थी। साड़ी इस्तेमाल में नहीं लाई गई थी और उसने उसे लड़की की शादी में देने के लिए रख छोड़ा था।

जिरह में पूछे जाने पर कि किस-किस डकैत ने उसकी लड़की के साथ बदफेली की थी, ब्राह्मणी ने कठघरे के पास जाकर दो डकैतों पर हाथ रख दिये और कहा कि चेचक मुँहवाला एक ठिगना डकैत और था, जो वहाँ नहीं है। ये लोग एक के बाद एक कोठरी में गए थे। ये लोग झोले में शराब की बोतलें लेकर आए थे और थोड़ी-थोड़ी देर बाद पी लेते थे। अन्दर आँगन में लालटेन जल रही थी, डकैतों ने माल तलाशने के लिए साथ लाए गए लूके जला लिये थे और बाहर गाँववालों ने छप्पर में आग लगा दी थी और इन सबकी रोशनी में उसने डकैतों के चेहरे अच्छी तरह चीह्न लिये थे। कुछ के चेहरों पर ढाटे बँधे रहे थे, पर कुछ के खुल गए थे। जिनके बँध रहे थे, उनके भी चेहरों का ज्यादा हिस्सा अनढका था और वह उनकी भी पहचान कर सकती थी।

“जज साब! आप इन डकैतों को फाँसी का हुक्म बोलिएगा।” अपनी गवाही खत्म हो जाने पर ब्राह्मणी हाथ जोड़कर खड़ी हो गई। डकैतों को सामने देखकर उसमें प्रतिशोध लेने की भावना तेज ज्वर जैसी भड़क उठी थी।

दूसरे गवाह की चौपाल पास में थी और उसने वहाँ एक खम्बे की आड़ लेकर गुजरते हुए डकैतों को देखा था। उसने भी बिना गड़बड़ाए हुए बयान ठीक-ठीक दे दिया। उसने चार डकैतों की शिनाख्त जेल में की थी।

अगले दिन ठाकुर और दो अन्य गवाहों के बयान हुए। सफाई का वकील इस बात को लाने की कोशिश करता रहा कि ठाकुर जब तक अपने गाँव से

आया-आया तब तक डकैत जा चुके थे और यह कि पुलिस ने डकैत पकड़ने पर उनको जेल भेजने से पहले गवाहों को दिखा दिये थे। लेकिन ठाकुर व अन्य गवाहों ने उन स्थितियों को स्वीकार नहीं किया।

तीसरे दिन वे सब गवाह गुजरे जिन्होंने अपने पेशों से सम्बन्धित मुकदमे में रस्मी कार्यवाही की थी, मसलन, वह लेडी डॉक्टर, जिसने ब्राह्मणी व उसकी लड़की की चोटों का मुआइना किया था, वे सिपाही जिन्होंने डकैतों को गिरफ्तार किया था या गिरफ्तारी के बाद उनको जेल ले गए थे, वह मालखाना मोहर्रिर जिसने माल वगैरह के सील-मोहर पुलिन्दे अपने संरक्षण में रखे थे, वह मजिस्ट्रेट जिसने माल व मुलजिमान की शिनाख्त कराई थी व वह दरोगा जिसने जाँच पूरी कर मुकदमे में चार्जशीट दी थी।

उस दिन आठ डकैतों में से छह के बयान भी कलमबन्द हुए।

चौथे दिन शेष दो डकैतों के बयान कलमबन्द हुए। पाजेब, नथ और साड़ी बरामदगी से सम्बन्धित डकैतों की निजी अपनी हैं, सफाई पक्ष ने ऐसे दो गवाह पेश किये और उनके भी बयान लिख लिये गए।

करीब साढ़े बारह बजे मुकदमे में बहस शुरू हो गई। चूँकि सफाई पक्ष ने अपने गवाह पेश किये थे, इसलिए बहस की शुरुआत उधर से ही हुई।

"हुजूर, ब्राह्मणी के घर 18 व 19 दिसम्बर की दरम्यानी रात में डकैती पड़ी, इस वास्तविकता से मुझे इनकार नहीं है।" सफाई पक्ष की ओर से तीन वकील थे और उनमें पेशे के अनुसार जो अधिक ज्येष्ठ तथा अनुभवी था, पहले वह जँगले से लगकर खड़ा हो गया और अपनी बात कहने लगा, "इस मुकदमे में विचार के लिए मुख्य प्रश्न यह है कि इस अदालत के सामने जो अभियुक्त पेश हैं, उन्होंने इस डकैती में हिस्सा लिया या नहीं, या पुलिस ने अपनी कारगुजारी दिखाने के लिए दुश्मनी के सबब, या फिर सिर्फ शुबहे पर ही, उनको इसमें जबरदस्ती पच्ची कर दिया। हुजूर, 17 व 18 दिसम्बर की दरम्यानी रात को अमावस्या थी जब आकाश पर घना अँधेरा घिरा होता है। वह घोर सर्दी का भी मौसम था। सबूत की अपनी ही कहानी के अनुसार डकैत अपने चेहरे कपड़े से छिपाए थे। हुजूर, इन स्थितियों में गवाहान डकैतों की आकृतियाँ उनकी शिनाख्त करने लायक विशेषताओं..."

जज के कान के पास एकाएक शब्दों के स्थान पर हवा गूँजने लगी। फिर वह गूँज भी जल्द एक हल्का-सा स्पर्श देती हुई खो गई। क्या इयरफोन में

गड़बड़ी आ गई? जज कागज पर बहस के नोट लिख रहा था। पेंसिल रुकते ही उसके चेहरे पर कुछ बदरंग परछाइयाँ काँपीं। लगा, दाईं कनपटी के पास वाला हिस्सा चुनचुनाहट देता पसीज रहा है। उसने रूमाल निकालकर उस हिस्से को आहिस्ता से पोंछ डाला। माथे पर जो एक नीली नस उभर आई थी उसकी थिरकन भी दबा ली। वह किसी को मालूम नहीं होने देना चाहता था कि इयरफोन में खराबी आ गई है। अभी कुछ महीने पहले क्लब के म्यूजिक प्रोग्राम में भी एकाएक इयरफोन ने आवाज पकड़ना बन्द कर दिया था। वह वहाँ भी पूरे समय तक अपने साथ घटी दुर्घटना का बिना किसी को आभास दिये हुए सहज मुद्रा में बैठा रहा था।

वकील ने लगता कोई दूसरा मुद्दा उठाया है। वह सुन रहा है, ऐसा जाहिर करने के लिए उसने कागज पर पेंसिल चलाई।

यदि वकील जोर से बोले तो बाएँ कान से वह कुछ शब्द पकड़ सकता है। दाएँ कान की अपेक्षा बायाँ कान किसी सीमा तक सचेत था। लेकिन जोर से बोलने के लिए कहना भी अपनी कमजोरी की ओर संकेत करना था। वह स्थिति भी फूहड़ होती और उसे स्वीकार नहीं थी।

घड़ी में एक बजकर पाँच मिनट हुए थे। लंच होने में अभी पच्चीस मिनट की देरी थी। यह प्रकट करने के लिए कि अहम मुद्दों को लिखा जा रहा है, वह बीच-बीच में पेंसिल चलाने लगता था।

क्लब में तो इयरफोन की बैटरी खत्म हो गई थी, पर आज बैटरी को लेकर कोई गड़बड़ी नहीं होनी चाहिए। बैटरी उसने पिछले ही सप्ताह डलवाई थी। दरअसल, क्लब की घटना के बाद वह इस मामले में विशेष सतर्क रहने लगा था। आखिर फिर क्या खराबी हो सकती है? सोचने पर वह कुछ समझ नहीं पा रहा था। उसने घड़ी की ओर न देखते हुए भी फिर देखा। बार-बार घड़ी की ओर निगाह उठाना भी भदेसपन था। लंच होने में अभी दस मिनट बाकी थे। वह कागज पर पेंसिल चलाने का नाटक फिर करने लगा।

यह इयरफोन इंग्लैंड से उसका भतीजा लाया था जो इंजीनियरी की उच्च शिक्षा के सिलसिले में वहाँ दो वर्ष रहा था। पहले वह कलकत्ता की एक कम्पनी द्वारा बने हुए फोन का प्रयोग करता था। न्यायिक सेवा में आने के एक वर्ष बाद ही उसके कान में शिकायत शुरू हो गई थी और इलाज के बाद भी जब श्रवण-शक्ति क्षीण होती गई तो डॉक्टर की सलाह पर वह इयरफोन

का इस्तेमाल करने लगा था। इयरफोन लगाकर जब प्रथम बार वह शीशे के सामने खड़ा हुआ था तो उसकी मन:स्थिति आत्ममुग्धा जैसी थी। लगा, कहीं कुछ गलत की बजाय वह अब ज्यादा सही तौर पर एक जज दीख रहा है। सिर पर चिकनी चमकदार गंज, गले में सफेद-झक पट्टी व कन्धे से झूलते रेशमी काले लबादे के साथ कान में लगा हुआ वह छोटा आला और उससे जेब तक लटकती डोरी उसके व्यक्तित्व में कुछ अतिरिक्त प्रबुद्धता और तीक्ष्णता ला रही है। इंग्लैंड के बने इस इयरफोन की पॉलिश हरदम नई जैसी चमकती थी और बारीक सुनहरी डोरी कुछ ज्यादा ही खूबसूरत थी।

परमात्मा नारायण चूँकि पास में मुकदमे न होने के कारण अदालत के कमरों से दूर ही रहते थे, इसलिए इस जज को देखने का सुअवसर उनको पहली बार अहाते में होनेवाले गांधी जी के जन्म-दिवस से सम्बन्धित एक समारोह में मिला था। देखकर वह बगल में बैठे एक वकील से बोले थे, "चोपड़ा साहब, एक व्यक्ति से अधिक एक न्यायाधीश और एक न्यायाधीश से भी अधिक उसके प्रतीक लगते हैं—इस अर्थ में कि न्यायाधीश को विवेक-शक्ति की उतनी आवश्यकता नहीं होती है जितनी श्रवण-शक्ति की, क्योंकि उसे जिसकी बातें ज्यादा तराशी हुई, नक्काशीदार व मारू होती हैं, उसी के पक्ष में निर्णय देना होता है।"

डेढ़ पर सूई आते ही जज उठकर अन्दर चैम्बर में आ गया। चपरासी जब स्टैंड पर गाउन टाँगने के बाद बाहर चला गया, उसने इयरफोन निकालकर कान में लगाए जानेवाले भाग को परखा-जाँचा। डोरी ठीक जुड़ी थी। उसने तब बैटरीवाले हिस्से को खोल डाला। टेस्टर पास में न होते हुए भी उसे सेल सही लगे। उसने सेल को वापस उनके निश्चित ठिकानों पर बिठा दिया। समय इतना नहीं था कि वह उसे दुरुस्त होने के लिए किसी दूकान पर भेजता। भेजने से इस बात के खुल जाने की भी आशंका थी कि इयरफोन मुकदमे की सुनवाई के दौरान खराब हो गया था। चूँकि वह स्थिति उसके पद व व्यक्तित्व के साथ जुड़ी विशिष्टता पर कहीं आघात करती थी, इसलिए वह उस बात को मजबूती से छिपाए रहना चाहता था। उसने इयरफोन की घुंडी कान में वापस लगाते हुए डोरी को एक हल्का-सा झटका दिया। यह पाते ही कि आवाज फिर लौट आई है, उसे एक सुखद सिहरन हुई। शायद सेल और डोरी के बीच किसी सूक्ष्म स्प्रिंग या पत्ती के हट जाने से सम्बन्ध कहीं टूट गया था और वह फिर

जुड़ गया था। अभी सफाई के दो वकीलों की बहस पूरी बाकी थी और वे पहले वाले वकील के तर्कों को दोहरा सकते थे। उसे लगा, बहस का एक भाग न सुनने से कोई विशेष क्षति नहीं हुई है।

उसने घंटी बजाई और चपरासी आ गया। "देखो, जल्द एक कोकाकोला ले आओ।"

उसने घंटी फिर बजाई और चपरासी जाते-जाते फिर लौट आया, "बोतल वहीं से खोलकर लाने की बेवकूफी न करना।"

उसने घंटी फिर बजाई और चपरासी जाते-जाते फिर लौट आया। "तौलिया नहीं लिये जा रहे हो? अक्ल कब आएगी? जाओ, तौलिया ले जाओ और बोतल लपेटकर लाना।"

दरअसल, बार-बार घंटी बजाने के पीछे उसमें इयरफोन को जाँचने की बेचैनी थी।

घड़ी के दो बजाते ही वह इजलास की कुर्सी पर वैसे ही डग नापता हुआ आकर फिर बैठ गया।

"हुजूर, मेरे मुवक्किलों के खिलाफ शिनाख्त के साथ-साथ यह भी शहादत है कि उनके पास से डकैती का माल बरामद हुआ।" सफाई पक्ष का दूसरा वकील खड़ा होकर अपनी दलीलें पेश करने लगा, "कहा जाता है कि गिरफ्तारी के वक्त मेरे मुवक्किलों ने वह माल दरोगा को कुठिया से निकालकर स्वेच्छा से दिया और कुठिया में लगे ताले की चाबी मेरे मुवक्किलों के पास ही थी। मेरे मुवक्किलों ने अपने बयान में इस बात से साफ इनकार किया है और माल अपना बताया है। हुजूर, मेरे मुवक्किलों ने अपने कथन के समर्थन में दो जिम्मेदार गवाह भी दिये हैं। माल ब्राह्मणी का नहीं है यह इस बात से ही जाहिर हो जाता है कि रपट में इन चीजों की जो तफसील दी गई है, वह अदालत के सामने पेश हुए सामान से मेल नहीं खाती है। हुजूर, साड़ी की किनारी को ही लें। रपट में रंग नीला दिया गया है, जबकि वह बैंगनी है और उसमें लहरियाँ पड़ी हैं। लहरियों का जिक्र रपट में कहीं भी नहीं है।"

जज ने यह बात लिख ली।

"हुजूर, इसी तरह पाजेब के मीने का रंग रपट में चटक सुर्ख लिखाया गया है जबकि वह कत्थई है। पाजेब में बीच-बीच में शंख की..."

कान में आती आवाज एकाएक फिर गुम हो गई। वकील के सिर्फ हिलते हुए ओंठ दिखाई दे रहे थे या फिर दाएँ कान के पास भरभराती हवा का नरम स्पर्श महसूस हो रहा था। जज के चेहरे पर बदरंग परछाइयाँ फिर डोलने लगीं। लेकिन उसने एक कुशल अभिनेता की तरह इस बार भी उनको ठेल दिया और नोट लिखना जारी रखा। वह जिस फूहड़ स्थिति में फँस गया है, उसका उसे खूबसूरती से निर्वाह करना ही है। लगता, अन्दर की कोई पत्ती ही ढीली हो गई है।

सफाई का वकील अभी बोल रहा था कि सरकारी वकील खड़ा होकर कुछ कहने लगा। शायद उसने किसी कानूनी मुद्दे पर आपत्ति की थी। वह गर्दन उठाकर उन दोनों की ओर देखने लगा और कागज पर पेंसिल से फिर लिख लिया।

सरकारी वकील बैठ गया और सफाई पक्ष का वकील अपने अगले तर्क पेश करने लगा।

सफाई पक्ष के तीसरे वकील ने अपनी बहस में कुल बीस ही मिनट लिये।

सरकारी वकील ने सफाई पक्ष द्वारा उठाए गए तमाम मुद्दे लिख लिये थे और अपनी बारी आने पर वह एक-एक का जवाब देने लगा। वह दृढ़ता से बोल रहा था। उसके चौड़े माथे पर पसीना झिलमिला आया था। उसमें सत्य को कुहासे से बाहर निकालकर पहचान करा देनेवाली जिद थी। जहाँ कहीं भी वह किसी बात पर जोर देता लगता था, जज उसे कागज पर लिखने का नाटक करता था।

चार बजने से पाँच मिनट पहले ही सरकारी वकील ने अपनी बहस समाप्त की। निष्ठापूर्वक किये गए कार्य से मिलनेवाला सन्तोष उसके चेहरे पर झिलमिला रहा था।

यों गवाहों के बयान सुनते हुए जज को यह बराबर महसूस होता रहा था कि उनके कथन में सच्चाई है और अभियुक्तों ने डकैती में हिस्सा लिया है। कठघरे में खड़े हुए वे अपने चेहरों-मोहरों, मुद्राओं व स्थितियों के प्रति उपेक्षा के ठंडे भाव से ही नृशंस अपराधी दीख रहे थे। तीन अभियुक्तों पर डकैती के पहले भी मुकदमे चल चुके थे। अपने बयानों में अपराध से इनकार करते हुए उन्होंने अपने वकीलों द्वार सिखाए गए चन्द आम जुमले ही कहे थे। लेकिन बहस से वंचित हो जाने पर जज स्वयं को बहुत-कुछ अँधेरे में खड़ा अनुभव

कर रहा था। सत्य अब उसके लिए पानी में हिलते अक्स जैसा हो गया था, जिसकी प्रामाणिकता को लेकर निश्चयपूर्वक कुछ भी नहीं कहा जा सकता था। बहस में प्राय: वे मुद्दे उभरकर सामने आ जाते हैं जो बयानों में दबे रहते हैं। बहस में ही कानूनी कमजोरियों व खामियों पर रोशनी पड़ती है। उसने इसलिए इस मुकदमे को छोड़ देना न्यायोचित समझा। बरामदशुदा माल वह सम्बन्धित डकैतों का मानकर उनको वापस दिला देगा।

वकालतखाने में कहार हैंगर में पानी के गिलास लटकाए गुजरा था। परमात्मा नारायण ने कहार को पानी दे जाने के लिए आवाज दी, लेकिन वह यह कहता हुआ कि पानी पहले पांडेय जी और बैजल साहब के बिस्तर पर पिला आऊँ, फिर आऊँगा, आगे बढ़ गया। यों परमात्मा नारायण भी कहार को हर महीने बँधा हुआ एक रुपया देते थे, लेकिन दूसरे वकील अपने मुवक्किलों से भी उसे जब-तब कुछ दिला देते थे। इसलिए कहार का इन बड़े वकीलों की ओर विशेष झुकाव रहता था। इस झुकाव को स्वाभाविक मानकर परमात्मा नारायण देरी या उपेक्षा को लेकर असहज नहीं होते थे। उनको पिछले चार-पाँच दिनों से खाँसी व जुकाम की शिकायत हो गई थी। वह दवा की गोलियाँ साथ लाए थे। पानी मिल जाता तो वह गोली अभी ले लेते। पानी कुछ रुककर मिलेगा तो वह गोली भी रुककर ले लेंगे।

कुछ फासले पर कोई वकील मुवक्किल से कह रहा था, "तुम नहीं सोचते थे तो मैं भी ऐसा नहीं सोचता था। हाकिम को जब अख्तियार मिला है, वह स्याह को सफेद करे और सफेद को स्याह, तो कोई भी किसी तरह की दखलन्दाजी नहीं कर सकता। अब फैसला चौंकानेवाला तो है ही।"

परमात्मा नारायण ने जिधर से आवाज आ रही थी उधर गर्दन घुमाकर देखा। फिर बोले, "बाबू गिरिजा दयाल, पहले लोग पंच में परमेश्वर की प्रतिष्ठापना कर लेते थे। आज लोगों का विश्वास न्यायाधीशों पर नहीं रहा है। हमने उनकी नियुक्ति की योग्यता को केवल कानून का ज्ञाता होना ही मान लिया है जबकि मानवीय समझ, धैर्य, सत्य का अन्वेषण करने की निष्ठा, सद्विवेक और उत्तरदायित्व की अनुभूति जैसे बीसियों गुण उनके लिए अनिवार्य होने चाहिए। बाबू गिरिजा दयाल...।"

"मेरी राय में आपको जिस-जिस विषय में जो-जो कहना हो उसकी एक किताब छपवा लीजिए, ताकि रोज-रोज सुनने की बजाय हम लोग उसे एक ही दिन पढ़कर निजात पा लें।" गिरिजा दयाल ने स्वर में बल डालते हुए कहा। सोने का अंडा देनेवाले उनके एक मुवक्किल को एक-दूसरे वकील ने तोड़ लिया था, इस कारण आज वह खिंचे हुए बैठे थे और परमात्मा नारायण के प्रति अपनी चिढ़ दबा न सके थे।

"मेरी बातें सुनकर ही जब बाबू गिरिजा दयाल, आपको इतनी परेशानी होती है, तो किताब पढ़कर और भी होगी।" परमात्मा नारायण ने इस आक्रामक रुख से बिना विचलित हुए उत्तर दिया।

पास में बैठे एक अन्य वकील को लगा कि परमात्मा नारायण के कुछ और कहने पर गिरिजा दयाल और भी ज्यादा भड़क सकते हैं। इसलिए उस अवांछित स्थिति को बचाने की नीयत से वह बीच में तुरन्त बोल उठा, "परमात्मा नारायणजी, आपकी बातें सुनकर किसी को परेशानी नहीं होती। आप कहिए और मैं शौक से सुनूँगा। लेकिन परमात्मा नारायणजी, आप भी मानेंगे कि मुवक्किल की अपनी किस्मत का भी हाथ मुकदमा हारने और जीतने में रहता है।"

"मैं आपकी इस बात से सहमत नहीं हूँ।" परमात्मा नारायण बोल उठे, "किस्मत जैसी अगर कोई चीज है तो फिर धूर्त और मक्कार या पैसे और पहुँचवाले लोगों को भी उसका शिकार होना चाहिए, जबकि शिकार होते हैं सिर्फ सीधे, कमजोर और गरीब लोग ही। यह किस्मत नहीं है, बल्कि आदमी द्वारा आदमी पर थोपी गई स्थितियाँ हैं जो कमजोर और साधनहीन को उस दलदल में ढकेलकर खड़ा कर देती हैं जहाँ कोई भी सुखद सम्भावना सच नहीं हो सकती।"

"आप ठीक कहते हैं।" दूसरा वकील आहिस्ता से बोला।

"आप यहाँ कह रहे हैं, ठीक है। लेकिन अगर अदालत में मैं यही बात कहता और आप दूसरे पक्ष के वकील होते तो आप जज को सम्बोधित करते हुए कहते—हुजूर, मेरे लायक दोस्त की यह बात एकदम गलत है, किस्मत इनसान की जिन्दगी में अहम खेल खेलती है। आप शायद तब अपने समर्थन में हाई कोर्ट या सुप्रीम कोर्ट की कोई नजीर भी पेश करते और मैं वहाँ हार जाता और आप जीत जाते।"

जब दूसरे वकील ने इस बार भी "आप ठीक कहते हैं" कहा तो गिरिजा दयाल के चेहरे पर न रुक सकनेवाली मुसकराहट आ गई।

"चलिए बाबू गिरिजा दयाल को मेरी यह बात तो पसन्द आई।" परमात्मा नारायण ने आवाज को नरम बनाते हुए कहा।

कहार पानी लेकर आ गया था और परमात्मा नारायण ने झिल्ली अलग कर मुँह में गोली रख ली और पानी पी लिया। गोली कुछ ज्यादा ही बदजायका थी और वह देर तक आँख मीचे रहे।

11

प्रथम अतिरिक्त सेशन न्यायालय का जज बी. चोपड़ा जितना ही सख्त, अपने पद की प्रतिष्ठा व उससे जुड़ी विशिष्टता के प्रति सजग और रखरखाव पसन्द था, उतना ही द्वितीय अतिरिक्त सेशन न्यायालय का जज दरबारीलाल शर्मा ढीला, अगम्भीर, चीजों व स्थितियों को हल्के ढंग से लेनेवाला और हौला-मौला था। अदालत का माहौल क्या है, वहाँ सफाई-व्यवस्था ठीक हो गई है या नहीं, मुलजिम कठघरे में आ गया है या अभी हवालात में ही है, वकील लोग मौजूद हैं या उनके बिस्तरों पर अभी बुलावा भी नहीं भेजा गया है—इस तरह की बातों की वह कभी चिन्ता नहीं करता था। वह अन्दर आराम कमरे से बिना घंटी बजाए या किसी किस्म की सूचना दिये हुए दस-साढ़े दस, ग्यारह किसी भी वक्त निकलकर अपरम्परित ढंग से अपनी कुर्सी पर बैठ जाता था और ज्यादातर होता यह था कि इसके बाद ही मुलजिम, गवाह, वकील आदि जमा होकर अदालत जुड़ती थी। कभी-कभी तो यहाँ तक होता था कि पेशकार भी अपनी कुर्सी पर मौजूद नहीं होता था, वह या तो शिकार के पीछे गया होता था या किसी दूसरे ठाँव को, और चपरासी पहले पेशकार को खोजता था, फिर उससे हिदायतें लेकर दूसरे सम्बन्धित लोग खोजे व बटोरे जाते थे।

जज तब तक कुर्सी पर खाली बैठा-बैठा या तो पेंसिल की नोक से कान खुदखुदाता रहता था, या आलपिन उठाकर अपने दाँत खुरचता था, या फिर आँखें मलकाता हुआ पेशकार से दीन-दुनिया की बातें निहायत घरेलू स्तर पर करता था। अगर इस बीच दफ्तर से कोई अहलमद आ जाता था तो वह कागजों पर दस्तखत करने लगता था। एक कागज के बाद दूसरे पर दस्तखत

करता हुआ वह दावात में होल्डर डुबोकर छिड़कता था। दस दस्तखत करने होते थे तो वह दस बार होल्डर डुबोता व छिड़कता था। उसकी इस आदत से फर्श पर बिछा हुआ कालीन लाल, नीले छींटों से छींपकर छोटी जमात के बच्चों द्वारा इस्तेमाल की जानेवाली जूट की पट्टी में बदल गया था। मेज पर दस्तखत या दूसरे काम के लिए लाए गए कागज या मिसल फैलाते हुए वह घंटी, ब्लाटर, पेपरवेट, पिनकुशन वगैरह को यहाँ-वहाँ समेट देता था और मेज पर यदि कुछ व्यवस्था होती भी थी तो उसके बैठने के बाद वह वहाँ कतई नहीं रहती थी और मेज उस कैरमबोर्ड जैसी दीखने लगती थी जिस पर गोटें छिदरी-बिदरी पड़ी हों।

दरबारीलाल शर्मा का कद काफी छोटा था, पाँच फुट से भी कम। बदन पर गोश्त भी काफी कम था। इसलिए उनके जिस्म पर जगह-ब-जगह नसें व हड्डियाँ उभरी हुई थीं, खासतौर से चेहरे पर, जहाँ जिल्द झिल्ली जैसी पतली थी। ये उभरी हुई नसें व हड्डियाँ गँठानों की तरह लगती थीं। वह उस पुतले सरीखे दिखाई देते थे जो नौसिखिया हाथों द्वारा गूदड़ से बनाया गया हो और जिसमें तुरन्त बाद ही यहाँ-वहाँ बीसियों छोटी-बड़ी फुटकियाँ पड़ गई हों, या फिर किसी बौने वृक्ष के गूमड़दार ठूँठ जैसे।

दरबारीलाल शर्मा की इस जिले में तैनाती के कुछ ही दिन बाद प्रबुद्ध वर्ग से सम्बन्धित एक संस्था के एक पदाधिकारी उनसे मिलने गए। यह संस्था बतौर एक नियम हर डॉक्टर, हर वकील व हर अफसर को प्रबुद्ध मानकर उसे अपना सम्माननीय सदस्य बना लेती थी, खासकर अफसरों को तो जरूर ही। इस संस्था की बैठकों में सेक्स, धर्म, दर्शन, इतिहास जैसे नरम विषयों पर व्याख्यान होते थे और फिर कीमती डिनर वगैरह की व्यवस्था रहती थी। उस वक्त बँगले के बाहरी बरामदे में दरबारीलाल शर्मा एक गलमीजा कुर्ता व पाटले का पैजामा पहने हुए नंगे पैर खड़े थे और सामने खम्बे से चिपकी एक छिपकली की हरकत को अचरज भाव से ताक रहे थे, जिसने एक पतंगे को झपट्टा मारकर दबोच लिया था और उसे निगलने की तैयारी कर रही थी। गेट खुलने की आवाज होने पर उन्होंने मुँह फैलाकर उधर देखा और फिर बह आई नाक छिनककर हाथ खम्बे पर पोंछ दिया। उनको जले की शिकायत बारहों महीने रहती थी और रूमाल पास में न होने पर वह उसे यों ही साफ कर लिया करते थे।

"जज मिस्टर शर्मा को बोल दो, कोई मिलने आया है।" आनेवाला, जो टेरीकॉट की ताजी प्रेस की हुई शर्ट व पतलून में एकदम चुस्त-दुरुस्त दीखता था, बरामदे के करीब आकर बोला। फिर उसने अपना एक छपा हुआ सुनहरा कार्ड दे दिया, जिस पर लिखा था—डॉ. पी.के. अग्रवाला, गवर्नर ऑफ वर्ल्ड विज्डम फोरम।

दरबारीलाल शर्मा झट अन्दर चले गए और फिर आधा मिनट बाद अपने पैरों में रबर की हवाई चप्पल डालकर उसी कुर्ते-पैजामे में ड्राइंग-रूम के दरवाजे पर आकर खड़े हो गए, "मैं ही सर्मा हूँ। डॉ. अग्रवाला, यू आर वेलकम्म।"

डॉ. अग्रवाला ने अपनी चौंक को दबाते हुए झट हाथ बढ़ा दिया, "मोस्ट हैपी टु मीट यू।"

दरबारीलाल शर्मा के व्यक्तित्व की शिनाख्त को लेकर वर्ल्ड विज्डम फोरम के गवर्नर डॉ. अग्रवाला को ही केवल भ्रम नहीं हुआ था, बहुतों को हो जाता था। लेकिन जो व्यक्ति अपने को एक अजीब चिपचिपी स्थिति में घिरा हुआ अनुभव करता था वह दरबारीलाल शर्मा न होकर भ्रम खाया हुआ अपरिचित ही होता था। उसे परेशानी होती, जज साहब मेरी गलती पर क्या सोचते होंगे, जबकि वह कुछ नहीं सोचते थे। अदालत में दरबारीलाल शर्मा चूँकि जज के लिए तयशुदा एक खास कुर्सी पर बैठते थे, जज वाला काला गाउन पहनते थे और गले में सफेद बैंड बाँधते थे, इसलिए वह उस रूप में स्वीकार कर लिये जाते थे। लेकिन ऊपर से वैसा स्वीकार करते हुए भी लोग कहीं अन्दर से उनको पूरी तरह स्वीकार कर नहीं पाते थे। एक जज के आतंक और दबदबे को जिस तरह अनुभव करना चाहिए वे उनसे अछूते रहते थे। उनको लगता, उस खास अदालत के कमरे में मनमाने ढंग से बैठ सकते हैं, पान चुभला सकते हैं, सिगरेट पी सकते हैं और अपने साथियों से तमाम विषयों पर खुलकर बातें कर सकते हैं। और वे वैसा करते भी।

भिनभिनाते शोर के बीच दरबारीलाल शर्मा कहते, "पेसकार साब! स्याम सिंह चपरासी कहाँ गया? आए तो बोलो, सिवसंकर सुक्ला के बिस्तर पर खबर कर आए कि साब अपील घंटा-भर में लेंगे।"

'श' का उच्चारण 'स' करने के कारण उनका जज लगना एक खोटे सिक्के जैसा बज उठता।

अपने देश में सरदार जी या पठान को लेकर जिस तरह तमाम चुटकुले गढ़ लिये जाते हैं वैसे ही शर्मा जी को लेकर कई दिलचस्प और रोचक प्रसंग कचहरी की दुनिया से सम्बन्धित व्यक्ति गढ़ लेते थे। वकील लोग उनको लेकर चिमगोइयाँ करते, "मुझे तो शर्मा जी किसी गँवई गाँव के चौधरी पंच लगते हैं। कसर बस इतनी है, मुकदमा सुनते हुए यह गुड़गुड़ी और गुड़गुड़ाया करें।"

"चौधरी लगें तब भी गनीमत। मुझे तो कभी-कभी यह धोखा हो जाता है कि कहीं कोई बन्दर तो हुजूर और सरकार कहलाने की इच्छा से जज का लिबास पहनकर कुर्सी पर विराजमान नहीं हो गया है।" एक नया वकील अपनी पहचान बनाता हुआ कहता।

आसपास बैठे हुए दूसरे वकील उसकी फब्ती पर हँसने लगते।

"यह जज हो कैसे गया?" कोई-न-कोई तब यह सवाल उठा देता।

कुछ लोगों को यह तो सुनगुन थी कि दरबारीलाल शर्मा के श्वसुर राजनीति में एक बड़ी हस्ती थे और अब उनके साले साहब इस क्षेत्र में एक महत्त्वपूर्ण मोहरा बने हुए हैं। इससे सम्भावना कर ली जाती थी कि उनकी नियुक्ति और पदोन्नति में ससुराल पक्षवालों का जरूर दबाव-असर रहा होगा। लेकिन यह किसी बड़ी बात का अंश हो सकता था, पूरी बात नहीं। पूरी बात बहुत कम लोग जानते थे, यहाँ तक कि स्वयं दरबारीलाल शर्मा भी नहीं। वह बात ही इस तरह की थी।

उस बात को संक्षेप में यों बताया जा सकता है। पं. चन्द्रधर जैतली राजनीति की दुनिया के व्यक्ति थे, वह राजनीति खाते थे, राजनीति पीते थे, राजनीति ओढ़ते थे, राजनीति बिछाते थे और नींद में भी राजनीति के ही सपने देखते थे। वह महत्त्वाकांक्षी थे और राजनीति की शतरंज की बिसात पर अपनी स्थिति 'बादशाह' या 'वजीर' के मोहरे जैसी देखना चाहते थे। वह मानते थे कि राजनीति यदि एक गहरी नदी है तो व्यक्ति पूरी तरह बूड़कर ही उसे तिर सकता है और अनबूड़ा रह जाने पर बूड़ जाएगा। ऐसे में स्वाभाविक था कि घर व परिवार पूर्णतया पत्नी के हवाले होता। पत्नी एक उस किस्म की महिला थी, जो भगवान अगर दे रहा है तो गृहस्थी को चमका-दमकाकर रखना चाहिए, इस सिद्धान्त पर विश्वास रखती थी और फिर सब ओर से आँखें बन्द कर उस चमक-दमक से मिलनेवाले स्वाद की जुगाली किया करती थी। उसके लिए परिवार से भी बढ़कर घर था। भौतिक अभाव का कोई अवरोध न होने पर

ऐसे घरों के बच्चे अपनी इच्छाओं के घोड़े पर निर्मुक्त विचरण करते हैं और किसी भी दूरी तक जाने में उनको सहज भय नहीं छूता है। पं. चन्द्रधर जैतली की लड़की चंचल भी ऐसी ही थी। वह इच्छानुसार खाती-पीती थी, इच्छानुसार पहनती-ओढ़ती थी और इच्छानुसार घूमती-डोलती थी। और जैसा कि होना चाहिए था, समय से पहले ही उसकी देह में बौर आ गया। इस बौर की गन्ध से वह स्वयं ही मदमाती रहती। वह पुरुषों को नजर ठहराकर देखती और जब उनमें से भी कोई वैसा करता तो उसे लगता था कि एक पिघली हुई गुनगुनी गुदगुदी उसकी नस-नस में बिछल रही है। चूँकि वह बिछलन उसे अनचखा स्वाद देती, इसलिए उसको पाने के लिए वह बार-बार वैसा करती और हर बार स्वाद खुलकर कुछ और भी चटक हो जाता।

पं. चन्द्रधर जैतली की कार का ड्राइवर एक जाट जवान था। चंचल जब अगली सीट पर उससे सटकर बैठने लगी तो ड्राइवर को लगा, लड़की उससे कुछ चाहती है और वह उसे दे सकता है।

फिर ड्राइवर को लड़की गर्म बछेड़ी जैसी नजर आई और लगा, लड़की कुछ और अधिक चाह रही है और उस और अधिक को भी वह दे सकता है।

पन्द्रह साल की उम्र में लड़की गर्भवती हो गई।

ड्राइवर देने की उमंग में लड़की को जो दे गया था उसे जानकर फिर घबड़ा गया। उसने नौकरी छोड़ दी और गायब हो गया।

लड़की बहुत सी बातें उम्र से ज्यादा जानने पर भी इस 'और अधिक' को पाने की बात देर से जान सकी। जानकर वह स्वयं भी घबड़ा गई। फिर घबड़ाहट में वह उस पाए हुए को छिपाए रही और इससे घबड़ाहटवाली स्थिति और भी बढ़ गई।

जानकारी मिलने पर माँ के हाथ-पैर पत्थर के हो गए। पं. चन्द्रधर जैतली को रात-भर नींद नहीं आई। लगा, उनकी देह को जलती भट्ठी पर रख दिया गया है। उन्हें गुस्सा लड़की पर उठता, उसकी माँ पर उठता, स्वयं अपने ऊपर उठता, फिर वह अन्दर-ही-अन्दर फूटकर गर्म लावे की तरह छिटक जाता। उनकी इज्जत के जहाज की पेंदी में जैसे सूराख कर दिया गया था, पानी तेजी से भर रहा था, वह अमित्र क्षेत्र में थे और सहायता के लिए किसी पर विश्वास नहीं कर सकते थे।

उन्होंने खतरा लेते हुए एक लेडी डॉक्टर पर विश्वास किया। वह पन्द्रह दिन दवा देती रही। पहले कुछ कम तेज किस्म की, फिर उससे तेज किस्म

की और फिर ज्यादा-से-ज्यादा तेज किस्म की। किन्तु दवा का कोई असर नहीं हुआ, सिवाय टीस उठा देने के, जो जहाज की पेंदी में सूराख को और भी बड़ा कर देने जैसा था।

"अब मुश्किल दीखता है। देर हो जाने से केस काफी एडवांस हो चुका है।" लेडी डॉक्टर ने लाचारी प्रकट कर दी।

पं. चन्द्रधर जैतली को अधेड़ लेडी डॉक्टर की आँखों में व्यंग्य की धारदार कौंध चमकती लगी, हालाँकि वहाँ ऐसी कोई कौंध नहीं थी। उनको लगा, बात पर पड़ा पर्दा झीना हो गया है और बहुतों ने छिपे को देख लिया है, हालाँकि ऐसा भी नहीं था।

उन्होंने फिर जानी-मानी दो-एक घरेलू दवाएँ आजमाईं, लेकिन वे भी कारगर साबित न हुईं।

तब वह लड़की को दूर एक पर्वतीय इलाके में ले गए। बच्चा हो जाने पर उन्होंने बच्चे की हत्या कर लाश जलवा दी और लड़की को वापस ले आए।

बात उखड़ सकती है, इस आशंका से घबड़ाए हुए उन्होंने फिर लड़की की शादी करने में बहुत उतावली दिखाई। वह स्थिति कुछ-कुछ ऐसी थी, कोई अपने गन्तव्य पर जाने के लिए स्टेशन पहुँचा है, गाड़ी रेंग चुकी है और जो डिब्बा सामने आया है, वह हड़बड़ी में सुविधा-असुविधा को नजरअन्दाज कर उसी पर सवार हो गया है। इस हड़बड़ी में पं. चन्द्रधर जैतली की निगाह श्री जवाहरलाल नेहरू संस्कृत महाविद्यालय के प्राचार्य पं. नौरंगीलाल शर्मा के सुपुत्र दरबारीलाल शर्मा पर गई, जिनसे वह थोड़े-बहुत परिचित थे, और उन्होंने लड़की का विवाह कर दिया, बिना वर के रूप-रंग और घराने की प्रतिष्ठा-समृद्धि पर अधिक ध्यान दिये हुए। वर कानून की शिक्षा उन दिनों पा रहा था, अपने व दूसरों को सन्तोष देने के लिए यही बहुत था।

पं. चन्द्रधर जैतली राजनीति को अपना पूरा समय फिर देने लगे। इज्जत के जहाज की पेंदी में सूराख हुआ था उसकी उन्होंने समुचित मरम्मत कर दी थी और जहाज खतरे से बाहर हो गया था।

पं. चन्द्रधर जैतली ने जब जाना कि जामाता का कानून में पास होना सन्दिग्ध है, उन्होंने सत्तारूढ़ पार्टी के अपने सचिव होने का प्रभाव डाला और जामाता को अच्छे अंक दिलाकर उत्तीर्ण करा दिया।

जामाता वकालत में जम जाए, इसलिए वह जामाता के पास मुकदमे भी भेजने लगे। लेकिन मुकदमों में हार जाने के कारण जामाता की साख बिगड़ती गई। मुवक्किलों को वैसे भी वह वकील कम नजर आते थे।

उन्हीं दिनों एक विधायक नये मंत्री बने थे। तभी लोक सेवा आयोग के एक सदस्य की भी नियुक्ति हुई थी। अपने गुट का ही आदमी होने के कारण पं. चन्द्रधर जैतली का दबाव उस नये मंत्री पर था और मंत्री का दबाव उस सदस्य पर। दरबारीलाल शर्मा जब न्यायिक सेवा की परीक्षा में बैठे तो फिर वह मुंसिफ चुन लिये गए।

समस्या का एक स्वस्थ व स्थायी हल मिल गया था।

कार्य स्तरीय न होने और उच्च न्यायालयों से प्रतिकूल टिप्पणियाँ मिलने के बावजूद दरबारीलाल शर्मा को यथासमय प्रोन्नतियाँ मिलती गईं।

चंचल दागी थी। इस सिद्धान्त के तहत कि दागी फल या सब्जी को लेकर दूकानदार ज्यादा हील-हुज्जत नहीं करता और गाहक की बात को बतौर हुक्म मान लेता है, चंचल को भी पत्नी के रूप में पति की बातों को महत्त्व देते हुए दबना चाहिए था, लेकिन दबते दरबारीलाल शर्मा ही थे। यह सही था कि उस दाग के बारे में दरबारीलाल शर्मा को कोई जानकारी नहीं थी, जानकारी होने पर भी स्थिति में विशेष अन्तर नहीं आता। दूसरों की तुलना में स्वयं को हीन मानना और फिर उससे पैदा हुई घबड़ाहट व भय उनकी मानसिकता में था। यह गाँठ उनमें शुरू से ही थी, जो समय के साथ बराबर सख्त होती गई। इस गाँठ का एक कारण था कि उनकी शारीरिक विरूपता को लेकर साथी बचपन से ही उनको छेड़ते व उन पर हावी रहते थे। एक कारण यह भी था कि घर के ओछे और तुच्छ काम उनको करने पड़ते थे; मसलन, मरे चूहे व छिपकली को फेंक आना, छोटी बहन को शौच कराना, आटा-दाल न रहने पर पड़ोसी घरों से माँग लाना और किसी की बची हुई जूठन को खाना। किशोरावस्था में आ जाने पर भी उनको इस तरह के कामों से अरुचि नहीं हुई थी।

पत्नी का खौफ उन पर इतना घना छाया हुआ था कि वह उसकी किसी भी बात को काटा नहीं करते थे, उसके काम को अपने लिए असुविधाजनक होते हुए भी सही बताते थे और छोटे-छोटे मामलों में भी क्या करना चाहिए और क्या नहीं, इसको तय करने का हक हरदम उसे ही देते थे। पैजामा या

शर्ट बननी होती तो कपड़े के लिए वह पत्नी से ही कहते, "आप ले आइएगा। आपकी पसन्द बढ़िया होती है।"

दस साल का उनका बच्चा भी शायद उनके इस खौफ से परिचित था और कहता था, "पापा, मुझे गेंद उठाकर फेंकिए, नहीं तो मम्मी जी से शिकायत कर दूँगा।" या "पापा, मेरा कलम टूट गया है, अपना दे दीजिए। पापा, आप सुनते नहीं हैं, मम्मी जी ने कहा है तुम पापा का कलम ले लो।" वैसे बच्चा माँ का लाड़ला भी कुछ ज्यादा ही था। उसके चेहरे का रंग-रूप, एक-एक रेखा अपनी माँ पर गई थी। दरबारीलाल शर्मा जब बच्चे से ज्यादा तंग आ जाते थे, तो उसे सीधे न डाँटकर पत्नी को आवाज देकर प्रार्थना जैसे स्वर में कहते थे, "सुनिए, अतुल को बुला लीजिए, यह ज्यादा सरीर हो गया है। मुझे जरूरी काम करना है।"

अभी कुछ दिन पहले की बात है। यों छुट्टी का दिन था, लेकिन चूँकि दरबारीलाल शर्मा को अगले दिन एक दीवानी के मुकदमे में फैसला देना जरूरी था, उन्होंने टाइपबाबू को बुला लिया था। फैसला लिखाते-लिखाते उनको कुछ कानूनी मुद्दे तय करने के लिए नजीरवाली किताबों की जरूरत महसूस हुई। ये किताबें पक्षकार के वकील ने भेजी थीं। वे जब वहाँ आसपास नजर न आईं तो उन्होंने चपरासी को बुलाकर पूछा, जिससे पता चला कि बहू जी कुछ किताबें अन्दर कमरे में ले गई हैं। वह तब अन्दर वाले कमरे में गए। तीसरे पहर का वक्त था और पत्नी सो रही थी। ऊपर छत के पंखे में कुछ खराबी आ जाने से पत्नी ने टेबिलफैन लगा लिया था। तिपाई चूँकि काफी नीची थी, इसलिए पत्नी ने जिल्दवाली मोटी किताबों को उस पर चुनकर पंखा इस तरह रखा था कि भरपूर हवा मिलती रहे।

दरबारीलाल शर्मा को साहस न पड़ा कि वह पंखे के नीचे से उन किताबों को निकाल लें। जरा-सी भी देर के लिए पंखा बन्द नहीं हुआ कि पत्नी जाग जाएगी। फिर कच्ची नींद टूट जाने से सारा दिन उसका सिर दुखेगा, जिसके लिए मुजरिम वह ठहराए जाएँगे। वह दो-एक मिनट तक पर्दा उठाए उन किताबों को बेचैनी से बस देखते रहे थे। फिर चेहरे पर लाचारी चिपकाए वापस लौट आए थे। उन्होंने फिर उन कानूनी मसलों को फैसले में छुआ नहीं था और दूसरे मुद्दों पर विचार करते हुए मुकदमे का निर्णय लिख दिया था।

पत्नी के पिता का स्वर्गवास हो चुका था, लेकिन उसके भाई ने वही प्रतिष्ठा और दबदबा अर्जित कर लिया था, बल्कि पिता से कुछ बढ़कर ही।

वह प्रादेशिक सरकार में उपमंत्री बन गया था। दरबारीलाल शर्मा पहले पत्नी को पत्नी से अधिक सत्तारूढ़ पार्टी के सचिव की लड़की मानते थे, अब वह उसे उपमंत्री की बहन मानने लगे थे।

दरबारीलाल शर्मा की अदालत में तीन दिन से कत्ल का एक मुकदमा चल रहा था। पुलिस की हिरासत में हथकड़ी से जकड़ा हुआ बाईस-चौबीस साल का खूब लम्बा-छरहरा एक नौजवान कठघरे में लाकर खड़ा कर दिया जाता था, जो घंटों एक ही मुद्रा में बुत-सा खड़ा रहता था। उसकी आँखों की पुतलियों से चमक जैसे निकल गई थी या अन्दर कोई चीज सुलग रही थी और वह बुझ गई थी। वह सुबह जेल से लाया जाता था और शाम को वापस जेल भेज दिया जाता था।

दस महीने पहले सम्बन्धित कत्ल हुआ था। अगले ही दिन यह लम्बा-छरहरा नौजवान पकड़ लिया गया था और तब से बराबर जेल में था।

वास्तविकता इस प्रकार थी। इस नौजवान की बड़ी बहन कमला भी उसी की तरह लम्बी, छरहरी, बाँकी और खूबसूरत थी। उसकी शादी पृथ्वीपुर गाँव के तेजकिशन से कर दी गई थी। तेजकिशन में अगर कोई बदसूरती थी तो यह कि उसके अगले दो दाँत बड़े थे, जो ऊपरी ओंठ में झोल डालते हुए बाहर निकल आए थे, अन्यथा वह एक भरा-पूरा जवान था, स्वभाव से मृदुल, स्निग्ध और हँसमुख। उसके पास दस बीघे काश्त के साथ-साथ परचून की एक छोटी-सी दूकान भी थी। खाने-पहनने, गुजर-बसर के लिए वहाँ अभाव की चिलचिलाती धूप को चटकते हुए सहन करने जैसा कुछ नहीं था।

तेजकिशन के पड़ोस में ही प्रधान का घर था। प्रधान के बड़े लड़के की आँखों में कमला चढ़ गई। कमला को भी प्रधान के लड़के की आँच जैसी गर्म चाहना अच्छी लगती थी। बाहर निकले दो दाँतों के कारण वह अपने पति को पूरी तरह स्वीकार कर नहीं पाती थी। पीछे चमरटोला के डोलते सुअरों जैसा वह कभी-कभी बेहद घिनौना लगने लगता था। हालाँकि पति में कोई जिस्मानी कमजोरी नहीं थी, लेकिन अभी तक कोई बच्चा न दे सकने के कारण वह शारीरिक दृष्टि से उसे अपूर्ण भी मानती थी।

कमला के रूप के सलोनेपन से खिंचा हुआ प्रधान का लड़का उससे फिर मिलने-जुलने लगा। कमला भी उसे बढ़ावा देने लगी।

तेजकिशन को इस आसनाई की भनक मिल गई। सन्देह न लगकर वह उसे सच्चाई लगी। उसने पत्नी को मारा-पीटा। प्रधान के लड़के को भी अकेले में आड़े हाथों लिया।

एक दिन पहले भी उसने पत्नी को मारा था।

वह कार्तिक की रात थी। अँधेरा गाढ़ा और स्याह था। प्रधान का लड़का बाहर टिके खाली लहडू का सहारा लेते हुए दीवार पर चढ़ गया और फिर वहाँ से नीचे उतर आया। उसके पास भरी हुई देशी पिस्तौल थी। पटी हुई सिदरी में कम्बल ओढ़े तेजकिशन सो रहा था। पास में दूसरी खाट पर कमला लेटी थी। सिदरी के खम्बे में उकसी एक ईंट पर रखी ढिबरी जल रही थी, उजाले के पीले कमजोर तार फैलाती हुई। प्रधान का लड़का दबे कदमों से तेजकिशन की चारपाई के निकट चला गया। उसने सिर पर से कम्बल खिसकाया और कनपटी के पास नाल ले जाते हुए पिस्तौल का घोड़ा दबा दिया। एक तेज दनाका हुआ और खून की धार पिचकारी जैसी फूट पड़ी।

कमला हड़बड़ाकर उठ बैठी। जब वह पति की हुई हत्या से डरकर चीखने लगी, प्रधान का लड़का सदर दरवाजा खोलकर गायब हो गया।

प्रधान एक घाघ किस्म का आदमी था, कौवे-जैसा तेज, चालाक और सड़े जख्म का भी चटखारा लेनेवाला। महीने के कुछ दिन उसके कचहरी में जरूर गुजरते थे। बीसियों मुकदमे उसने लड़े व लड़वाए थे और दाँव-पेंच में माहिर होने के कारण वह ज्यादातर उनको जीतता था। जैसे ही उसे पता चला कि उसके लड़के ने हत्या का जुर्म कर डाला है, वैसे ही थाने पहुँचकर उसने बड़े दरोगा की मुट्ठी दो हजार रुपये से गर्म कर दी। फिर दरोगा की मंत्रणा से एक रपट तैयार हुई जिसमें हत्यारा तेजकिशन का साला वह लम्बा नौजवान दिखाया गया। हत्या का कारण यह बताया गया कि साला गन्दे चाल-चलन वाला एक युवक है, उसके पास अपने निर्वाह का कोई टिकाऊ बन्दोबस्त नहीं है। वह बहनोई को जब-तब पैसे देने के लिए परेशान करता था। बहनोई ने शुरू में कुछ पैसे जरूर दिये थे, पर फिर अपना हाथ खींच लिया था और चाहता था कि वह गाँव न आया करे। दो दिन पहले पैसों को लेकर दोनों में खूब गर्मागर्मी हुई थी, जिससे सम्बन्धों में बेहद तनाव आ गया था।

अपना और कोई सगा न होने के कारण वह लम्बा नौजवान बहन के घर अक्सर आया करता था और कई-कई दिन तक रुकता था। दूकान पर

बैठकर वह बहनोई का हाथ बँटाता था। उन दिनों भी वह आया हुआ था और घटनावाली रात को दूकान पर सो रहा था। इन तथ्यों का सहारा लेकर वह कहानी गढ़ ली गई थी।

उस लिखित रपट पर कमला के दस्तखत करवा लिये गए। इतने बड़े हो गए हादसे से एक तो वह डरी हुई थी ही दूसरे, अपने अपराध-बोध से कमजोर भी हो गई थी। दस्तखत करते हुए उसने किसी भी प्रकार का विरोध नहीं किया था।

दरोगा ने मुकदमा रोजनामचे में दर्ज करने के बाद अगली सुबह ही उस लम्बे नौजवान को गिरफ्तार कर लिया था। फिर वह जेल भेज दिया गया।

उस लम्बे नौजवान के एक फुफेरे भाई ने उस पर टूटे घोर संकट से पिघलकर उसकी मदद करना चाही थी। वह अच्छे वकीलों के पास भागा-दौड़ा, लेकिन कोई भी हजार-आठ सौ रुपये लिये बिना मिसल देखने को तैयार नहीं हुआ। छोटे-मामूली वकील भी तीन-चार सौ से नीचे नहीं उतरे। कहते, "कत्ल का मुकदमा है। इससे संगीन जुर्म और कौन हो सकता है?" फुफेरे भाई ने फिर इस आशंका से भी डरकर कि लम्बे नौजवान की पैरवी करने से वह पुलिस की नाराजगी का शिकार बनकर खुद किसी मामले में झूठा फँसाया जा सकता है, अपने को उस कँटीले झंझट से अलग कर लिया। अपनी ग्लानि की आग को उसने इस प्रकार पानी के छींटे मारकर ठंडा किया कि आदमी की कोई बिसात नहीं, असली सहायता ईश्वर ही करता है जिसके बचानेवाले हाथ बहुत लम्बे हैं।

हत्या का अपराधी साधनहीनता के कारण अपना वकील न कर सकने की स्थिति में बचाव के लिए राज्य की ओर से वकील पाने का अधिकारी होता है। यह सुविधा इस विचार से दी जाती है ताकि संगीन जुर्म का कोई अभियुक्त प्रतिरक्षा के अभाव में निर्दोष होने पर दंडित होकर कानून की न्याय-धर्मिता पर प्रश्नचिह्न न लगाए। इसलिए उस लम्बे नौजवान को भी एक वकील दिया गया था। इस वकील को यों इस पेशे में आए हुए दस साल का एक अच्छा-खासा अरसा हो चुका था, पर अनुभव में यह अभी कक्षा अ में ही घिसट रहा था। एक विधायक की सिफारिश से यह शपथ-अधिकारी नियुक्त हो गया था और विभिन्न न्यायालयों में अभियोगों तथा वादों के सिलसिले में दाखिल होनेवाले शपथ-पत्रों को सत्यापित करने से इसकी महीने में चार-पाँच सौ रुपये की

मतलब लायक आमदनी हो जाती थी। उसी विधायक की सिफारिश से इसका नाम राज्य के खर्चे पर इस तरह के मुकदमे करने के लिए नियुक्त वकीलों की सूची में भी आ गया था। यह वकील आरामतलब था और उससे ज्यादा मेहनत हो नहीं पाती थी। वह जिस स्थिति में था उससे सन्तुष्ट था। उसके लिए पोखर ही नदी थी। दूसरे, रमी खेलने का उसका शौक भी उसे मेहनत करने से रोकता था। इस शौक की वजह से वह रात के बारह-बारह, एक-एक बजे तक जागता था और फिर कचहरी जाने के वक्त ही सोकर उठ पाता था।

मुकदमे की सुनवाई शुरू होने पर गवाहों के साथ दरोगा खुद ही आया था। मुकदमा उसका चालानी होने के सबब एक तो वैसे भी उसकी पैरवी करना उसके लिए लाजिमी था दूसरे, चूँकि उसने उसमें एक मोटी रकम खाई थी, इसलिए उस ओर किसी को अँगुली उठाने का मौका न देने के लिए वह अदालत से अपनी कारगुजारी पर सही का ठप्पा भी लगवा लेना चाहता था। तफतीश के दौरान ही उसने मुकदमे में मजबूत कड़ियाँ पिरोने की कोशिश की थी। उसने उसी किस्म के गवाह बनाए थे, यानी प्रधान, प्रधान का बेटा, मृतक की पत्नी कमला व एक अन्य पड़ोसी, जो प्रधान का कर्जदार होने के कारण उसके असर में था। प्रधान व प्रधान के बेटे को लेकर वह निश्चित था। वे नदी पर बने किसी बाँध की तरह मजबूत थे और धोखा दे ही नहीं सकते थे। कमला व उसके पड़ोसी को लेकर हाँ, उसे जरूर सन्देह होता था किसी भावना या कच्चेपन के कारण कहीं वे लड़खड़ा न जाएँ।

कचहरी के अहाते में उसने कमला को इसलिए फिर आगाह किया था, "देखो, कोई गड़बड़ी नहीं होना चाहिए। रपट में जो लिखाया है और डिप्टी साहब के सामने जो कहा है, उसी पर कायम रहना। यह न हो, भाई के लिए अब चुनचुनी मचे और कुछ अंट-संट बक जाओ। हाँ आँ!" दरोगा ने फैली हुई नाक को फुलाते हुए फुँफकारी छोड़ी, "इस सारे फसाद की असली जड़ तुम हो। वह तो प्रधान के कहने से मैंने तुमको इसमें से निकाल दिया, वरना तुम भी नथ जातीं। मजा भी लो और तकलीफ भी न हो, एक साथ यह नहीं चल सकता। अब भलाई इसी में है, कोई गड़बड़ी नहीं होना चाहिए। हाँ-आँ।"

दुबारा फुँफकारी छोड़ते हुए दरोगा फिर उस पड़ोसी गवाह की ओर घूम गया, "देखो, तुम भी कान खोलकर सुन लो, फिसलने-रपटने की जरा भी कोशिश न करना, वरना—मेरा नाम ही सिर्फ जालिम सिंह नहीं है, मैं मक्कारी

करनेवालों के लिए जालिम हूँ भी। हाँ आँ।" मुलजिम का वकील सवाल कर सकता है, "तुमने प्रधान से ढाई सौ रुपये कर्ज लिया था जो तुम पर अब भी बकाया है, तुम इससे इनकार कर जाना।"

"लेकिन सरकार, रुपैया तो लिया है।" गवाह जो किसी बन्दर की तरह मुँह उठाए मदारी की ओर ताक रहा था, आँखें मलकाता हुआ बोला।

"सरकार का गू। बात तो समझ। रुपया लेने के मायने होंगे, तू प्रधान के असर में है और उसके कहने से गवाही दे रहा है। तब तेरी हैसियत गधे के फलान के बराबर भी नहीं होगी। अदालत के सामने कर्जवाली लिखा-पढ़ी तो खुली रखी होगी नहीं। जब प्रधान इनकार करने को तैयार है तो तेरी जबान को क्यों तकलीफ हो रही है? मुलजिम के वकील से घबड़ाने की जरूरत नहीं। समझ लेना तू उसकी लौंडिया रखे हुए है।"

"बहुत अच्छा, सरकार।"

"और देख, अदालत के कमरे में जाते वक्त खोपड़ी अपनी साथ ले जाना, यह न हो तू बाहर छोड़ जाए और मेरा जूता सड़े कद्दू की तरह उस पर ठोकरें दे। हाँ-आँ।"

प्रधान मुलजिम और मृतक के बीच हत्या से दो दिन पूर्व हुए उस तथाकथित झगड़े का गवाह था और उसने यों सारे विवरण बताते हुए बयान दे डाला जैसे वह एक वास्तविकता थी। उसने कहा कि मुलजिम ने दूकान पर आकर बीस रुपये माँगे थे, इस पर तेजकिशन ने अपने साले को झिड़क दिया कि वह उसे बीस पैसे भी नहीं देने का और जब उसे मना कर दिया गया है तो बेशर्मी लादकर वह गाँव आता क्यों है और यह कि उसे उससे कोई रिश्ता नहीं रखना है। इस पर मुलजिम लाल-पीला होने लगा। उस वक्त गवाह दुकान पर बीड़ी लेने गया था और उसके बीच में पड़ जाने से झगड़ा बढ़ नहीं पाया।

प्रधान का बेटा हत्या का चश्मदीद गवाह था। उसका बयान था कि धड़ाके की आवाज पर उसकी आँख खुल गई। वह फौरन ही अपने मकान से निकलकर बाहर आया, उस वक्त एक आदमी तेजकिशन के दरवाजे से निकल रहा था, उसने टॉर्च की रोशनी उधर डाली तो मुलजिम पहचान में आ गया, उसके हाथ में दो बालिश्त लम्बी पिस्तौल थी, मुलजिम के भाग जाने पर वह मकान के अन्दर गया, तेजकिशन मरा पड़ा था, तेजकिशन की औरत रोती हुई कलप रही थी कि मुलजिम उसके आदमी का कत्ल कर भाग गया है।

"ऐसा तो नहीं, कत्ल तुमने किया हो?" मुलजिम के वकील ने जिरह में सवाल किया, जिसे सारी जानकारी मिल चुकी थी।

"कत्ल इसने किया है तो कठघरे में इसको खड़ा होना चाहिए था। लेकिन यह तो गवाह है।" जज की कुर्सी पर आसीन दरबारीलाल शर्मा, जो अब तक पेंसिल डालकर कान खुजला रहे थे, चौंककर बोले।

"हुजूर, हाँ, इसको ही कठघरे में खड़ा होना चाहिए था। लेकिन पुलिस ने गोलमाल कर दिया। हुजूर, इसकी तेजकिशन की बीवी से आसनाई थी। जब तेजकिशन रास्ते में रुकावट बना तो इसने उसका कत्ल कर दिया।"

"हाँ, आसनाई के किस्से में कत्ल हो जाते हैं।" दरबारीलाल शर्मा पेंसिल अलग कर गवाह की ओर भौंचक देखने लगे।

"मैं तेजकिशन की बीवी को भौजी की तरह मानता था।" प्रधान के लड़के ने कहा।

"लेकिन भौजाई से भी तो आसनाई हो जाती है।" दरबारीलाल शर्मा ने यों कहा जैसे वह जज की कुर्सी पर न बैठे होकर सड़क की पटरी पर खड़े हों और किसी की बात पर पटाक से अपनी राय टुपका दी हो।

"आसनाई वाली बात गलत है।" प्रधान के लड़के ने घबराहट को दबाते हुए कहा।

"हुजूर, हर अपराधी अपने बचाव के लिए एक-न-एक किस्सा गढ़ लेता है। आसनाई वाला यह किस्सा भी गढ़ा हुआ मालूम होता है।"

सबूत की ओर वाला सरकारी वकील अब अपने गवाह की सहायता में बोलने लगा।

"हाँ, आपकी बात में भी दम है।" दरबारीलाल शर्मा ने इस बार पेंसिल को अपने दाँतों पर बजाते हुए कहा।

इस बात के बावजूद कि कमला के सम्बन्ध पति की हत्या के बाद भी प्रधान के बेटे से टूटे नहीं थे बल्कि छूट मिल जाने के कारण इस तरह से वे गहरे ही हुए थे और प्रधान के बेटे ने अपने बाप से शह पाकर, जिसकी आँख अब उसकी काश्त और घर पर लगी हुई थी, मुकदमा निपट जाने के बाद उसे अपनी पत्नी बनाने का दिलासा दिया था, कमला के हृदय में अपने भाई के साथ जो कुछ हो गया था उसके लिए गहरा मलाल था। उसे अपनी ग्लानि जख्म के अन्दर रह गई शीशे की किरच जैसी टपकन देती थी।

वह अन्तरतम से चाहती थी कि भाई इस मुसीबत से छूट जाए। पर इसी के साथ वह यह भी चाहती थी कि उसके प्रेमी का नाम भी हत्यारे के रूप में न आए। दरअसल, वह दोनों को ही आग की लपट से बाहर देखने के लिए लालायित थी। पर वह यह नहीं जानती थी कि ऐसा कैसे सम्भव है। भाई की अगर वह मदद कर सकती है तो सही-सही किस तरह? वह अदालत के कमरे में घुसी तो एकदम से घबड़ा गई। बीच में कुर्सी पड़ी थी और वह उससे टकराकर गिरते-गिरते बची। फिर जब चपरासी ने उसे जज की कुर्सी के ठीक सामने गवाह वाले कठघरे में खड़ा किया तो दरबारीलाल शर्मा उसे देखकर अपनी टाँगें हिलाने लगे, "तो यही वह औरत है, जिसकी पहले वाले गवाह से आसनाई थी।"

"हाँ, हुजूर।" मुलजिम के वकील ने तपाक से कहा।

"सक्ल से तो यह सीधी लगती है। लेकिन सीधी लगनेवाली औरतें भी अक्सर बहुत खतरनाक होती हैं।"

"हुजूर ने बिलकुल सही फरमाया है—बिलकुल सही।" मुलजिम के वकील का स्वर इस बार जोर से आघात पड़े घंटे जैसा बजने लगा।

इस सबसे वह और भी ज्यादा घबड़ा गई। फिर जब उसका बयान लिया गया तो उसने रपट में जो लिखाया गया था उसी को दोहरा दिया।

हत्यारे का नाम न बताकर पहले उसने उसे 'एक आदमी' कहा, फिर पूछे जाने पर उसने भाई का नाम भी ले लिया।

बयान देकर जब वह हटी तो इस बार मेज से टकरा गई।

चौथे गवाह उस पड़ोसी ने भी यह कहा कि धड़ाके की आवाज सुनकर वह घर से बाहर आ गया था, प्रधान का लड़का उससे कुछ पहले ही आ चुका था, प्रधान का लड़का अपनी टॉर्च चमका रहा था और उसकी रोशनी में ही उसने मुलजिम को पहचाना था। लेकिन जब जिरह में पूछा गया कि क्या प्रधान के लड़के और मृतक की बीवी कमला में आसनाई थी, तो उसने स्वीकार करते हुए कहा, "हाँ, कस्बे में खबर तो ऐसी है।"

"हुजूर, इस बात को बिलकुल ऐसे ही कलमबन्द कर लिया जाए।" मुलजिम का वकील मेढक जैसा उछलता हुआ बोला। दूसरे गवाहों से उसे जिरह में कोई सफलता न मिली थी। ऐसी स्थितियों में तो सत्य गहरे कुएँ में गिरे बर्तन-जैसा होता है जिसे कुशल अनुभवी लोग प्रश्नों के काँटे में फँसाकर

बाहर निकाल लेते हैं। उस वकील में वैसी योग्यता थी नहीं, न उतना अनुभव ही। इसलिए उसने अन्दर से सही बात जबरदस्ती निकाल लेनेवाले सवाल पूछे ही नहीं थे। जो जानकारी उसे मिली थी उसी को आधार बनाकर बस वह चन्द सवाल सपाट ढंग से कर देता था। इसलिए जब एक निपट सीधे-सादे सवाल द्वारा इतना महत्त्वपूर्ण सत्य इस गवाह के अन्दर से बाहर आ गया तो प्रसन्नता से वह उफना गया।

गवाह जैसे ही अदालत से बाहर निकला, दरोगा ने चील के झपाटे जैसा उसे दबोच लिया। उसने एक हाथ में उसकी चोटी पकड़कर चेहरा ऊपर उचकाया और दूसरे से लोहे-जैसा वजनी झापड़ तड़ाक से जड़ दिया, "भूतनी का, मिल गया मुलजिम से? क्या तेरी लौंडिया का खसम था वह?" दरोगा ने गलत जगह पर अटकी बेजान चीज की तरह उसे झटका देकर बरामदे के बाहर खींचा और बूट की भरपूर ठोकर उसके चूतड़ पर दी, "चल स्साले। डंडा डालकर हलक से निकालूँगा! बता दिया था, मैं नाम का ही सिर्फ जालिम सिंह नहीं, काम का भी जालिम सिंह हूँ।" उसने बगल में खड़े सिपाही के हाथ से बेंत ले लिया और सटासट तीन-चार जमा दिये।

गवाह किसी बेहद डरे हुए छोटे बच्चे-जैसा फुक्का मारकर रोने लगा, "सरकार ने करजवाली बात मना करने को कही थी, वह मैंने मना कर दी।"

"गधे की औलाद। यह भी तो कहा था, अपनी खोपड़ी साथ में रखना। बना-बनाया मुकदमा माँ के...ने खराब कर दिया और अब छिनाल औरत जैसा टिसुआ बहा रहा है।" दरोगा ने खटमल निकालने के लिए पीटी जानेवाली चारपाई जैसे ढंग से उसकी पीठ, गर्दन, टाँगों पर बेंत हुमक दिये।

कचहरी के अहाते के लिए इसमें नया कुछ नहीं था। जब-तब पुलिस के हाथों गवाह इस तरह धुने जाते थे। इसलिए उधर से गुजरते वकील, मुंशी, दलाल या बाबू लोगों में ठहरकर उसका दर्शक बननेवाली दिलचस्पी नहीं थी। हाँ, मुकदमों के सिलसिले में आए लोगों के लिए जरूर उसमें रोमांच भरा कौतुक हो सकता था। लेकिन उनको पुलिस का सिपाही वहाँ रुकने नहीं देता था, "आगे बढ़ो। तमाशा नहीं है। कह दिया, मजमा यहाँ न लगाओ!"

बचाव में कुछ और न कर सकने के कारण वह गवाह फिर किसी खूँटा तुड़ाए जानवर-जैसा भाग खड़ा हुआ।

"यहाँ से निकल भागा तो स्साला गाँव भी छोड़ देगा?" दरोगा फूले हुए नथुने फुलाता हुआ फुँफकारी भरने लगा, "थाने पर घोड़े-जैसे जो दो कुत्ते पाल रखे हैं वे साले की लौंडिया पर चढ़वाऊँगा। मैं नाम का ही सिर्फ जालिम सिंह नहीं हूँ। हाँ आँ।"

बहस के दौरान सबूत को मिला सरकारी वकील इस बात पर जोर देता रहा कि बहन ने अपने सगे भाई का नाम अपराधी के रूप में लिया है और अपने में केवल यही एक स्थिति सबूत के मामले को सच साबित करने के लिए काफी है। दूसरी ओर मुलजिम को मिला सरकारी वकील घिसे रिकॉर्ड पर फँसी सूई की तरह बार-बार इस बात को उभारता रहा कि एक गवाह ने मान लिया है कि प्रधान के बेटे और औरत में आसनाई थी, हत्या प्रधान के बेटे ने की है और औरत अपने प्रेमी को बचाने के लिए भाई का झूठा नाम ले रही है। दरबारीलाल शर्मा ने पहले सबूत पक्ष के वकील की दलील पर कहा, "आपकी बात में दम है।" फिर सफाई पक्ष के वकील की दलील पर कहा, "आपकी बात में भी दम है।" बहस जब खत्म हुई तो साफ लगता था, वह किसी एक निष्कर्ष पर पहुँच नहीं सके हैं और अनिश्चय के झूले पर सम्भावना के दो बिन्दुओं के बीच झूल रहे हैं।

दरबारीलाल शर्मा मिसल घर ले आए और एक-एक बयान की एक-एक पंक्ति पढ़ डाली। दोनों पक्षों की दलीलों पर उन्होंने कई बार गौर किया। किन्तु चाहने पर भी वह यह तय नहीं कर सके कि सबूत पक्ष का कथन एक ठोस वास्तविकता है या सफाई पक्ष का कथन। वह अनिश्चय के झूले पर सम्भावना के दो बिन्दुओं के बीच किसी एक पर अपनी यात्रा समाप्त करने का निर्णय बिना लिये हुए वैसे ही झूलते रहे।

अभी पिछले पखवारे एक-दूसरे मुकदमे में भी उनकी यही मानसिक स्थिति थी। वह भी कत्ल का ही एक मामला था। सेवा-अवधि की लम्बाई के कारण चूँकि वह एक वरिष्ठ न्यायाधिकारी थे, इसलिए उनकी अदालत में कत्ल के मुकदमे काफी अच्छी संख्या में निस्तारण के लिए भेजे जाते थे। उस मामले में पच्चीस-तीस साल के एक जवान की हत्या हो गई थी। वह एक कारखाने की मुलाजमत के सिलसिले में गाँव छोड़कर स्थायी रूप से शहर में रहने लगा था। उसने अपनी काश्त ताऊ के लड़कों को न देकर बटाई पर दूसरों को दे दी थी। ताऊ के लड़के इस पर नाराज हो गए थे और वह नाराजगी फिर पुराने

पड़ते दही की तरह बराबर खटाती गई थी, यहाँ तक कि जहरीली हो गई थी। ताऊ के दोनों लड़के एक दिन राजीनामा करने का आश्वासन देकर उस जवान को एक निर्जन स्थान पर ले गए और वहाँ उन्होंने गँड़ासे से उसका सिर अलग कर दिया। वे सिर अपने साथ ले गए और धड़ पत्थर से बाँधकर पास की नहर में डाल दिया। लेकिन पत्थर खुल जाने से लाश दो दिन बाद उतरा आई और जवान की पत्नी व बहन ने उसे पति व भाई का होना शिनाख्त कर लिया।

पुलिस ने जाँच के बाद ताऊ के उन दोनों लड़कों को अभियुक्त के रूप में कठघरे में लाकर खड़ा कर दिया।

सबूत की ओर से उन लोगों ने आकर गवाही दी थी जिनके सामने दो अभियुक्त राजीनामा करने के बहाने मृतक को घर से बुला ले गए थे, या जिन्होंने उनके साथ मृतक को बाजार में देखा था, या जिसकी शराब की भट्ठी पर उसी शाम मृतक के साथ उन्होंने शराब पी थी। एक उस घसियारे ने भी आकर गवाही दी थी, जिसने नहरवाले निर्जन स्थान की ओर उन तीनों को दिन छिपते वक्त जाते देखा था। मृतक अन्तिम बार अभियुक्तों के साथ देखा गया था और फिर उसके बाद मृत दशा में पाया गया, यही एक स्थिति उनको सिद्धदोषी साबित करने के लिए काफी थी। लेकिन अभियुक्त के वकील ने, जो अपने पेशे में बहुत अनुभवी और विपक्षी की व्यूह-रचना में से बचाव का रास्ता खोज लेने में दक्ष था, लाश की शिनाख्त को लेकर सन्देह पैदा कर दिया था। उसका कहना था, इस बात की कोई गारंटी नहीं है कि वह लाश गंगाराम की ही थी जिसका कत्ल होना बताया जाता है। सिर न होने से लाश की सही-सही शिनाख्त असम्भव है और यदि यह निश्चित रूप से माना नहीं जा सकता कि वह लाश गंगाराम की ही थी तो गंगाराम की हत्या के लिए उसके मुवक्किलों को कानूनन अपराधी नहीं ठहराया जा सकता।

दरबारीलाल शर्मा ने एक बार अखबार में खबर पढ़ी थी कि एक जज ने हत्या के एक मामले में चालानशुदा मुलजिम की सजा कर दी थी। सजा होने के बाद जिस व्यक्ति की हत्या होना कहा गया था, वह जीवित निकल आया और जज मुसीबत में फँस गया। गनीमत यह थी कि उसने मुलजिम को आजीवन कारावास की ही सजा दी थी।

इस मुकदमे में शक करने की वैसी गुंजाइश न थी, क्योंकि सबूत की ओर से कहा गया था कि छंगा होने के कारण गंगाराम के सीधे पैर में छह

अँगुलियाँ थीं और लाश के सीधे पैर में छह अँगुलियाँ पाई गई थीं। दूसरे, सबूत ने लाश के जिस्म से बरामद जाँघिया जैसा ही एक दूसरा जाँघिया यह बताते हुए पेश किया था कि मृतक ने एक ही कपड़े के वे दो जाँघिये अपने इस्तेमाल के वास्ते सिलवाए थे। लेकिन सम्भावना के अन्तिम छोर तक जाने पर गुंजाइश निकल आती थी—क्या पता किसी दूसरे आदमी के भी छह अँगुलियाँ हों, वह भी ऐसे कपड़े का जाँघिया पहने हो और उस आदमी का भी कत्ल कर दिया गया हो?

सिर न होने से मामला कुहासे से ढक गया था। निश्चयात्मकता जैसी यह ठोस अनुभूति होने पर भी कि वह लाश गंगाराम की है और वे दो अभियुक्त ही उसके हत्यारे हैं, दरबारीलाल शर्मा जब सम्भावना के अन्तिम छोर तक चले जाते थे तो वह ठोस अनुभूति बालू की परत जैसी दरकने लगती थी। लाश गंगाराम की है या नहीं, फिर इस मसले को तय करने के लिए उन्होंने रुपया उछाला था। वह रुपया चाँदी का महारानी विक्टोरिया के जमाने का था और उनकी दादी का दिया हुआ था, जिसे उन्होंने बड़ी सावधानी से सँभालकर रख छोड़ा था। उस रुपये पर उन्हें बड़ी आस्था थी। वह उनको एकदम सही बात बतलाता था और उसकी प्रामाणिकता कई बार खरी साबित हो चुकी थी। घर पर एक गाय थी। ट्रक से उसकी एक टाँग टूट गई। पिताजी कहते थे, गाय मर जाएगी जबकि माँ का कहना था, वह ठीक हो जाएगी। उन्होंने रुपया उछालकर पूछा था। रुपये ने गाय का मर जाना बतलाया और वह मर गई। कानून की परीक्षा में उनके पर्चे ठीक नहीं हुए थे और पास होना सन्दिग्ध था। रुपये ने पास होना कहा और वह पास हो गए। मुन्सफी का इंटरव्यू देने के बाद भी रुपये ने वैसा कहा और वह चुन लिये गए। पत्नी के बच्चा होनेवाला था। डॉक्टरों की बड़ी-बड़ी खोपड़ियाँ भी पूछने पर नहीं बता सकती थीं कि लड़का होगा या लड़की। पर रुपये ने बता दिया, लड़का होगा और फिर लड़का ही हुआ था।

रुपये ने बताया कि वह सिरकटी लाश गंगाराम की नहीं थी। उन्होंने वह मुकदमा छोड़ दिया।

अनिश्चय के झूले से सम्भावना के ठोस बिन्दु पर अपनी यात्रा समाप्त करने के लिए दरबारीलाल शर्मा ने फिर तेजकिशन की हत्या वाले इस मुकदमे में भी रुपये की सहायता लेना तय किया।

सफेद घोड़ा काला सवार

टाइपबाबू निर्णय लिखने आ गया था और उन्होंने उस मुकदमे के केवल तथ्यात्मक विवरण ही बोलकर विदा कर दिया, "बाकी हिस्सा कल बोल दूँगा। आप तो जानते हैं, मेरा फैसला काफी छोटा होता है।"

उनका फैसला छोटा इसलिए होता था क्योंकि उनमें अभिव्यंजना शक्ति की कमी थी।

टाइपबाबू के चले जाने के बाद उन्होंने बाहर झाँका। आसपास कोई नहीं था। पत्नी रसोईघर में थी और लड़का स्कूल जा चुका था। उन्होंने आहिस्ता से बैठक के किवाड़ और खिड़कियाँ बन्द कर दीं। फिर मेज पर किताबें, कागज, कलमदान वगैरह जो कुछ भी था उस सबको हटाकर एक ओर फर्श पर रख दिया। मेज पर सिर्फ बिछी चादर रह गई थी और उसमें से सिलवटें निकाल दीं। फिर वह अलमारी के करीब गए, उसमें रखी एक सन्दूकची को चाभी लगाकर खोला और उसके एक गुप्त खाने में से सुर्ख मखमल जड़ी एक डिब्बी निकाल लाए। इस डिब्बी में ही वह चाँदी का रुपया था, जिस पर समय के साथ हल्की कलौंछ चढ़ चुकी थी, हालाँकि हर बार उससे साक्षात्कार करते समय वह उसको कपड़े से पोंछ अवश्य देते थे। उन्होंने रुपया निकालकर मेज पर रख दिया और तीन बार उसके आगे हाथ जोड़कर सिर नवाया।

चाँदी का वह रुपया उनके लिए देव-वस्तु जैसा था और वह उससे पूजा भाव से पेश आते थे।

चित का मतलब होगा—हत्या लम्बे नौजवान ने की है। पट का मतलब होगा—वास्तविक हत्यारा प्रधान का बेटा है और लम्बा नौजवान निर्दोष है।

उन्होंने रुपये को नरमी से उछाला। दो-तीन फिट हवा में जाकर खनक की एक महीन आवाज देता हुआ रुपया मेज पर आ गिरा। चित था।

जुर्म साबित है और लम्बा नौजवान ही वास्तविक हत्यारा है।

उन्होंने रुपये को उछाला। इस बार भी चित था।

वह लम्बे नौजवान को फाँसी की सजा देंगे। पट आता तो वह सजा आजीवन कारावास की देते।

उन्होंने रुपये के आगे पूर्ववत तीन बार हाथ जोड़ते हुए सिर नवाया और फिर उसे वापस सन्दूकची में रख दिया। फिर उन्होंने बैठक के दरवाजे-खिड़की खोल दिये।

अनिश्चितता के झूले से वह एक ठोस बिन्दु पर उतर आए थे और अब बरामदे में खड़े होकर तिनके से कान खजुआने का परमानन्द ले सकते थे।

लम्बे नौजवान का वकील उस वक्त अपने दो दोस्त वकीलों के साथ शाम के लिए रमी का प्रोग्राम बना रहा था जब उसके मुंशी ने आकर खबर दी कि मुकदमे में फाँसी का हुक्म हुआ है।

"मैं तो समझता था, मुकदमा छूटेगा।" लम्बे नौजवान का वकील बोला।

"देश के सामने बढ़ती जनसंख्या की समस्या का एक हल फाँसी देना भी है।" एक दोस्त वकील अपनी बात कहकर हँसा।

"इस मुकदमे का ब्योरा अखबार में जरूर छपेगा और साथ में वकील का नाम भी दिया जाएगा। बदनाम होंगे तो क्या नाम न होगा।" दूसरा दोस्त वकील भी अपनी बात कहकर हँसा।

लम्बे नौजवान के वकील ने मुंशी को करीब बुलाकर कान में कहा, "मुलजिम का कोई पैरोकार जरूर आया होगा। उसको समझाना कि वकील साहब के एक खास जाने हुए वकील हाईकोर्ट में हैं, जो बहुत ही काबिल हैं और मुकदमा अपील में जरूर छुटवा देंगे। वह अपील करने जाए तो मेरी चिट्ठी लेता जाए। इस बार वह पैसा खर्च कर अपना ही वकील करें।"

चिट्ठी ले जाने का मतलब होगा, हाईकोर्ट वाला वकील मिलनेवाले मेहनताने में से एक हिस्सा वकील को देगा।

नकल विभाग का प्रधान नकलनवीस फाँसी के हुक्म की बात सुनकर अपनी कुर्सी पर शिकार करनेवाले भाव से चौकन्ना बैठ गया। फैसले की नकल जल्द ही जारी कर देने के लिए उससे कहा जाएगा। वह कहनेवाले को पहले परखेगा कि उससे ज्यादा-से-ज्यादा कितना वसूला जा सकता है और फिर उतना ही वसूल कर नकल जारी करेगा। ऐसे वक्त फाँसी वाले कैदी का पैरोकार बड़ा गर्जमन्द होता है।

परमात्मा नारायण दवा आज भी साथ लाए थे, पिछली रात उनको बुखार आ गया था। सोचा था, कल कचहरी नहीं जाएँगे। लेकिन सुबह जब तबीयत कुछ हल्की लगी तो चले आए।

सामने दो वकील बैठे हुए पैनल कोड की कुछ खामियों के बारे में बातें कर रहे थे। एक कह रहा था कि एक ही धारा के मुकदमे में एक अदालत दो साल की सजा देती है, दूसरी चार साल की और तीसरी पाँच साल की। कोड को सजा के मामले में अदालतों को इतनी छूट नहीं देनी चाहिए।

परमात्मा नारायण कुछ देर आँखें बन्द किये हुए उनकी बातें सुनते रहे। फिर आहिस्ता से पलकें खोलते हुए बोले, "पैनल कोड में और भी कई बड़ी कमियाँ व खामियाँ हैं, मसलन एक धारा है कि जज अपने अदालती काम के सिलसिले में अगर कोई अपराध करता है तो उसके लिए वह दंडित नहीं हो सकता है। होना यह चाहिए कि जज को भी किसी निर्दोष व्यक्ति को शारीरिक या आर्थिक क्षति अपनी बेवकूफी, नासमझी, प्रमाद या अक्षमता के कारण पहुँचाने के लिए उचित सजा मिलनी चाहिए। ऐसे ही वकील को भी..."

"हम लोग अपने सब्जेक्ट पर सीरियस थे जबकि आप उसे मजाक मान रहे हैं।" उनमें से एक वकील अपना चेहरा सख्त बनाकर बोला।

"बाबू गिरिजा दयाल, सुना आपने। मेरे लिए कहा जा रहा है कि मैं जो कुछ कहता हूँ वह मजाक है।" परमात्मा नारायण ने सहायता लेनेवाले भाव से सामने बैठे अपने पड़ोसी वकील को आवाज दी।

लेकिन गिरिजा दयाल ने सुनकर भी नहीं सुना और अपनी डायरी में आज के मुलतवी हुए मुकदमे चढ़ाते रहे।

12

अदालतें अपने बाह्य रूप और आकार में लगभग एक जैसी होती हैं—वही ऊँची-मोटी दीवारों व एक ही रंग और आकार के दरवाजे-खिड़की वाले लम्बे-चौड़े कमरे, अधूरी रोशनी, मिसलों से उड़ी मुरचीली धूल की किसकिसाहट व खमीरी गन्ध लिये हुए; न्यायालय की संज्ञा देनेवाले वही अनिवार्य उपकरण, जो रोज-रोज के इस्तेमाल से फीके व उदास होते—डायस, कठघरा, कानून की पुस्तकों से भरा बुकसेल्फ, कुर्सी, मेज, घड़ी व स्टेशनरी के किसी जिंस जैसा गांधी जी का हाथ उठाए अभय मुद्रा वाला चित्र; और, वही एक ही अधम धातु से ढले हुए पेशकार, अहलमद और चपरासी। सुविधा की दृष्टि से जिस प्रकार नाम या संज्ञा देकर व्यक्ति और व्यक्ति तथा वस्तु और वस्तु एक-दूसरे से अलग किये जाते हैं वैसे ही अदालतों को भी नाम देकर एक-दूसरे से अलग किया जाता है, मसलन, एक कमरे के आगे काली तख्ती जड़ी है—"न्यायालय जिला एवं सेशन जज।" एक अगले कमरे के आगे तख्ती जड़ी है—"न्यायालय प्रथम अतिरिक्त सेशन जज।" और एक अन्य के आगे जड़ी है—"न्यायालय तृतीय अतिरिक्त सेशन जज।" लेकिन जैसे एक ही कबीले व कुल के दो लोग, या एक ही जाति व वर्ग की दो वस्तुएँ, एक-सी दीखकर भी अपनी कुछ अलग आन्तरिक विशेषताओं के कारण एक सी नहीं होती हैं, वैसे ही समान अधिकार वाली अदालतें भी एक ही इमारत के एक जैसे टुकड़े होकर भी अपनी-अपनी अलग पहचान बनाती हैं। कहा जाता है, अमुक अदालत बहुत नरम है। अमुक बहुत सख्त है। अमुक गिरगिट की तरह कभी भी कोई रंग बदल सकती है। अदालतों को ऐसी अलग आन्तरिक

विशेषता या भिन्न प्रकृति उनके न्यायाधीश ही देते हैं। अदालत का अर्थ भी तब वहाँ न्यायाधीश से ही होता है।

तृतीय अतिरिक्त सेशन न्यायालय की अपनी अलग पहचान इसलिए बन गई थी कि उसका न्यायाधीश, यानी जज कानून का एक महान पंडित था। उसके पास अपनी एक निजी बड़ी लाइब्रेरी थी और कानून के सब बड़े-बड़े व महत्त्वपूर्ण जरनल उसके नाम आते थे, जिनको वह आँख पर मोटे लेन्स का चश्मा चढ़ाकर ध्यानपूर्वक पढ़ता था। उसका दिन अठारह घंटे का होता था, सुबह छह से रात के बारह बजे तक और इनमें कम-से-कम चार घंटे उसके केवल कानून के साथ गुजरते थे। वह एक बड़े विश्वविद्यालय का कानून का परीक्षक था। उसने कानून की छह मोटी-मोटी पुस्तकें लिखी थीं, जिनका एक अपना स्तर था। पिछले दिनों ही उसका 'न्यायाधीश और निर्णय' शीर्षक से एक सारगर्भित लेख अंग्रेजी की एक मानी हुई पत्रिका में निकला था। इस लेख में उसने लिखा था कि न्यायाधीश को भावना के भाव में नहीं बहना चाहिए, न ही वह किसी अन्य विचार, स्थितियों या मूल्यों से प्रभावित हो। उसके दिये हुए निर्णय का परिणाम किसी पक्षकार के लिए कितना क्रूर या सांघातिक होगा या किसी अन्य पक्ष के लिए वह कितना निरर्थक या बेमानी हो सकता है, यह प्रश्न भी उसके लिए असंगत है। न्यायाधीश को तो अपने सामने आए हुए मामलों का निस्तारण तत्सम्बन्धी कानून के आधार पर ही करना है, क्योंकि व्यवस्थापिका ने जो उसे एकमात्र कसौटी दी है, वह कानून ही है। किसी अन्य कसौटी पर सत्य दूसरा भी हो सकता है, किन्तु कानून की कसौटी पर जो सत्य खरा उतरता है, उसको केवल वही ग्राह्य होना चाहिए। कानून की व्याख्या मुश्किल नहीं है, मुश्किल वह तब हो जाती है जब उसमें अपनी ओर से उलझाव खोजे जाने लगते हैं। कानून की भाषा से जो परिचित होता है, और यह परिचय अभ्यास व रुचि से सहज ही प्राप्त हो सकता है, उसके लिए कानून से गुजरना सड़क पर एक पटरी से दूसरी पटरी तक जाना ही होता है।

यह जज इस जिले में छह महीने पहले तबादला होकर आया था। आने से पहले ही उसके विचार और दृष्टिकोण उसके लेखन पर चढ़कर यहाँ पहुँच गए थे।

एक वकील बोला था, "ऐसे जज से पेश आना बड़ा मुश्किल होता है। वह सिर्फ कानून बोलता है और कानून ही सुनना पसन्द करता है।"

परमात्मा नारायण ने कहा था, "इस तरह के न्यायाधिकारी इंसाफ करने के जुनून में अक्सर बेइंसाफी कर जाते हैं, क्योंकि वे सिर्फ कानून की अँगुली पकड़कर चलते हैं, जो पैरों से अशक्त है और एक तंग व सपाट दूरी को छोड़कर ढलुवे व लम्बे रास्तों पर चल ही नहीं सकता।"

पहला मुकदमा जो इस जज ने यहाँ किया था उससे भी बहुत कुछ साफ हो गया था कि वह सिर्फ एक जज है, जज के अलावा और कुछ नहीं। वह मुकदमा हत्या करने के प्रयास का था। वह मामला फौजदारी के अन्य सैकड़ों अभियोगों की तरह सामान्य ही होता लेकिन चूँकि उसका अभियुक्त पूरे चौदह साल बाद पकड़ा गया था और जिसकी हत्या करने की कोशिश की गई थी, यानी मुद्दई, उसकी कालान्तर में पुलिस के अपने हाथों हत्या हो गई थी, इसलिए वह सामान्य की भीड़ से हटकर अपने में एक अलग इकाई बन गया था। उस मामले का अभियुक्त केले के कच्चे गाछ-जैसा चिकना और नरम अठारह साल का सिन्धी परिवार का एक लड़का था। उससे दो वर्ष छोटी उसकी बहन को दूसरी गली में रहनेवाले एक कायस्थ ने छेड़ा था, जिसकी रेडियो मरम्मत की दूकान थी। सिन्धी लड़के ने उस कायस्थ को बुरा-भला कहा जो पहले तो पान की लुगदी चुबलाता रहा, फिर ऊँचे वॉल्यूम पर रेडियो बजाने लगा। एक हफ्ते बाद उस कायस्थ रेडियो मिस्त्री ने उस लड़की को फिर छेड़ा और चटखारा लेनेवाले अन्दाज से कहा, "लड़की सच में गुलाबजामुन है। या खुदा, इस गुलाबजामुन को खाने से मुझे कोई रोके नहीं।" उसी शाम जब रेडियो मिस्त्री अपनी दूकान बन्द कर ताला लगा रहा था, सिन्धी लड़का पीछे गली से प्रकट होकर जंगली बिल्ली जैसा अपने शिकार पर टूट पड़ा और हाथ में थमा चाकू रेडियो मिस्त्री के पेट में घुसेड़ दिया। घाव गहरा व मर्मस्थल पर था और साधारण स्थिति में रेडियो मिस्त्री की मृत्यु हो जानी चाहिए थी, लेकिन इलाज के बाद वह ठीक हो गया। एक तो पुलिस द्वारा पकड़े जाने का भय था, दूसरे दादा किस्म के रेडियो मिस्त्री के बच जाने से अपनी जान को खतरा हो गया था, इसलिए वह सिन्धी लड़का शहर छोड़कर दूर अनजाने स्थानों पर निकल गया और कुछ दिन भटकने के बाद वह फिर एक पहाड़ पर टिक गया और वहाँ होटल का काम करने लगा। कुछ समय बाद उसने फिर शादी भी कर ली और दो बच्चों का पिता हो गया। जीवन में स्थिरता आ गई थी।

रेडियो मिस्त्री जब ऊल-जलूल खर्च करता था तो उसे ऊल-जलूल पैदा भी करना चाहिए था। गैरकानूनी कामों के लिए वह चार-पाँच बार पकड़ा गया, लेकिन पुलिस को दे-लेकर बच निकला। इस घटना के करीब आठ साल बाद जब वह नेपाल सीमा पार कर तस्करी का सामान ला रहा था, सीमा सुरक्षा दस्ते के एक जवान ने गोली चला दी और वह वहीं ढेर हो गया।

सिन्धी लड़का रेडियो मिस्त्री के मरने की खबर पाकर निश्चिन्त हो गया। वैसे भी बीच में काफी लम्बा समय गुजर चुका था और उसका इस सम्भावना से जुड़ना स्वाभाविक था कि सरकार ने अब तक मुकदमा उठा लिया होगा, जबकि सच्चाई यह थी कि वह सरकारी कागजों में अब भी फरार लिखा हुआ था और मुकदमा उसके खिलाफ बरकरार था। सिन्धी लड़के ने पहले तो पड़ोस के शहरों में खुले रूप में आना-जाना शुरू कर दिया, फिर अपने शहर के भी चक्कर लगाने लगा। मुखबिरी हो गई और पुलिस ने उसे पकड़ लिया।

फरार रहने के सबब दौरान-मुकदमा उसकी जमानत भी नहीं हुई।

मुद्दई मारा जा चुका था, एक चशमदीद गवाह को भी काल ने ग्रास बना लिया था और जो एक अन्य बाकी बचा था उसने यह सोचकर कि अभियुक्त बाल-बच्चेदार आदमी होकर अब एक हरा-भरा फलदार बूटा बन चुका है, जिसे उखाड़ना पापपूर्ण होगा, बयान देते वक्त जान-बूझकर गड़बड़ी कर दी। लेकिन जज ने इस गड़बड़ी के पीछे क्या नीयत हो सकती है इसको समझ लिया और उसने उससे बिना प्रभावित हुए मिसल के दाखिल दफ्तर होते वक्त उस गवाह ने जो बयान दिया था उसको ही सच माना। इस प्रकार उसने मुद्दई तथा मृत गवाह द्वारा उस समय दिये गए बयानों को भी साक्ष्य के अन्तर्गत अंगीकार कर लिया और अपने इस कृत्य के समर्थन में कई नजीरें उद्धृत कीं। उसने अभियुक्त पक्ष की इस दलील का कि मुद्दई गुंडा था, यह कहकर खंडन किया कि कानून अन्य सम्माननीय नागरिकों की तरह एक गुंडे को भी सुरक्षापूर्वक जीवित रहने का हक देता है और यदि कोई अवैध कृत्य करता है तो केवल उसे कानून ही दंडित कर सकता है। उसने इस दलील को भी कि मुद्दई अब मर चुका है, बीच से समय काफी गुजर गया है और जो स्थितियाँ हैं उनमें अभियुक्त के विरुद्ध अपराध केवल पारिभाषिक रूप में ही माना जाना चाहिए, यह कहकर स्वीकार नहीं किया कि एक तो कानून इस तरह की कहीं स्पष्ट छूट नहीं देता है दूसरे, अभियुक्त यदि फरार न रहा होता

तो मुकदमा सामान्य स्थितियों में निर्णीत हो चुका होता। उसने बिना किसी प्रकार की नरमी दिखाए हुए उस सिन्धी अभियुक्त को हत्या करने के प्रयास के जुर्म में पाँच वर्ष की सख्त कैद की सजा दे दी थी।

अहाते की होटलनुमा दूकान पर सुबह का पका गोश्त खत्म हो गया था और ठेकेदार के काले और भारी जिस्मवाले नौकर लड़के ने मुर्गे और काटे थे। दूसरे कामों की तरह मुर्गा काटना भी अब उसके लिए एक सामान्य काम हो गया था।

दीवार पर लगी गोल घड़ी की सूई डेढ़ बजाने लगी। अदालत लंच के लिए उठ गई। पहले जज अपनी ऊँची विशिष्ट कुर्सी से उठा, फिर पेशकार, वकील तथा कमरे में उपस्थित दूसरे सब लोग उठ खड़े हुए। कुर्सियाँ घिसटने व जूते मिचमिचाने का महीन शोर फैल गया। जज लगातार तीन घंटे एक ही स्थिति में बैठे रहने के कारण अपनी अकड़ गई मांसपेशियों को ढीला करने के लिए संलग्न छोटे कमरे में चला गया, और दूसरे लोग वहाँ व्याप्त आतंक के दबाव से मुक्त होने के लिए दरवाजों से बाहर बरामदे व अहाते में निकल आए। कठघरे में खड़ा वह मुलजिम लेकिन कठघरे के अन्दर ही खड़ा रहा, स्थायी रूप से जैसे उसकी जगह वही हो।

"मोहनलाल, आओ बाहर चलें।"

कठघरे में खड़े उस व्यक्ति ने कोई जुम्बिश नहीं ली। उसने आवाज को जैसे सुना न हो और अगर सुना भी हो तो उसके अर्थ उस पर साफ न हुए हों।

"मोहनलाल, आओ बाहर चलें। अदालत लंच के लिए उठ गई है।" कहनेवाले ने इस बार स्वर को कुछ चटकाकर ही नहीं कहा, कठघरे के अन्दर हाथ बढ़ाकर उसे खींचा भी।

बाहर धूप कागज के कोरे ताव जैसी फैली थी। अहाते में धूप की चौंध की कोई खास चिन्ता किये बिना लोग यहाँ-वहाँ मक्खी के छत्ते जैसे भिनभिना रहे थे। ये छत्ते इस वक्त या तो पेशाबखाने के मुहाने पर ज्यादा थे, या नल के करीब, या फिर पान-सिगरेट की दूकानों और चाय होटलों के अन्दर। अदालत के कमरों से जो लोग निकले थे, उनमें से बहुतों ने या तो इन्हीं ठिकानों पर

नये छत्ते बना लिये थे, या पहले से मौजूद छत्तों में ही शामिल होकर उनकी भिनभिनाहट को बढ़ा दिया था। अदालतों के मुंशी, चपरासी और पेशकार या चन्द वकील अगर इन छत्तों में जाकर शामिल हुए थे तो रानी मक्खी बन विशिष्टता का भाव लिये हुए। बढ़े हुए शोर के कारण लगता था कि हवा के बहाव में गतिशीलता है, यों वह ठहरी हुई थी और धूप में तपकर सूख रही थी।

"मोहनलाल, चाय पिओगे?" साथ वाले शख्स ने उसे बाहर बरामदे में लाकर पूछा। वह बाजू से उसे अब भी पकड़े हुए था।

"नहीं।"

"तो चलो पानी पी लिया जाए। प्यास तो लगी होगी?"

"नहीं।" किसी छापेखाने की मशीन ने जैसे वह ढला शब्द बाहर फेंका हो। साथ वाले शख्स ने, जो उम्र पाया हुआ एक कमजोर काठी का जल्द ही थक जानेवाला इनसान था, मोहनलाल की ओर जायजा लेनेवाली निगाह से देखा। उसे लगा, आज उसमें तनाव फिर भड़का हुआ है। उसके अपने चेहरे की झुर्रियों में लरजिश हुई। तनाव को ढीला करने की नीयत से उसने उसे समझाया, "आज मुकदमा निपटा जा रहा है। सबूत की ओर से बहस पूरी हो चुकी है। अब लंच के बाद अपना वकील बहस का जवाब देगा। तुमने खुद ही अन्दाज़ा लगा लिया होगा कि सरकारी वकील की दलीलें बेहद लचर थीं। कागज की नाव ज्यादा दूर तैराई नहीं जा सकती। अपना वकील बताता था कि सरकारी वकील ने उससे खुद स्वीकार किया है कि तुम्हारे खिलाफ मुकदमा बनता नहीं है। लेकिन चूँकि वह सरकार का वकील है, इसलिए अपना फर्ज निबाह रहा है। आज बहस निपट जाएगी। आठ-दस दिन बाद हुक्म की तारीख पड़ेगी और तुम जरूर छूट जाओगे।"

"अब ये स्साले मुझे जरूर जेल भेज दें। मैं जेल में रह लूँगा।"

ये शब्द और भी गलत थे। साथ वाला शख्स और ज्यादा सकपका गया। यह न समझ में आने पर कि उसमें उफना रहे उन्माद को कैसे ठंडा किया जाए, वह पलकों की थरथराहट सँभालता हुआ उसका चेहरा ताकने लगा। फिर जैसे आखिरी कोशिश करने की लाचारी भरे भाव से बोला, "मोहनलाल मेरी मानो, चलकर ठंडा पानी या लेमन पी लो। पीकर ताजगी महसूस करोगे।"

"मुझे कुछ नहीं पीना है। आप पी आइए।"

यह दूसरा वाक्य साथ वाले शख्स को अच्छा लगा। वह नरम था।

उसे और भी नरम करने के लिए वह बोला, "मैं तो पिऊँगा। मेरा गला खुश्क हो रहा है। आओ, तुम भी चलो। प्यास तुमको भी लगी होगी।"

"मुझे नहीं लगी है। आप पी आइए।"

"मैं अभी दो मिनट में आता हूँ। इनसान की जिन्दगी में दुख की बदली भी घिर आती है। कभी-कभी काफी लम्बे वक्त तक घिरी रहती है, पर वह छँटती भी है।" वह शख्स उसे अकेला छोड़कर जाते हुए कहीं हलका-सा डरा हुआ था।

मोहनलाल बरामदे के आगे खुले में वैसे ही खड़ा रहा।

मोहनलाल के चेहरे को कोई सरसरी नजर से देखता तो वहाँ जख्म होने का उसे भ्रम होता। वहाँ की मांसपेशियाँ खुश्क कड़ापन लिये बेहद सिकुड़ी हुई थीं, जिससे जगह-ब-जगह गहरी फाँकें पड़ गई थीं। आँखें बाहर को झाँकती न होकर अन्दर झाँकती थीं और इससे आँखों के गड्ढे भी हरे टीसते जख्म बन गए थे। सच तो यह है, किन्हीं-किन्हीं खास क्षणों में पूरा चेहरा ही एक खुले जख्म जैसा भ्रम देता था। कुछ देर टकटकी लगाकर देखने के बाद अगर यह भ्रम मिट भी जाता था कि वहाँ ऊपरी तौर पर कोई जख्म नहीं है तो देखनेवाला फिर भी उस चेहरे की उम्र का सही-सही अन्दाज नहीं लगा पाता था। यह तो लगता था कि वह चालीस साल से कम नहीं होगा। पर फिर यह भी लगता कि वह पचास साल का भी हो सकता है, साठ का भी, शायद उससे भी ज्यादा। फिर सोचनेवाला सोचना बन्द कर देता था। लेकिन सोचना बन्द कर देने से वह चेहरा दिमाग की आँखों के सामने से हटता नहीं था, बल्कि किसी जिद्दी मक्खी की तरह बार-बार झिटकने के बावजूद मौका पाते ही फिर सामने आ जाता था।

वह चेहरा कचहरी के अहाते में पिछले सात साल से देखा जा रहा था। वह प्रकट होकर कभी-कभी दो-दो, तीन-तीन दिन बना रहता था। फिर एक छोटे वक्फे के लिए गायब होकर फिर प्रकट हो जाता था। फिर गायब होता था और फिर प्रकट हो जाता था, धार में डूबते-उतराते लकड़ी के किसी कुन्दे जैसा। उसका प्रकट होना इतनी बार हुआ था कि वकील से लेकर अहाते में घूमने वाला कनखुद्दा भी उसके बारे में बिना जताए हुए ही बहुत कुछ जान गया था।

सात नहीं दस साल से वह चेहरा इस मामले की भारी चट्टान के नीचे दबा हुआ था।

हुआ यों था। मोहनलाल गन्ना सहकारी संघ में एक कर्मचारी था। पहले उसके जिम्मे टाइप का काम था और फिर वह लेखापाल हो गया। यह सहकारी संघ एक बड़ी गन्ना मिल से सम्बद्ध था, इसलिए अपने में स्वयं भी बड़ा था। एकाउंट सेक्शन में काफी काम रहता था और हजारों रुपयों का लेन-देन रोज होता था। गन्ने का उत्पादन बढ़ाने के लिए काश्तकारों को ऋण दिया जाता था तथा रासायनिक खाद व कीटाणुनाशक दवा आदि भी वितरित की जाती थी। और इस सबका पैसा फसल काटकर मिल में पहुँच जाने के बाद काश्तकारों से वसूल किया जाता था। इस सेक्शन में मोहनलाल की स्थिति एक कनिष्ठ लेखापाल की थी। यों मोटे तौर से हर कर्मचारी का काम बँटा हुआ था, लेकिन अगर ज्येष्ठ कर्मचारी किसी दूसरे काम के लिए कहता था तो कनिष्ठ को फिर उसे भी करना पड़ता था। कुछ दिनों बाद मोहनलाल से कहा गया कि वह ऋण देनेवाले वाउचर तैयार कर दे। उसे उन काश्तकारों के प्रार्थना-पत्र दे दिये गए जिन्होंने ऋण के लिए माँग की थी और जिन पर सेक्रेटरी ने ऋण-स्वीकृति का आदेश लिखा था। चार-पाँच सौ वैसे काश्तकार थे और उसने एक हफ्ते में उन वाउचरों को तैयार कर दिया। वे तैयारशुदा वाउचर फिर प्रधान लेखापाल ने ले लिये और ऋण का भुगतान काश्तकारों को कर दिया। मोहनलाल अपना पहले वाला काम पूर्ववत करने लगा। आठ-दस महीने बाद जब कुछ काश्तकारों से ऋण की अदायगी नहीं हुई तो उनको नोटिस भेजे गए। नोटिस मिलने पर काश्तकारों ने आकर बताया कि उन्होंने कर्ज के लिए दरखास्तें जरूर लगाई थीं, लेकिन पूछने पर उनको बताया गया कि एक या दूसरे कारण से उनकी दरखास्तें खारिज हो गईं और उनको कोई रुपया नहीं दिया गया। "अच्छा देखूँगा, गलती कहाँ पर है," कहकर ऐसे काश्तकारों को लौटाया जाने लगा। कुछ दिन नोटिस दबे रहे, लेकिन चूँकि उन काश्तकारों के प्रार्थना-पत्र थे, उनको ऋण स्वीकृत किया गया था और भुगतान होना भी दिखाया गया था, इसलिए नोटिस फिर जारी किये गए। परेशान किये जाने पर तब कुछ काश्तकारों ने ऊपर शिकायत लिख भेजी, जिस पर मुख्यालय से एक आदमी आकर गोलमाल की छानबीन करने लगा।

प्रधान लेखापाल एक उस किस्म का आदमी था जिसके लिए 'चालू' शब्द का प्रयोग किया जाता है। ऐसे आदमी में तमाम दूसरी खूबियों के साथ

एक खूबी यह भी होती है कि वह लोगों के साथ आसानी से घुल-मिल जाता है। प्रधान लेखापाल सेक्रेटरी से घुला-मिला था, अन्य उच्च अधिकारियों से घुला-मिला था—यहाँ तक कि दफ्तर के उन छोटे-मामूली आदमियों से भी घुला-मिला था जिनसे घुला-मिला होना वह जरूरी समझता था। छानबीन करने के लिए ऊपर से भेजा हुआ जो आदमी आया, वह उससे भी घुल-मिल गया, शराब में सोडे की तरह।

ऋणवाले वाउचर चूँकि मोहनलाल के हाथ के बने हुए थे इसलिए पूछताछ उससे भी होनी थी और हुई। उसने साफ-साफ बता दिया कि प्रधान लेखापाल ने उससे वैसा करने को कहा था इसलिए उसने उनको तैयार कर दिया; लेकिन रुपयों का भुगतान काश्तकारों को प्रधान लेखापाल ने स्वयं अपने हाथों से ही किया। मोहनलाल गोलमाल फूटने पर यह तो समझ गया था कि कहीं कुछ गलत है और वाउचर उससे तैयार करवाने में बदनीयती थी। इसलिए वह किसी कदर परेशान भी था। लेकिन क्योंकि भुगतान करनेवाले की असली जिम्मेदारी होती है और भुगतान उसने किया नहीं था, इस कारण इसी के साथ कहीं अन्दर अपने पर दाग-धब्बा न आने को लेकर वह आश्वस्त भी था। उसने यह नहीं समझा था कि प्रधान लेखापाल भुगतान करना भी उसी के सिर मढ़ देगा और इस पूरे कांड से हाथ झाड़ता हुआ एकदम साफ अलग हट जाएगा। उसने यह भी नहीं समझा था कि मुख्यालय से आया हुआ जाँच अधिकारी, जो ऊपर से प्रधान लेखापाल से बेरुखी और कड़ाई से पेश आ रहा है, अन्दर से उसके प्रति चिकना व नरम है।

जाँच की रिपोर्ट गोपनीय रखी गई। एक-दूसरे विभाग का अफसर कई दिनों तक दफ्तर सेक्रेटरी के पास आता रहा और जब-जब वह आया, प्रधान लेखापाल सेक्रेटरी के कमरे में किसी-न-किसी बहाने से आगे-पीछे गया।

जाँच रिपोर्ट एकदम उसके खिलाफ है और उस पर जालसाजी व गबन का सन्देह किया गया है जबकि प्रधान लेखापाल को सिर्फ कर्तव्यविमुखता का दोषी बताया गया, इसका पता उसे तभी चला जब उसे निलम्बित कर दिया गया। फिर यह भी पता चला कि उसके खिलाफ थाने में रिपोर्ट दर्ज कराकर मामला पुलिस को दे दिया गया है।

उसे लगा, कोई दीवार भड़भड़ाकर उस पर गिर पड़ी है और वह मलबे में फँस गया है। जो बाहर निकालने में सहायक हो सकते हैं, वे उसकी गुहार

को अनसुना कर रहे हैं, कुछ तो इसलिए कि उसके दबे होने में ही उनका कहीं हित है और कुछ किसी अनजाने भय के कारण।

"नहीं, अब विभाग का कोई भी व्यक्ति पुनर्विचार नहीं कर सकता। मामला पुलिस को दे दिया गया है और कुछ करना—न करना अब उसी के हाथ में है।" एक बेगुनाह को गुनहगार करार देकर की गई ज़्यादती की बात कहने पर उसे बताया गया।

उम्मीद थी, जिस दिन अदालत में वह हाजिर होगा, जमानत उसी दिन हो जाएगी, लेकिन उस दिन तो उसे जेल भेज दिया गया और जमानत दस दिन बाद हुई। केवल जमानत में ही उसके दो सौ रुपये उड़ गए।

पुलिस के जिस दरोगा को मामले की तहकीकात सुपुर्द की गई थी वह उसके पास जाकर रोया-धोया, मिन्नत की कि चूँकि वह एकदम बेकसूर है, इसलिए वह यह लिखकर अन्तिम रिपोर्ट लगा दे कि मोहनलाल के खिलाफ कोई जुर्म बनता नहीं है और मामला अदालत में जाने योग्य नहीं है। उसकी हालत उस आदमी की तरह थी जिसके पीछे भूत लग गया हो और जो उससे छुटकारा चाहने के लिए छटपटा रहा हो। दरोगा ने हमदर्दी का हरा चारा डालते हुए उससे करीब एक हजार रुपये दुह लिये।

इस दरोगा की जाँच दो साल तक चलती रही, फिर उसका तबादला हो गया और जाँच नये दरोगा के हाथ में आ गई।

नये दरोगा ने बताया कि उसे यह दिलासा गलत दिया गया कि ऐसे मामले में अन्तिम रिपोर्ट भी लग सकती है। विभाग द्वारा दर्ज कराई गई किसी भी रिपोर्ट को एकदम निराधार बताकर अन्तिम रिपोर्ट देने का जोखिम कोई भी समझदार जाँच अधिकारी नहीं लेगा। अब केवल अदालत ही उसको छोड़ सकती है।

"तो फिर मामला अदालत को दे दीजिए। सस्पेंड चलने से मुझे सिर्फ आधी तनख्वाह मिल रही है और बहुत परेशानी है।" उसने कहा।

"हाँ, यह मैं कर सकता हूँ कि तफतीश जल्द पूरी कर चार्जशीट अदालत में भेज दूँ।"

"आप यही मेहरबानी कर दीजिए।"

इस मेहरबानी को करने के लिए दरोगा ने अपना हक माँगा।

तीन साल बाद चार्जशीट अदालत में पहुँची।

मजिस्ट्रेट ने अपने से सम्बन्धित कार्यवाही पूरी करने के लिए बीसियों तारीखें लगाईं और दो साल बाद मामला सेशन सुपुर्द किया।

सेशन में उसकी मिसल एक लम्बे अरसे तक अनछुई पड़ी रही। उससे कहा जाता कि सुनवाई की प्राथमिकता केवल हत्या के मामलों को ही दी जाती है या फिर उन मामलों को जिनमें मुलजिम जेल में होता है।

फिर उसकी मिसल इस-उस अदालत में भटकती रही। मिसल काफी मोटी थी और साथ में एकाउंट सम्बन्धी बीसियों रजिस्टर तथा विभागीय कागज थे। गवाहों की सूची भी काफी लम्बी-चौड़ी थी। तीस काश्तकारों के नाम फर्जी भुगतान हुए थे और उन सबको अदालत में आकर गवाही देनी थी कि यद्यपि ऋण के लिए दरखास्तें उन्होंने जरूर दी थीं, लेकिन उनको अपने सामने दिखाई गई रकम का भुगतान नहीं हुआ, न ही भुगतान के प्रति लगाए गए अँगूठे के निशान या दस्तखत उनके अपने हैं। लेखा-जोखा के रखरखाव को लेकर तथा एक कड़ी को दूसरी कड़ी से मिलानेवाले तमाम दूसरे भी गवाह थे। मुकदमा काफी बड़ा, जंजाली और श्रम-साध्य था। हर अदालत का हाकिम इसलिए उस मुकदमे को करने से बचना चाहता था और एक-न-एक बहाने से मिसल को दूसरी जगह टरका देता था। मिसल गर्दिश की मार से खदेड़े हुए उस अपशकुनी पाहुने जैसी थी जिसे आश्रय देने से हर कोई मुँह चुराता है।

एक हाकिम ने और कुछ समझ में न आने पर सुनवाई की लगी तारीखों पर छुट्टी ले ली। आए गवाह लौट गए और मुकदमा फिर बिला तारीख हो गया।

समय जितना फैलता जा रहा था, नई-नई विषम समस्याओं के साथ उसका दानवी भार उतना ही वजनी होता जा रहा था। इस भार के दबाव से मोहनलाल की सहनशीलता की कड़ी में चटखाव की दरार पड़ती। इस दरार के बावजूद वह भार को ढोने की कोशिश करता कि दरार और बड़ी हो जाती, फिर और बड़ी। निर्वाह-भत्ते के रूप में जो उसे सत्तर रुपये की एक छोटी-सी रकम मिल रही थी उसमें किसी भी सूरत से गुजारा सम्भव नहीं था। फिर मुकदमा अलग खर्चा माँग रहा था, जिसका मुँह सुरसा की तरह फैला हुआ था और अघाकर बन्द होने को आता ही नहीं था।

गृहस्थी में कोई चीज फालतू नहीं थी, पर उसे फालतू बनाकर बेचा जा रहा था। पत्नी की तोले-डेढ़ तोले सोने की जंजीर व बुन्दे गए, लड़की की चाँदी की पाजेब गई, अपनी घड़ी गई, साइकिल गई, घर का इस्तेमाल में

आनेवाला पीतल का गगरा गया, थाली गई, पलँग गया, चौकी गई—फिर मकान भी गिरवी डाल दिया गया। उसे अपने जिस्म का रक्त भी फालतू लगा था और वह उसे बेचने अस्पताल पहुँचा। कम्पाउंडर शायद उसे जानता था और उसने यह कहकर उसे वापस कर दिया कि उसके जिस्म को खुद खून की दरकार है। उसने बड़ी दूकानों पर घंटे, दो घंटे काम पाने की कोशिश की, लेकिन यह जानने पर कि वह गबन का मुलजिम है, दूकान का मालिक "अभी तो किसी आदमी की जरूरत नहीं है, जब होगी बता दूँगा" कहकर उसे टाल देता। तीन-चार छोटी जमातों के बच्चों की ट्यूशनें उसने जरूर कर ली थीं, लेकिन वह जितना उसे देती थीं, उससे कहीं ज्यादा ले लेती थीं, उसके कुछ न होने का तल्ख अहसास कुरेदकर। वह किसी असह्य गुस्ताखी पर बच्चों को मारना चाहता, फिर डरकर उसे बर्दाश्त कर लेता।

उसकी पत्नी यों भी धर्मिन-नेमिन थी। पति पर आई इस विपत्ति ने उसे और भी वैसा बना दिया था। वह दूर-दूर के मन्दिरों में नंगे पैर चलकर जाती, जल चढ़ाती और दीया-बाती जलाती। उसने व्रतों की संख्या बढ़ा दी थी। सप्ताह में सोमवार के अलावा वह मंगलवार को भी व्रत रखने लगी, फिर शुक्रवार को भी। इन व्रतों में फलाहार के रूप में पहले वह एक जून आलू, शकरकन्द वगैरह उबालकर खा लेती थी, चाय भी पी लेती थी। फिर उसने उनका भी सहारा छोड़ दिया और हलक में पानी का एक घूँट भी नहीं डालती।

तिलमिलाती आँखों को भींचकर वह अन्तर की सारी शक्ति सम्पुंजित करती हुई भगवान के दरबार में अनन्य भाव से टेर लगाती, "हे दीनानाथ प्रभु! अब ज्यादा कड़ी परीक्षा न लो। जल्द संकट से छुटकारा दो। अपनी बड़ी-बड़ी बाँह अब हमारी ओर भी फैलाओ। जय हो दीनानाथ प्रभु, जय हो।"

एक निर्जल व्रत वाले दिन उसे मूर्च्छा आ गई। फिर इसी में दिल का दौरा पड़ा और ज्यादा कड़ी परीक्षा देने की अपनी असमर्थता सही सिद्ध करती हुई वह टहनी से चिपकी एक पीली पत्ती जैसी झर गई।

मोहनलाल को लगा, अन्धे पुल को पार करने के लिए रस्सी का जो एक सहारा था उसे भी निर्ममता से खींच लिया गया है। जब बढ़ी हुई घबराहट में वह गीले आटे-जैसा बहने लगता था तो पत्नी ही उसको सँभालती थी, "देर है, अन्धेर नहीं! सब ठीक हो जाएगा। हम पर विपत्तियों की बाढ़ आई हुई है, पर वह उतरेगी। यही समझ लो, तुम्हारी आधी तनख्वाह सरकार के खाते में

जमा हो रही है। मुकदमा खत्म हुआ नहीं कि तुमको हजारों की रकम मिलेगी और तब घर-गृहस्थी फिर हरी हो जाएगी।"

विपत्तियों की बाढ़ उतरने की बजाय क्या बढ़ नहीं गई थी?

तीन बच्चे थे, सबसे बड़ी जिनमें लड़की थी—बारह साल की और वह एकदम से सयानी बन गई। वह चौके में घुसकर खाना बनाने लगी, उसने छोटे भाई-बहन की संरक्षकता और निगरानी सँभाल ली, और हर बात की कीमत होती है व अपना एक असर, इस सच्चाई से सुपरिचित हो गई। वह भाई-बहन से कहती, "छोटे बच्चों को चाय नुकसान करती है। चाय खून झुलसाकर उनका रंग काला कर देती है। हाँ, पापा की उम्रवालों के लिए वह दवा का काम करती है।"

"मास्टर साब, हिन्दी की दो कॉपियों के लिए कह रहे हैं तो लाओ मैं आधे-आधे पन्ने कर एक की दो बनाए देती हूँ। लेकिन हर लाइन पर छोटा-छोटा और घना लिखा करो। वैसा लिखा मोतियों की लड़ी जैसा सुन्दर दीखता है।"

हरहराती बाढ़ में पानी और छोड़ दिया गया था।

मोहनलाल के वकील को लकवा मार गया। लकवे की मार सख्त थी। उसने वकील को बेकार कर दिया था, ऐसा कि वह जबान से ठीक बोल भी नहीं सकता था। इस वकील का सगा भाई भी वकालत करता था और फौजदारी का ही काम लेता था। यों वह अपने बड़े भाई जितना योग्य और अनुभवी नहीं था, लेकिन मोहनलाल फिर उसी के पास गया, यह खयाल कर कि शायद इसे एक नैतिक कर्तव्य मानते हुए वह भाई के पास वाले मुकदमों को लड़ाने की जिम्मेदारी बिना कोई अतिरिक्त मेहनताना लिये हुए ले ले।

उसकी मंशा समझकर मोटे ओंठ और चिकनी सुर्ख नाकवाला वह वकील अपना भारी पैर दूसरी कुर्सी पर जमाता हुआ बोला, "उनको एक अलग यूनिट समझो और मुझे एक अलग। यह तो एक चान्स है जो हम दोनों भाई-भाई हो गए। आपका केस मान लो कोई दूसरा वकील कर रहा होता और उस पर पैरालिसिज का अटैक हुआ होता या किसी दूसरे हादसे का वह शिकार बन जाता, तब?"

"वकील साब! मेरी हालत बहुत खस्ता है। आठ साल से सस्पेंड चल रहा हूँ।"

"कुछ खयाल कर ही पाँच सौ माँगे हैं। वरना इस मुकदमे में जितना काम और पेचीदगियाँ हैं उसके हिसाब से एक हजार रुपये से कम मेहनताना नहीं बनता है।"

ये पाँच सौ रुपये जुटाने के लिए मोहनलाल को फिर गिरवी रखा मकान बेच देना पड़ा और उसकी स्थिति अपने ही मकान में किरायेदार की हो गई। मुकदमा बहुत पुराना हो चुका है और अपनी अदालत में किसी मुकदमे का इतना पुराना रहना उसकी सेवा-वृत्त में दाग-धब्बा लगा सकता है, एक जज ने इस आशंका से सचेत होकर फिर उसमें धीरे-धीरे सुनवाई शुरू कर दी। इस जज ने अभी सात-आठ गवाह ही सुने थे कि एक-दूसरे जिले में उसका तबादला हो गया।

जज का तबादला हो जाने के मायने थे कि मुकदमे में गुजरे गवाहों के बयान फिर से कलमबन्द हों। कानून यह कहता था कि न्याय के हित में न्यायाधीश को बयान देनेवाले गवाह की भाव-भंगिमा को देखने का सुअवसर भी मिलना चाहिए, क्योंकि बहुत से लोगों के चेहरे पर सच और झूठ सूरज की रोशनी जैसा साफ झलक आता है।

मुकदमा अपनी पूर्वस्थिति में आकर फिर जड़ हो गया।

बाढ़ ने गुर्राकर इस बार एक अन्य स्थल ढहा दिया। वह स्थल कुछ इतना अहम था कि उसके ढहते ही जैसे एक बड़े दरख्त की जड़ें नंगी हो गईं और नीचे से मिट्टी छप-छप कर गिरने लगी।

बारह साल की वह लड़की जो माँ के मरने से एकदम सयानी व समझदार हो गई थी, फिर भी कहीं कच्ची व नासमझ थी। उतारते वक्त उससे उबलती दाल की बटलोई लौट गई और चीखती हुई जब वह बचने के लिए पलटी तो अपनी फिराक चूल्हे के मुँह में दे बैठी, जो तेजी से जलने लगी। लड़की के पूरे जिस्म की खाल झुलस गई, पैर के पास का गोश्त रिसियाता हुआ चरबी चुआने लगा और बतासे जितने बड़े-बड़े फफोले यहाँ-वहाँ पड़ गए। सुबह नौ बजे यह हादसा हुआ था और शाम छह बजते-बजते वह गुजर गई।

मोहनलाल के जैसे अपने जिस्म पर भी बड़े-बड़े फफोले पड़ गए। वह उनकी जलन बर्दाश्त कर नहीं पा रहा था और अपने सिर के बाल नोचता हुआ नंगी जमीन पर लोटने लगता। वह रात में उठकर बैठ जाता और जोर-जोर से चीखता।

मुकदमे में हाजिरी की तारीख पर वह अदालत नहीं गया, "मैं नहीं जाता। वे मुकदमा कर मुझे सजा देना चाहते हैं और मैं कहता हूँ मुझे अभी दे दो, इसी दम। मुझे किसी चीज से अब डर नहीं है।"

उसकी जमानत मन्सूख हो गई और गिरफ्तारी का वारंट जारी होकर उसे जेल भेज दिया गया।

जेल में मुआइने के लिए आए किसी ओहदेदार या दूसरे कारकुन को देखकर वह कभी-कभी जोर-जोर से बकने लगता, "मैंने सरकारी पैसा गबन किया है। मेरा जुर्म संगीन है। मुझे फाँसी पर लटकाओ! कमीनो, देर क्यों कर रहे हो? मुकदमा तय होने का इन्तजार मत करो। मुझे सजा अभी दो। मुकदमा मेरे मरने के बाद तय होता रहेगा।"

मोहनलाल का सगा चाचा एक-दूसरे शहर में रहता था। मोहनलाल पर पहाड़ जैसी टूट पड़ी इस परेशानी को जानकर उसमें उसके प्रति समय और दूरी से सूख गई आत्मीयता फिर हरिया आई थी। वह वहाँ कई बार दौड़-दौड़कर आया था, खासतौर से पेशी की तारीखों पर, और जितनी दौड़-धूप कर सकता था, की थी। अपने पास से बीस-पच्चीस रुपयों का राशन-गल्ला भी वह जब-तब डलवा जाता था। पिछले दिनों वह अपनी मुलाजमत से रिटायर हो गया था। मोहनलाल की नई हालत का पता चलने पर वह फिर दौड़ा आया और एक लम्बे समय के लिए वहीं ठहरने का फैसला ले लिया।

मोहनलाल की जमानत दुबारा उसी ने कराई।

रिहाई का हुक्म पहुँचने पर मोहनलाल फिर भड़क उठा था, "मैं बाहर नहीं जाता। मेरे दफ्तर वाले कहते हैं, मैंने सरकारी पैसा गबन किया है। मुझे सजा दो। मैं जेल में रहूँगा!"

चाचा ने उसे समझाया, "मोहनलाल! औसान खोने से आदमी और भी ज्यादा मुसीबत के दलदल में धँस जाता है। स्याह-से-स्याह दिन भी कटते हैं। संकट के पहाड़ के नीचे भी जो आदमी हिम्मत नहीं तोड़ता, वही सबसे बड़ा साहसी होता है। मोहनलाल, अपने दो छोटे नासमझ बच्चों को सिर्फ तुम ही सँभाल सकते हो। वे तुम्हारे दिल के टुकड़े हैं। तुम्हीं अपना खून इनको दे सकते हो। बस तुम्हीं, और दूसरा कोई भी नहीं। सच्चाई यह है कि मैं भी नहीं।"

मोहनलाल को दौरे आने बन्द हो गए थे। फिर भी चाचा उसे किसी अति

प्रज्वलनशील पदार्थ की तरह बहुत सावधानी से छूता-पकड़ता था कि कहीं हल्की-सी भी रगड़ लगने से वह भभककर आग न पकड़ ले।

नया तृतीय अतिरिक्त सेशन जज आ गया था। चूँकि उसे अपने पर यकीन था और कितना भी बड़ा व पेचीदा मामला उसके लिए कभी भी मुश्किल व थका देनेवाला नहीं होता था, इसलिए उसने दूर जिलों को चले गए गवाहों पर सम्मन व तार द्वारा तामील करवाकर मुकदमे में सुनवाई शुरू कर दी थी।

चाचा मोहनलाल के साथ कचहरी में बराबर रहता था, किसी कमजोर जिस्म के साथ रहनेवाली छड़ी की तरह।

यह चाचा वही बूढ़ा शख्स था, जो पानी पीने गया हुआ था।

वह बूढ़ा लौटते हुए साथ में एक सन्तरा लेता आया और देने पर जब मोहनलाल ने बिना ना-नुच के उसे ले लिया और छीलकर खाने लगा तो उसने अपने-आपको काफी हल्का महसूस किया, आँख से किरकिरा रहे जर्रे के निकल जाने जैसा।

मोहनलाल के वकील ने एक ही घंटे बहस की। सरकारी वकील प्रत्युत्तर देने के नियम के तहत दस मिनट दुबारा बोला।

जज ने फैसले के लिए डायरी में छठे दिन की तारीख लगा दी।

"मो...ो...हनलाल हाजिर है? मो...ो...हनलाल!"

करीब तीन बजे पुकार लगी थी और सिर्फ दो मिनट फैसला सुनाने में लगे। यों फैसला करीब पन्द्रह हजार शब्दों में फैला हुआ था, लेकिन जज ने केवल सार-तत्त्व ही सुनाया था, "लगाए गए जुर्मों में से कोई भी साबित नहीं है। मुलजिम बरी किया जाता है।"

"मोहनलाल, तुम बरी कर दिये गए, सच्चाई जीत गई है।" खुशी के थपेड़े ने बूढ़े चाचा की आवाज को गेंद के ठप्पे जैसे उछाल दिया था। फिर दूसरे ही क्षण अदालत के कमरे के अन्दर आवाज के इस तरह उछल जाने से वह घबड़ा गया और उसने कठघरे के अन्दर हाथ डालकर मोहनलाल को आज भी बाहर खींच लिया।

"मैं जानता था, तुम जीतोगे। झूठ के पोले खम्भों पर टिकी इमारत आखिर कब तक खड़ी रहती। जज में ईश्वर का अंश वास करता है। उसे पता चल जाता है, क्या झूठ है और क्या सच।" बूढ़ा चाचा मोहनलाल को बाजू से वैसे

ही पकड़े हुए बरामदा पार कर आया, फिर पोर्टिको। हर कदम के साथ वह बोलता जा रहा था। बोलने में शायद उसे खुशी हो रही थी। या फिर शायद वह अपने अन्दर उफना आई खुशी को बोलकर ही जाहिर कर सकता था, "सूरज को हथेलियों से नहीं छिपाया जा सकता, चाहे कितनी बड़ी हथेलियाँ वे क्यों न हों। मोहनलाल, तुम कानून से घबड़ा रहे थे। कानून तुम्हें हौवे जैसा डरावना लगता था। इसी कानून ने तुम्हारी रक्षा की है।"

बूढ़ा चाचा मोहनलाल को लेकर बीच रास्ते पर खड़ा हो गया। सूरज ढलान पर उतर रहा था। ऊपर पसरी जामुन की छतनार शाखों पर से धूप सुनहरी डोरियाँ बट-बटकर नीचे लटका रही थी। हवा वहाँ थी। लेकिन इन डोरियों को हिला नहीं रही थी। बूढ़े चाचा और मोहनलाल के गिर्द भीड़ का एक छोटा नरम-सा घेरा बन गया था। दरअसल, जब कोई रिहाई का हुक्म होता था तो दूसरे मुक़दमों के सिलसिले में आए हुए लोग यहाँ-वहाँ से सिमटकर रिहाई वाले व्यक्ति के करीब खड़े हो जाते थे, क्योंकि उनके कहीं अन्दर अपने को भी जीता हुआ देखने की लालसा होती थी। वह लालसा ही फिर आत्मीयता बन उस व्यक्ति से उनको जोड़ देती थी।

तृतीय अतिरिक्त सेशन न्यायालय का बिलार-जैसी शक्लवाला चपरासी, जिसके माथे पर चन्दन का त्रिपुंड लगा हुआ था, वहाँ आकर शामिल हो गया और घेरे को काटता हुआ बोला, "बाबू साब! अब मुझे भी खुश करिए। आप जीत गए हैं।" वर्दीवाली सफेद खादी की अचकन में से उसने अपना पंजे जैसा हाथ बाहर निकालकर फैला दिया।

मोहनलाल अपने चाचा के कहने को सुन रहा था, दूसरे लोगों के कहने को सुन रहा था, चपरासी के कहने को सुन रहा था; लेकिन उन सबको सुनते हुए भी पूरे तौर से सुन नहीं रहा था। जो चन्द शब्द उसके कान पकड़ रहे थे वे थे, "मोहनलाल, तुम जीत गए हो। बाबू। साब, आप जीत गए हैं।" ये शब्द फिर एक तेज झनझनाहट में ढलकर उसके कानों के पास बजने लगे थे। ये शब्द फिर उसकी आँखों के आगे वे चेहरे ले आए थे जो वहाँ नहीं थे—एक चेहरा बुझे ठंडे चूल्हे जैसा उसकी पत्नी का था, एक चेहरा असमय पीली पड़ गई पत्ती जैसा उसकी लड़की का था।

भीड़ के पतले घेरे में पान से सुर्ख सियार जैसी अपनी जीभ लपलपाता हुआ अदालत का पुलिस मुंशी भी आकर शामिल हो गया और बोला, "हाँ—तो

हमारा दस्तूर मिलना चाहिए। आप जीत गए हैं, यह हम भी तो जानें। हाँ तो...।" फिर अपने बड़े-बड़े दाँत चमकाता हुआ फिस्स से हँस दिया।

मोहनलाल की आँखों के आगे अब चीजों के चेहरे आने लगे—अलार्म घड़ी का, साइकिल का, पीतल के वजनी गगरे का, परात का, तख्तनुमा चौकी का, मकान का...।

दौड़ती गाभिन भैंस जैसा पेट हिलाता हुआ फौजदारी का अहलमद आ गया, "भई, जश्न होना चाहिए। जीत का मौका है, जीत का।"

मोहनलाल की आँखों के आगे पत्नी और लड़की के चेहरे फिर आ गए, पहला हटता तो दूसरा, दूसरा हटता तो पहला।

अदालत में यों जज बैठा था और किसी दूसरे मुकदमे में बहस सुन रहा था, लेकिन गिद्ध जैसी लम्बी-पतली गर्दनवाला पेशकार दफ्तर से एक मिसल लाने का बहाना कर उठ आया और सीधा वहाँ आ गया, "मोहनलाल, आज कंजूसी ठीक नहीं होगी। पाँच-दस के छोटे नोट से तबीयत नहीं भरने की। लाल रंग का बीस वाला तगड़ा नोट निकालो। तुम्हारी जीत भी तगड़ी है।"

मोहनलाल की आँखों के सामने इस बार चेहरों की पूरी रील घूम गई—बुझे ठंडे चूल्हे जैसा पत्नी का चेहरा, असमय पीली पड़ गई पत्ती जैसा लड़की का चेहरा, घड़ी का चेहरा, साइकिल का चेहरा, परात का चेहरा, मकान का चेहरा...

"मोहनलालजी! नोट निकालिए। खुशी के मौके पर देर नहीं की जाती। आपकी जीतवाला फैसला मैंने ही टाइप किया है।" कुत्ते जैसी छोटी-पतली टाँगोंवाला टाइपबाबू भी वहाँ पहुँच गया था।

मोहनलाल की आँखों के आगे चेहरे इस बार गड्डमड्ड होते हुए तेज, बहुत तेज घूमने लगे। आँखों की रंगत जो गँदली पीली थी, गुलाबी हुई और सुर्ख हो गई। अन्दर अब तक भूसी जैसी धीमी-धीमी सुलगनेवाली चीज एकाएक भक् से जल उठी और वह फट पड़ा, "स्सालों तुम कहते हो मैं जीत गया—हरामियों, तुम जीत का हक पाना चाहते हो? लोअ्अ!"

मोहनलाल ने अपनी कमीज नोचते हुए-सी सीने पर से उतारी और पेशकार के मुँह पर फेंक दी, "लो कुत्तो!" फिर अपना कचमैला पैजामा भी एक झटके के साथ टाँगों से बाहर खींचा और अहलमद की ओर उछाल दिया—"लो हरामियों...।"

वह मादरजाद नंगा होकर भयावना हो गया था। जब वह अट्टहास करता हुआ प्रलाप करने लगा तो और भी भयावना हो गया—"मोहनलाल जीत गया है। खबरदार, होशियार! मोहनलाल जीत गया है।"

"मोहनलाल होश में आओ। मोहनलाल, यह क्या कर लिया?" बूढ़ा चाचा मोहनलाल की ओर झपटा। उसके चेहरे पर हक्का-बक्कापन था। सब कुछ बहुत तेजी से हो गया था, इतनी तेजी से कि गिरते लम्हों को रोका नहीं जा सकता था। वह इत्मीनान से खुशी का स्वाद ले रहा था कि एकाएक उसने अपनी रंगत बदल दी।

"मोहनलाल जीत गया है! खबरदार, होशियार! मोहनलाल मुकदमा जीत गया है—आहाहाह्ह्!" मोहनलाल एक ओर भाग खड़ा हुआ।

बूढ़ा चाचा हाथ में कपड़े समेटे और उसे होश में आने व रुकने के लिए आवाज देता हुआ उसके पीछे-पीछे दौड़ने लगा।

"लगता है पागल हो गया है।" दहशत के दबाव से बाहर होते ही अब तक भीड़ का हिस्सा बने एक ने कहा। फिर दो-तीन ने वैसा कहा। फिर एक ने ठहाका लगाया, "खूब!" फिर कुछ और भी लोग उस ठहाके से जुड़ गए।

वहाँ के लिए यह एक नया नजारा था।

वकालतखाने में आज परमात्मा नारायण मौजूद नहीं थे। वह वहाँ होते तो इस घटना पर भी जरूर कुछ कहते और जो कहते वह साथी वकीलों की चलताऊ व सस्ती टिप्पणियों से निश्चय ही एकदम अलग और कुरेदनेवाला होता। चार दिन पहले परमात्मा नारायण अपनी कुर्सी से उठकर पेशाबखाने की ओर जा रहे थे कि नीम के दरख्त की उभरी हुई एक जड़ से ठोकर खाकर मुँह-भड़ाक गिर पड़े। जमीन कच्ची होते हुए भी कंकरीली और सख्त थी। चश्मे का शीशा टूट गया, दाईं भौंह फट गई और दाहिना पैर मुश्किल से उठाए उठता था। तब करीब यही वक्त था। इधर-उधर जो वकील व मुंशी मौजूद थे, वे वहाँ लपक आए और उन्होंने उनको उठाकर पास पड़े एक तख्त पर बैठाल दिया था।

"आप पहले जाकर किसी डिसपेन्सरी में ड्रेसिंग करा लीजिए और फिर घर पर आराम से लेटिए।"

"हाँ, घर जाऊँगा।" उन्होंने कहा।

"रिक्शा अभी बुलाए देता हूँ। घबड़ाने की कोई बात नहीं। मुझे मुंसिफ कोर्ट में काम न होता तो साथ में खुद चलता।" कहनेवाले ने कहा।

"आप किसी होम्योपैथ से आरनिका टू हंड्रेड ले लीजिएगा। दो डोज में अन्दर का दर्द कम्पलीटली बाहर खिंच आएगा।" एक-दूसरे ने कहा और फिर अलग हटकर अपने मुवक्किल को किसी कागज की नकल लेने की हिदायत देने लगा।

रिक्शा आने पर उनको बैठा दिया गया था।

पैर में चोट ही नहीं आई थी, हड्डी भी चटक गई थी।

खाली कुर्सी पर नजर पड़ने से गंगानाथ बैजल ऐडवोकेट को परमात्मा नारायण की याद आ गई और उन्होंने पड़ोसी गिरिजा दयाल से पूछा।

"अस्पताल में दाखिल हैं। सुनते हैं पैर में प्लास्टर चढ़ाया गया है। कल जाने की सोच रहा था, लेकिन फिर घर पर मेहमान आ गए।" गिरिजा दयाल ने सफाई देनेवाले भाव से बताया।

"जाइएगा तो कहिएगा, गंगानाथ आपको पूछ रहे थे।" गंगानाथ बैजल ऐडवोकेट ने कहा।

"मेरी भी नमस्ते कहिएगा।" कुछ दूर पर बैठे एक-दूसरे वकील ने कहा।

चार बज गए थे। अपनी-अपनी अदालतों से निकलकर अधिकारी अपनी-अपनी सवारियों पर बैठकर जाने लगे थे। दफ्तर के कमरों में ढीलापन आ गया था। मेज-कुर्सियों पर कम लगनेवाली जगह खुल-फैल गई थी। कारोबारी आवाजों के अलावा अब दूसरी आवाजें कुछ और भी ज्यादा सुनाई देने लगी थीं। डोरे जैसी मूँछवाला चिकना-चुपड़ा बाबू नरेशचन्द्र सक्सेना इस-उस सीट पर घूम-घूमकर प्रतिक्रिया का जायजा ले रहा था। उसने आज एक नई 'आनन्दवाणी' की रचना की थी और पेशाबखाने की दीवार पर पेंसिल से लिख आया था, "हे पुरुष! तुझे अपनी शक्ति का सही ज्ञान होना चाहिए। तू सबसे पहले शक्ति के देवता का स्मरण कर, फिर सौ तक गिनती गिन। यदि तू तीस की संख्या से नीचे रह जाता है तो शक्तिहीन है, पचास की संख्या तक जाता है तो सामान्य शक्तिवान है, पचहत्तर तक जाता है तो प्रचुर शक्ति वाला और यदि तू पूरे सौ की संख्या तक पहुँच जाता है तो अति शक्ति-सम्पन्न और वीर्यवान है।"

पीछे टट्टी का दरवाजा खोलकर कस्बे से आया एक आदमी धोती की लाँग बाँधता हुआ निकला था कि आहट पर अपने क्वार्टर से निकलकर वहाँ पहुँच गए जमादार ने अपनी मोटी गँठानदार अँगुलियाँ सामने फैला दीं, "लाइए, पैसे निकालिए।"

"पैसे कैसे?"

"टट्टी के अन्दर जाने की इजाजत ले ली थी? यह सरकारी आदमियों के लिए है, हर नत्थू-खैरे के लिए नहीं," जमादार ने अपनी खुरदरी आवाज में कहा। "गलती करते हो और फिर ऊपर से सवाल भी! निकालिए जल्दी से पचास पैसे! मुझे बीसियों दूसरे काम हैं।"

वक्त छह से ऊपर हो गया था। धूप सिमट रही थी। बरामदे, पोर्टिको गैलरियों में साये गहरा आए थे। हवा में नमी आ गई थी। अहाते में लोग बहुत कम नजर आ रहे थे। जो थे, वे किसी मुंशी, दलाल से चिपके हुए थे और उनके पीछे एक या दूसरे कमरे में घिसट रहे थे। जमीन में मुचड़े हुए कागज, बीड़ी-सिगरेट के टुर्रे, माचिस की खाली डिब्बियाँ, सुतली के टुकड़े, सन्तरे व केले के छिलके वगैरह-वगैरह यहाँ-वहाँ बिखरे हुए थे और उनको दो-एक कुत्ते दौड़ते हुए सूँघ रहे थे।

होटलनुमा दूकान के पास वाली कूड़े की ढेरी पर जिबह किये गए मुर्गों के ढेर सारे नरम पंख पड़े हुए थे।

सूअर जैसी चुँधी आँखोंवाला छोटे कद का नाजिर अपने कमरे से निकला और इधर-उधर आँख फैला-फैलाकर नजर दौड़ाता हुआ धीमी चाल से गेट की ओर बढ़ चला। सड़क पर आकर वह पलटकर खड़ा हो गया और अहाते की दीवार पर हुई ताजी पुताई का मुआइना करने लगा। काम निपटाने के इरादे से रँगाईवाला लड़का दीवार पर खुदे हुए 'जिला न्यायालय' के अक्षरों में ब्रुश से काला रंग भर रहा था।